Zu diesem Buch

Von der Nationalen Volksarmee der DDR wissen die Bundesdeutschen wenig. Eine der größten Armeen Europas ist so gut wie unbekannt. Obwohl aus ihr mehr Angehörige ins Nachbarland desertieren als aus irgendeiner anderen Armee, obwohl sie am einzigen militärischen Gewaltakt in Mitteleuropa – dem Einmarsch in die ČSSR – teilgenommen hat.

In diesem Band beschäftigen sich kritische Friedensforscher aus der Bundesrepublik zum ersten Male ausführlich mit Rüstung und Militär in der DDR. Darüber existiert kaum Literatur: die hierzulande staatlich breitgeförderte DDR-Forschung hat zum Thema Militär kaum etwas vorgelegt, ja selbst in den Verteidigungs-Weißbüchern der Bundesregierung ist zu diesem Aspekt wenig zu finden. Dieser Band will eine immerhin bemerkenswerte Informationslükke schließen helfen.

Eine Ausnahme bilden lediglich vorwiegend für den Eigengebrauch der Bundeswehr bestimmte Schriften. Aber auch diesen läßt sich nicht entnehmen, warum es etwa keine moderne Waffenindustrie in der DDR gibt, so daß kein Militär-Industrie-Komplex entstehen konnte, oder wie Sozialismusanspruch und Militär in der DDR in Übereinstimmung gebracht werden.

Mit ihrem kritischen «Anti-Weißbuch» zur Militärpolitik der Bundesrepublik (rororo aktuell 1777) war die Studiengruppe «Militärpolitik» vor zwei Jahren einer breiten Öffentlichkeit bekanntgeworden. Nunmehr löst sie mit diesem Band die Zusage ein, sich auch mit der DDR in gleicher Weise kritisch zu befassen. Die fortgesetzte Rüstung der DDR, besonders aber die – in neuerer Zeit verschärfte – ideologische Aufrüstung provozieren die Autoren zu der Frage, ob sich im anderen deutschen Staat ein neuartiger «Militarismus» herausbildet, der in schroffem Gegensatz zur Entspannungspolitik steht.

Hinweise auf die Autoren finden sich am Schluß des Bandes.

Studiengruppe Militärpolitik

Die Nationale Volksarmee

Ein Anti-Weißbuch zum Militär in der DDR

rororo

Rowohlt

rororo aktuell – Herausgegeben von Freimut Duve

ERSTAUSGABE

Rudi Wildenmann, Marburg, hat neben den Autoren maßgeblich an den Manuskripten mitgearbeitet. – Der Berghof-Stiftung für Konfliktforschung GmbH gebührt Dank für die Förderung dieses Projektes.

Veröffentlicht im Rowohlt Taschenbuch Verlag GmbH,
Reinbek bei Hamburg, September 1976

Umschlagentwurf Werner Rebhuhn (Foto: Sven Simon)
Satz Aldus (Linotron 505 C)
Gesamtherstellung Clausen & Bosse, Leck/Schleswig
Printed in Germany
580-ISBN 3 499 14059 4

Inhalt

1. Zum Militär in der DDR
Anstelle einer Einleitung
Von Ulrich Albrecht

Die Nationale Volksarmee der DDR ist am 1. März 1976 20 Jahre alt geworden – Anlaß genug für einen Rückblick. Das Thema «DDR-Armee» wirkt hierzulande mehrfach provozierend, so daß über den vordergründigen Anlaß hinaus eine kritische und unabhängige Beschäftigung naheliegt. Der hohe militärische Aufwand der DDR, die Rolle der bewaffneten Gewalt in dieser Gesellschaft machen den Sozialismusversuch auf deutschem Boden auch für viele unter denen fragwürdig, die ansonsten Anhänger der sozialistischen Idee sind.

290 Waffenträger kommen in der DDR auf je 10000 Staatsbürger (110 in der NVA, 180 in anderen bewaffneten Organisationen) – in der sehr viel reicheren Bundesrepublik liegt die Vergleichszahl bei 83 (80 davon in der Bundeswehr, der Rest Bundesgrenzschutz). Auch finanziell läßt sich das überaus hohe Maß an Rüstung der DDR demonstrieren: pro Kopf wurden 1975 in der DDR 563 Mark, im westl. Deutschland hingegen 477 DM für das Militär ausgegeben.[1] Obwohl die NVA in der Mannschaftsstärke hinter Polen, der ČSSR, Bulgarien und Rumänien im Warschauer Vertragssystem (WVO) eine der kleinsten Armeen bildet, gilt sie allgemein als nach der Sowjetunion schlagkräftigste Streitmacht in Osteuropa. Eine aus dem Bundesministerium der Verteidigung stammende Schrift, die als westdeutsches Standardwerk über die NVA zu werten ist, gelangt zu dem bündigen Schluß:

> «Was ihre militärische Einsatzbereitschaft und relative Schlagkraft angeht, so dürfte (die NVA), nach der Sowjetarmee, an der zweiten Stelle in der Reihe der Warschauer Pakt-Streitkräfte stehen.»[2]

Ein zweiter Punkt, der breite Besorgnis erregt, ist die kaum vorstellbare, aufreizenderweise in den letzten Jahren enorm verstärkte politische Indoktrination der NVA-Soldaten. Die Erziehung zum Haß auf den Gegner hat in der DDR ein Ausmaß angenommen, welches die Frage nach der Umsetzung dieser Emotionen nachgerade provoziert. Eine nähere Beschäftigung mit diesem Thema lohnt auch, weil die ansonsten in Westdeutschland eifrig verbreiteten Hinweise über politische Indokrination in der NVA leicht zu der Vorstellung führen, jenseits der Grenze stünde eine von Vernichtungswillen beseelte, bis an die Zähne bewaffnete Horde verblendeter Soldaten zum Sprung auf die Bundesrepublik bereit. Unter ausländischen Experten ist die Wirkung der DDR-Feindbilderziehung zumindest strittig. Der englische Fachautor Dennis Chaplin, Verfasser eines Buches über politische Ausbildung und Kontrolle in der NVA, schrieb im Frühjahr 1975:

«In zunehmendem Maße haben Verhöre von Flüchtlingen ergeben, daß das kommunistische System von ‹politischer Indoktrination› auf Europäer, die nicht in dem objektiven Zwang stehen, so etwas wie eine nationale Befreiungsbewegung zu unterstützen, einen begrenzten Effekt hat.

Politisches Training kann signifikante Erfolge bei Vietkong-Kämpfern zeitigen und Wechsel in der Einstellung bewirken . . . Mit ihrer kaum inspirierenden, uncharismatischen Führung, ihren Grenzbeschränkungen und wirtschaftlichen Schwierigkeiten gelingt es Ostdeutschland bzw. der DDR nicht, die Bedingungen für eine innere Akzeptierung in Richtung einer stimulierenden politischen Indoktrination anzubieten, die ein überschäumendes, enthusiastisches Gruppengefühl erzeugen würde. Wie die Flüchtlingsaussagen ergeben, wecken die delikaten Probleme aus der Teilung Deutschlands und die Möglichkeit eines innerdeutschen bewaffneten Konfliktes im Rahmen von Feindseligkeiten zwischen den Bündnissystemen fortwährend Zweifel in den Hirnen der Soldaten der ostdeutschen Armee.»[3]

Nicht nur die Anstrengungen zur psychologischen Verteidigung, auch der enorme materielle Aufwand in der nach wie vor von Knappheitsproblemen geplagten DDR macht das ostdeutsche Militär problematisch. Dies um so mehr, als in der gegenwärtigen Entspannungsphase und nach der Ratifizierung einer Reihe von internationalen Abkommen, besonders des Moskauer Vertrages zwischen der Bundesrepublik und der Sowjetunion vom 12. August 1970, nach eigener Aussage wesentliche Beiträge zur Sicherung der DDR realisiert worden sind.[4] Aber trotz aller außenpolitischen Fortschritte gilt die DDR nach Berichten neutraler Beobachter innerhalb des Warschauer Vertrags-Systems nach wie vor als das am meisten gefährdetste Allianzmitglied. Nach einer DDR-Rundreise schreibt etwa ein indischer Militärexperte: «Ostdeutschland wird als stärker verwundbar als (die anderen Paktstaaten) eingeschätzt.»[5]

Das Berlin-Problem verdeutlicht diese Bewertung drastisch. In keinem anderen Staatswesen findet sich eine Insel von der Bedeutung und Art Berlins, die politisch und militärisch zur Seite des präsumptiven Gegners gehört. In der Bundesrepublik ist man gewohnt, die Gefährdung West-Berlins auf Grund der exponierten Lage der Stadt zu erörtern – der umgekehrte Blickwinkel, die Kalküle militärischer Planer über die möglichen Wirkungen West-Berlins auf die Sicherheit der DDR, ist hierzulande kaum bekannt.

Die mögliche Rolle der hochgerüsteten NVA erschöpft sich keineswegs in bezug auf den Westen. Die DDR-Soldaten stehen heute vor Fragen, die auch in der Bundesrepublik beunruhigend wirken sollten. Wird die NVA eines Tages gegen die Chinesen eingesetzt werden? Der

Gedanke ist so entlegen nicht. Bei ihrer Invasion in die ČSSR 1968 legte die Sowjetführung von Anbeginn Wert darauf, die militärischen Operationen zu internationalisieren. Es ist wahrscheinlich, daß man in Moskau auch eine begrenzte Konfrontation in Asien nicht als nationale Angelegenheit der UdSSR, sondern als Aufgabe für die kommunistischen Streitkräfte aller Länder durchzustehen suchen wird. Die Vorbereitungen für den Eventualfall lassen sich zumindest in der psychologischen Beeinflussung der NVA-Soldaten sowie in der Sicherung der rechtlichen Grundlagen der WVO nachweisen. Im Februar 1975 schrieb etwa die Zeitung «Volksarmee» zum wiederholten Male, daß die Heimat des NVA-Soldaten nicht allein die DDR sei, sondern «das riesige Territorium zwischen Elbe und Stillem Ozean, zwischen Nördlichem Eismeer und Donau.»[6] Der Text der Verfassung der DDR scheint einen Einsatz der *Nationalen* Volksarmee der DDR auszuschließen, wenn er nicht in Mitteleuropa erfolgen soll:

«Die Deutsche Demokratische Republik organisiert die Landesverteidigung sowie den Schutz der sozialistischen Ordnung und des friedlichen Lebens *der Bürger*. Die Nationale Volksarmee sichert die sozialistischen Errungenschaften des Volkes gegen alle Angriffe von außen und pflegt im Interesse der Wahrung des Friedens enge Waffenbrüderschaft mit den Armeen der Sowjetunion und anderer sozialistischer Staaten.»[7]

Verteidigungsminister Hoffmann hat zudem in der Vergangenheit wiederholt betont, daß der Kampfauftrag der NVA die Verteidigung der DDR sowie eine mögliche «Befreiungsmission» in Richtung Westen sei.[8] Im Vertrag zwischen der Sowjetunion und der DDR von 1975 haben jedoch auch seriöse westliche Experten einen Schritt gesehen, um nach dem Modell ČSSR 1968 möglicherweise einen militärischen Konflikt mit China unter Beteiligung der DDR zu internationalisieren. So heißt es etwa:

«Es fällt auf, daß ... in dem neuen Freundschaftsvertrag von 1975 jede regionale Begrenzung fehlt, die Bündnisverpflichtung der DDR also auch im Fall eines asiatischen Konfliktes der UdSSR eingreift.»[9]

Auch wenn Selbstverständnis, Kampfauftrag und politischer Standort die Nationale Volksarmee kaum mit ihrem westdeutschen Gegenstück vergleichbar machen, so lassen sich doch eine Reihe von Gemeinsamkeiten feststellen, die diese beiden Armeen als abgesondert von den Militärapparaten in anderen Staaten erscheinen lassen:

– Beide deutsche Staaten haben die Kampfverbände ihrer Streitkräfte vollständig der Allianz unterstellt, welcher sie angehören. Weder in der WVO (mit Ausnahme Polens) noch in der NATO haben diesen Schritt andere als die deutschen Staaten getan; alle anderen Paktmitglieder behalten zumindest einen Teil ihrer Armeen unter nationaler Verfügungsgewalt. Die DDR hat sogar ihre Grenztruppen als Teilgliederung der NVA der Warschauer Vertrags-Organisation direkt zugeordnet.

– Für beide deutsche Streitkräfte dürfte es unmöglich sein, ihr Territorium ohne direkte Mitwirkung ihres Hauptverbündeten wirksam zu verteidigen. Beide deutsche Staaten erscheinen mehr als andere Mitglieder ihrer Allianz auf die Kooperation mit dem Allianzführer verwiesen. Ausdruck dieses Zustandes ist der Tatbestand, daß die beiden Supermächte ihre größten und modernst gerüsteten Militärkontingente außerhalb des eigenen Territoriums auf deutschem Boden unterhalten. 270000 GIs auf westdeutscher Seite stehen in der DDR etwa 310000 Sowjetsoldaten gegenüber.[10]

– Beide Armeen sind erheblich später entstanden als das politische System, welches sie verteidigen sollen. Formaler Ausdruck dieses Vorganges sind umfangreiche Änderungen der Verfassungen, die sich beide Staaten zuvor gegeben hatten.[11]

Nicht nur in den Erstfassungen der Grundgesetze beider Staaten, sondern auch in den die wechselseitige Politik heute noch tragenden völkerrechtlichen Abkommen, die die Anti-Hitler-Koalition über den Weg Nachkriegsdeutschlands geschlossen hatte, sind deutsche Streitkräfte ausgeschlossen.

– Die Soldaten als «Spätheimkehrer» in beiden deutschen Gesellschaftssystemen erscheinen im Vergleich zu den Verhältnissen in anderen Staaten als mit besonderen psychologischen Problemen bei der Bevölkerung belastet; die Schaffung einer eigenen Armee wurde in Ost und West bei der Bevölkerung jeweils als endgültiger Beweis für das Ausbleiben der Wiedervereinigung Deutschlands aufgefaßt.

– In beiden Armeen ist – ein Novum in der deutschen Geschichte – die Verweigerung des Wehrdienstes aus bestimmten Gründen möglich. Auch die sogenannten «Baueinheiten» der NVA, in denen ein waffenloser Dienst geleistet werden kann, sind eingerichtet worden, bevor andere Mächte im Zuge einer späteren Entwicklung die Kriegsdienstverweigerung als staatsbürgerliches Recht anerkannten.[12]

Daneben zeigen sich eine Reihe vordergründiger Parallelen, die zum Beispiel bis hin zu dem gleichzeitig vollzogenen Schritt reichen, die Offiziere künftig an wissenschaftlichen Hochschulen auszubilden (seit 1971 gibt es in der DDR, seit 1972 in der Bundesrepublik derartige Militäruniversitäten).

Trotz mancher Querbezüge erweist sich die NVA jedoch als spezifisches Machtinstrument der DDR-Führung; eine nähere Untersuchung dieses Teilaspektes der DDR-Wirklichkeit ist geeignet, wesentliche Einsichten in die Eigenart der sozial-ökonomischen Formation der DDR zu verschaffen. Gerade dieser Punkt weist einer Untersuchung über die NVA einen übergeordneten Stellenwert zu. – Antworten auf die Ausgangsfrage, wieso die Rüstung in der DDR so hoch ist, vermag allerdings weniger eine Beschreibung des politischen Systems der DDR zu geben[13]; hilfreicher dürfte eine nähere Betrachtung der die Herrschaftssynthese konstituierenden Motive sein. Diese lassen sich vor allem als Streben nach Sicherheit fassen. Das «Sicherheitsmotiv» hat Peter Christian Ludz plastisch zu umschreiben versucht:

«Die Haltung der SED-Führung in der Innenpolitik wie in der Außenpolitik – einerseits gegenüber der Sowjetunion, andererseits gegenüber der Bundesrepublik – ist kaum zu verstehen, wenn nicht *das* Grundmotiv der Ostberliner Politiker berücksichtigt wird: das Bedürfnis nach Sicherheit ... Sicherheit ist jedoch nicht nur in militärisch-strategischen Kategorien zu denken; Sicherheit ist deshalb nicht nur die Bewahrung vor Annexionen durch den Feind, die Bewahrung vor Krieg. Sicherheit bedeutet, jedenfalls für die DDR, sehr viel mehr: nämlich die Erhaltung der politisch-staatlichen und damit auch der persönlichen Machtposition der SED-Führung.»[14]

Es ist keine übertriebene Feststellung, daß das extreme Sicherheitsbedürfnis der DDR-Führung in der Vergangenheit auf seiten der Bundesrepublik zu wenig in Rechnung gestellt worden ist; die enorme Aufrüstung nach innen und nach außen ist eher als Anzeichen aggressiver Vorbereitungen denn als Ausfluß einer überaus auf Sicherung gerichteten Politik gewertet worden. Trifft die These vom extremen Sicherheitsbedürfnis zu (woran wir nicht zweifeln), so ergeben sich trübe Aussichten für eine Umsetzung der außenpolitischen Entspannung in Maßnahmen zur Minderung der Rüstung: die DDR wird sich kaum bereit finden, am Eckstein ihrer Macht zu rütteln, auch wenn eine gestufte Minderung der Militärausgaben oder eine Reduzierung der Truppenzahl der NVA am Maß an Sicherheit der DDR unter Umständen nicht das geringste ändert.

Auf dieser Grundlage vollzieht sich die durchaus wechselvolle Entwicklung der DDR-Streitkräfte, die die Probleme der ostdeutschen Gesellschaft in vielfacher Weise getreulich widerspiegelt. Diese innere Bindung der Entwicklung der NVA erscheint als weitaus prägender als externe Momente, die bei anderen Untersuchungen der NVA das Bild bestimmen. Sicher ist richtig, daß die entscheidenden Impulse zur Etablierung von Streitkräften von außen kommen, daß ohne sowjetische Zustimmung und danach ohne sowjetische Kontrolle die Existenz der neuen Armee nicht vorstellbar ist. Zutreffend ist auch, daß der Bezug auf den Warschauer Pakt (besonders die gemeinsamen Manöver) spezifische Impulse in die Entwicklung der Volksarmee eingebracht hat. Eine genauere Betrachtung wichtiger Stationen des bisherigen Weges dieser Armee zeigt aber zugleich, wie in einem speziellen Bereich die DDR durchaus eigenständig ihre Politik vollzogen hat.

Amtliche westdeutsche Quellen sehen übereinstimmend den Beginn der Aufrüstung im östlichen Teil Deutschlands in der Genehmigung der Bewaffnung der Volkspolizei am 31. Oktober 1945 durch die sowjetische Militäradministration.[15] Gegen eine solche Sichtweise wäre wenig einzuwenden, wenn die gleichen Stellen den Beginn der westdeutschen Wiederaufrüstung mit der Genehmigung der Bewaffnung der Polizei durch die Alliierten in den Westzonen gleichsetzen würden – die offizielle Lesart ist jedoch ungleich anders. Verdächtigungen auf westlicher Seite, die Etablierung von Ordnungskräften im Innern haben den Zweck, eine Invasionsarmee mit DDR-Bürgern zu rekrutieren, sowie präventive Vorbereitungen, insgeheim Kadertruppen für eine künftige Streitmacht aufzustellen, begleiten im Laufe der Folgejahre die Frühgeschichte der NVA. Zwar gab es Versuche, die Auflagen des Potsdamer Abkommens zur vollständigen Entmilitarisierung Deutschlands zu umgehen, auch in Westdeutschland; sogleich nach der Etablierung der Bundesregierung sprach der Kanzler Adenauer im Dezember 1949 die Erwartung offen aus, daß es einmal wieder deutsche Soldaten geben würde (freilich in einer integrierten Europa-Armee).[16] Da u. a. die Vorbereitungen für die DDR-Armee aber im Gegensatz zu den Verhältnissen in Westdeutschland nicht an den Erfolg eines Integrationskonzepts mit anderen Ländern gebunden waren, und da hier nur eine Macht, nicht aber drei Alliierte mit unterschiedlichen Zielsetzungen in der Wiederaufrüstungsfrage den Prozeß kontrollierte, kam die Aufstellung von bewaffneten Verbänden in Ostdeutschland in den frühen fünfziger Jahren rascher voran als im Westen. Heute erscheint es auch im Westen als einleuchtender, daß die Kasernierte Volkspolizei weniger als Invasionsarmee gegen die Bundesrepublik, sondern – wie der 17. Juni 1953 drastisch auswies – als dringend erforderliches Instrument innerer Herrschaftssicherung aufgebaut worden ist; auch die vielbeschworenen «schweren Waffen» dieser Truppe (Mörser, schwere Maschinengewehre, zunächst durchwegs aus Beständen der ehemaligen Wehrmacht) verwiesen eher auf die Ausbildungsfunktion der KVP, als daß sie im Ernst bei einem Angriff gegen die Alliierten hätten eingesetzt werden können. Als die «Gesellschaft für Sport und Technik» 1952 gegründet wurde, mochte man sie hierzulande zumindest psychologisch mit einigem Recht als Tarn- und Vorbereitungsorganisation für eine künftige DDR-Armee betrachten; heute sollte die Rolle der GST als Instrument der politischen und sportlichen Vorbereitung auf den Wehrdienst unstrittig sein. Eine Revision ihrer Bewertung derartiger Institutionen haben die amtlichen Bonner Stellen jedoch bislang nicht vollzogen.

Der 17. Juni 1953 brachte für die Vorbereitungen zur NVA einen entscheidenden Rückschlag. Dies läßt sich besonders an der Entwicklung der Luftwaffe ablesen.

Seit März 1950 gab es eine «Volkspolizei-Luft» (VP-L), die jedoch nach einer britischen Quelle «mehr eine politische Geste der Sowjetbehörden denn der Versuch war, die Grundlage für eine wirksame militärische Streitmacht zu bilden.»[17] Diese Luftpolizei verfügte über ein paar alte Wehrmachtmaschinen vom Typ «Fieseler Storch» sowie einige russische Leichtflugzeuge (Jakowlew Jak-18, Polikarpow Po-2). Die Skepsis der sowjetischen Militärs gegenüber den deutschen Flugschülern wird erkennbar, wenn man sich vor Augen hält, daß alles deutsche Flugpersonal in den östlichsten Teilen der DDR stationiert war; die Hauptstützpunkte waren Bautzen, Kamenz und Cottbus.

Ab September 1952 wurden 250 bis 300 Piloten der VP-L in der UdSSR und der ČSSR ausgebildet; im Frühjahr 1953 erhielt die sich rasch entwickelnde Luftmacht eine kleine Anzahl von Düsenjägern des damals hochmodernen Typs MiG-15.[18]

Die Ereignisse im Juni 1953 führten zum vollständigen Abbruch dieser Entwicklung: die Düsenjäger wurden umgehend zurückgegeben (erst vier Jahre später kamen Maschinen des gleichen Typs in deutsche Hände), alle Aufbaupläne wurden gestoppt, der militärische Charakter der VP-L wurde drastisch geändert. Vor 1953 war davon die Rede gewesen, die künftige DDR-Luftwaffe mit Düsenbombern auszurüsten – auch diese Pläne wurden zu den Akten gelegt.[19] Eine neue, zivil aufgemachte Organisation wurde proklamiert, die «Verwaltung der Aero-Klubs», in der die VP-L aufging. So dauerte es mindestens bis 1958, ehe die ersten Verbände der Luftstreitkräfte kampfbereit gemeldet werden konnten.

Die Phase des Aufbaus der NVA fällt in der DDR – durchaus vergleichbar der wirtschaftlichen Situation der Bundesrepublik nach Abflauen des «Wirtschaftswunders» – mit einer Periode gesteigerter ökonomischer Probleme zusammen. Die Wachstumsraten des Nationaleinkommens fielen binnen weniger Jahre auf ein Drittel der zuvor erreichten Werte; der Materialverbrauch nahm nunmehr einen Anteil von mehr als vier Fünfteln des wirtschaftlichen Nettoproduktes der DDR ein (vergl. Tab. 1). 1961 fiel der Anteil der Bestandserhöhungen am Nationaleinkommen vom Durchschnittswert der Jahre 1956 bis 1960 um fünfzig Prozent (von 2,8 Prozent auf 1,4 Prozent), während – weiteres Alarmsignal – der Anteil der unvollendeten Investitionen bei den geplanten Anlageinvestitionen von einem Wert von 1958 noch 79 Punkten auf 97 Prozent (!) in den Jahren 1961 und 1962 emporschnellte.[20] Diese tiefgreifenden Probleme führten schließlich zu den Wirtschaftsreformen von 1963, die hier nicht weiter verfolgt werden sollen; festzuhalten ist, daß in den schwierigen Aufbaujahren der NVA eine an sich schon bedrohliche ökonomische Situation durch die neuen Aufwendungen (fast ausschließlich Verbrauchsausgaben, da in der DDR keine bemerkenswerte Rüstungsproduktion existiert) für die neue Armee enorm zusätzlich belastet wurde, und mutmaßlich das Aufrüstungstempo gebremst werden mußte.

Das Jahr 1962 bildet nach übereinstimmender Ansicht von Experten eine entscheidende Zäsur in der Entwicklung der NVA, aus mehreren Gründen. Die Aufbauphase der Armee war erst einmal abgeschlossen. Nach dem Bau der Berliner Mauer suchte die SED-Führung mit raschem Erfolg, das Land zu konsolidieren. Durch die 1962 erfolgende Einführung

Tab. 1: Die wirtschaftliche Situation der DDR in der Aufbauphase der NVA

	1956	1957	1958	1959	1960	1961	1962
Wachstumsrate des Nationaleinkommens (%)	7,1	10,5	8,7	4,2	2,8	2,9	2,9
Anteil des Materialverbrauchs am Nettoprodukt (%)	70,9	70,7	72,9	76,9	79,4	80,3	83,1

Quelle: Gerd-Jan Krol, Die Wirtschaftsreform in der DDR und ihre Ursachen. Erfahrungen mit der administrativen Steuerungskonzeption, Tübingen 1972, S. 51 u. 63.
Zeile 2 berechnet nach: Statistisches Jahrbuch der DDR 1958 u. 1964, Berlin 1958 u. 1964, S. 176 bzw. 32.
Zeile 1 errechnet nach: A fifteen-year review of investment and output in Eastern Europe and the Soviet Union, Economic Bulletin for Europe, Genf, Vol. 18, No. 1 (1966), Tab. 1.

der allgemeinen Wehrpflicht wurden die anhaltenden Personalsorgen der Armeeführung gegenstandslos. Die amtliche Bewertung dieses Schrittes in der Bundesrepublik[21] zeigt allerdings eine gewisse Verharmlosung des Gesellschaftssystems der DDR: allein um ihrer Personalsorgen ledig zu werden, hätte die DDR-Führung des vielleicht in offeneren Gesellschaften erforderlichen Instrumentes der Wehrpflicht nicht bedurft (Dienst bei der NVA als Einstellungsvoraussetzung für jeden Berufsanfänger hätte völlig als Maßnahme genügt). Auch die so erfolgte Angleichung an die Wehrverfassung der anderen Staaten der WVO dürfte kaum der ausschlaggebende Grund gewesen sein. Das Motiv, mit der allgemeinen Wehrpflicht einen weiteren Schritt zur Integration des sozialistischen Staatswesens zu erreichen, sollte jedoch nicht unterbewertet werden.

Nach mehreren eingehenden Überprüfungen durch Offiziere der WVO wurde die NVA im Jahre 1962 zudem in die strategischen Planungen des Paktsystems einbezogen. Mit der Eingliederung der Truppen der NVA in die – wie es mit Pathos heißt – «Erste strategische Staffel» der WVO wurde der neuen Armee gleichsam ihr militärisches Reifezeugnis ausgestellt. Am 23. 8. 1962 bekam die Volksarmee ferner von den Sowjets die Kommandantur im sowjetischen Sektor Berlins übertragen.

Die Invasion in die ČSSR 1968 hat eine Schlüsselstellung in der Entwicklung der NVA. Für die DDR war die Teilnahme an dieser Aktion von weitgreifenderer Bedeutung als für andere kleinere Mitgliedsländer des Warschauer Vertrages. Dieses Argument zielt nicht auf die grundsätzlichen strategischen Aspekte, in die die DDR bei einer langfristigen Fortsetzung des Dubcek-Kurses geraten wäre, und die die behauptete Befürwortung der Invasion durch Ulbricht erklären könnte.[22] Gegenüber deutschen Soldaten, auch noch in Uniformen, die dem Waffenrock der alten Wehrmacht ähnelten, gab es in sozialistischen Ländern noch immer eine erhebliche Reserve; die Beteiligung an der «internationalisierten» Invasion würde als Nebenergebnis eine Aufwertung der NVA und eine Minderung des Mißtrauens bewirken können.[23]

Erstmals 1970 fanden Manöver statt, zu denen alle Staaten des Warschauer Bündnisses Stäbe oder Truppen entsandten. Dieses Manöver «Waffenbrüderschaft» fand auf dem Territorium der DDR statt; für die NVA war besonders bedeutsam, daß die Leitung bei Verteidungsminister Hoffmann lag. Damit hatte die DDR-Armee alle äußeren Attribute erreicht, die sie als vollgültiges Mitglied der WVO erscheinen lassen. Nach dem Aufbau von 1956 bis 1962 und einer weiteren Konsolidierungsphase läßt sich seit Beginn der siebziger Jahre eine ruhige Entwicklung der NVA verzeichnen, die vor allem durch die Umrüstung auf modernere Waffen geprägt ist.[24]

Trifft diese Charakterisierung der Entwicklung der NVA die Realität, so sind auf absehbare Zeit keine bemerkenswerten Änderungen zu erwarten, und die Armee läßt sich daraufhin untersuchen, wie nah sie dem im Selbstanspruch postulierten Konzept gekommen ist oder noch kommen kann, Element des Aufbaus des Sozialismus zu sein.

Die Verbindung zur SED ist eng; damit ist der Anspruch verbunden, daß die Volksarmee wirkliche «Streitmacht der Arbeiterklasse» sei. Nur die SED, keine der anderen in der DDR ein Schattendasein fristenden Blockparteien, unterhält Parteizellen in der NVA.

«Streitmacht der Arbeiterklasse» ist die NVA angeblich vor allem auf Grund der sozialen Herkunft ihrer Führung. 90 Prozent der Generale und Offiziere dieser Armee entstammen nach DDR-Angaben der Arbeiterklasse. Mitglied der SED, der «Speerspitze der Arbeiterbewegung», ist praktisch jeder Offizier, jeder zweite Unteroffizier, und jeder neunte Soldat.[25]

Äußerlich sind die Soldaten seit der Einführung der neuen Verfassung anderen Bürgern der DDR völlig gleichgestellt. Soldaten sind nunmehr in örtliche Volksvertretungen gewählt worden, auch gibt es in der Volkskammer Abgeordnete, die Angehörige der NVA sind. Aber auch derartige rechtliche Gleichstellungen spiegeln nicht das wieder, was die sozialistischen Klassiker sich über die Rolle einer bewaffneten Macht in einer künftigen sozialistischen Gesellschaft vorgestellt haben.

Zwar gelten besonders die Leninsche Militärtheorie, vorrangig aber auch die ausgiebigen militärtheoretischen Arbeiten von Friedrich Engels als Grundlage des Konzeptes der NVA, und Schriften dieser Autoren bilden einen wichtigen Bereich der Ausbildung und theoretischen Erörterung in den DDR-Militär-Zeitschriften.[26] Bei regelmäßiger Durchsicht der theoretisch orientierten NVA-Literatur fällt jedoch auf, daß durchwegs nur generelle Aussagen sowie einige spezifische Festlegungen aus diesen klassischen Schriften verwendet werden. Lenin selbst hat in der

Frage, ob eine künftige Rote Armee auf der Basis einer allgemeinen Volksbewaffnung aufgebaut werden soll, erhebliche Positionswechsel vollzogen, die dem durchschnittlichen NVA-Offizier völlig unbekannt geblieben sein dürften.[27] Bei älteren Schriften nimmt die Vorstellung, daß das Volk die bewaffnete Gewalt direkt (und nicht ein stehendes Heer) ausüben sollte, einen noch zentraleren Rang ein.[28] Von dergleichen ist im Schrifttum der NVA kaum die Rede; als professionalisiertes Organ der Herrschaftssicherung steht diese Armee gesellschaftspolitisch nicht für sozialistische Experimente zur Disposition.

Ein bezeichnendes Licht auf den Widerspruch zwischen dem Anspruch, auf dem Wege zum Sozialismus entscheidend vorangekommen zu sein, und der Wirklichkeit gibt etwa die Diskussion darüber, warum es im Sozialismus noch eine Strafjustiz bzw. in einer sozialistischen Armee noch eine Militärjustiz geben müsse. Ein Militäroberstaatsanwalt geht diese Frage pointiert an:

> «Wir haben eine sozialistische Armee. Vorgesetzte und Untergebene haben dieselben Klasseninteressen. Es gibt bindende Vorschriften und Befehle, die von den überwiegenden Zahlen der Angehörigen der NVA gewissenhaft und diszipliniert erfüllt werden.
>
> Wozu braucht man dann noch Militärjustizorgane?»[29]

Der Generalmajor gibt zwei Antworten. Zunächst erfolgt die bekannte Aussage, es handele sich um Restwirkungen der alten Gesellschaft:

> «Weil, trotz allem bei einzelnen jungen Soldaten machnmal – durch Fehler in der bisherigen Erziehung und durch andere schädliche Einflüsse – noch veraltete Denk- und Lebensgewohnheiten wirken, zum Beispiel falsche Einstellung zum Eigentum, übermäßiger Alkoholgenuß oder die mangelnde innere Bereitschaft, sich einer notwendigen sozialistischen Disziplin zu fügen.»[30]

Andererseits wird auf die Ignoranz der Jugend verwiesen, die die Leistungen der Alten beim Aufbau der Gesellschaft nicht vor Augen hätte:

> «Manche jungen Leute vergessen auch zeitweilig, wie schwer ihre Eltern und wir alle arbeiten mußten, um das Lebensniveau von heute zu erreichen, und wie notwendig es geschützt werden muß.»[31]

Die beiden Aussagen belegen nur, daß die Ursachen der Disziplinschwierigkeiten in den Streitkräften in bestimmtem Zusammenhang gesehen werden. Weder dürfte dem Generalmajor bei der Wahrheitsfindung die platt rationalistische These weiterhelfen, ein jugendlicher Disziplinsünder habe etwas «vergessen», noch dürfte der Verweis auf Nachwirkungen alter Gesellschaftsordnungen als Pauschalursache für weitere Jahre (immerhin ist die ostdeutsche Gesellschaft seit einer Generation auf dem Wege zum Sozialismus) herhalten können.

Auch der Hinweis auf den sozialistischen Internationalismus der DDR-Armee scheint kaum geeignet, als Gradmesser für den Realitätsgehalt des Sozialismus-Anspruches zu dienen. Die im Kriegsfall sofort einzusetzenden Verbände der NVA sollen sowjetischen Großverbänden zugeteilt werden und würden dann unter sowjetischen Oberbefehlshabern im Rahmen einer Armeegruppe kämpfen. Die aus dem Zweiten Weltkrieg bekannte Kooperation mit Verbänden kleinerer Alliierter, die einfache Unterstellung ausländischer Militärkontingente unter sowjetische Führung, scheint nach wie vor das von sowjetischer Seite bevorzugte Kooperationsmuster zu sein.[32] Merkmal einer sozialistisch-internationalistischen Zusammenarbeit war eine derartige Subsumtion ausländischer Truppen unter sowjetische Befehlsgewalt weder im Zweiten Weltkrieg, noch wäre sie dies ohne weitere Umstände in einem künftigen Krieg.

Die bewaffneten Kampfgruppen scheinen der alten sozialistischen Idee von der «bewaffneten Arbeiterklasse» zumindest im Konzept näher als die NVA. Sie sind nicht mit einer Miliz zu verwechseln; außer in der DDR gibt es vergleichbare Verbände augenscheinlich nur noch in der ČSSR und Ungarn. Die zunächst «Betriebskampfgruppen» genannten, heute «Kampfgruppen der Arbeiterklasse» titulierten paramilitärischen Einheiten unterstehen nicht dem Kommando einer militärischen Führungsspitze, sondern folgen Befehlen der Partei. Ihre eigentliche Aufgabe bleibt umstritten. «Ihre Aufgabe ist es, die Arbeiter durch Wachsamkeit und Gewalt bei der Stange zu halten», gibt ein indischer Militärexperte eine im Westen verbreitete Bewertung wieder.[33] Dem widerspricht zum Beispiel die Forderung des Leiters der Abteilung für Sicherheitsfragen im Zentralkomitee der SED, Generaloberst Scheibe, die Ausbildung der Kampfgruppen noch mehr den «realen Bedingungen des modernen Gefechtes» anzupassen – Gefechte würde eine Streitmacht zur Einschüchterung oder Niederhaltung von Arbeitern kaum zu bestehen haben. Bei der Ausbildung soll nach Auffassung Scheibes nicht mehr gegen einen imaginären Gegner, sondern gegen speziell als «Gegner» ausgebildete Kräfte gekämpft werden – ein Hinweis auf die paramilitärische Aufgabe dieser Truppe.[34] Nicht nur die Kampfgruppen, sondern die gesamte NVA wird besonders im angelsächsischen Schrifttum (im Gegensatz zu westdeutscher Literatur, die eher eine Aggressionsarmee sieht) nach wie vor vorrangig als «Armee nach innen» gesehen; als besonders klares Beispiel sei ein amerikanisches Militärhandbuch zitiert:

> «Diejenigen politischen Ziele, die die Regierung von Ostdeutschland unabhängig setzt, sind im wesentlichen negativ und defensiv. An erster Stelle und vorrangig steht die innere Sicherheit des Regimes – da die äußere Sicherheit adäquat durch die sowjetischen Besatzungstruppen garantiert wird.»[35]

Dem stehen die Eigenaussagen der NVA oder unkritische Bewertungen gegenüber. Zwar versuchen neuere Schriften im Ausland, der Armee der DDR in differenzierterer Weise gerecht zu werden;[36] für die politische Debatte hierzulande ist aber nach wie vor das polarisierte Bewertungsspektrum ausschlaggebend, welches in der Bundesrepublik für die Einschätzung der Entwicklung der DDR und ihres Sozialismusversuches generell vorzufinden ist.

Ursache für die wenig differenzierte Einschätzung der NVA dürfte auch die mit einem faktischen Verbreitungsmonopol verwendete Studie von «Forster» aus dem Bundesverteidigungsministerium sein. Es wäre für die weitere Entwicklung bedenklich, würde die westdeutsche Öffentlichkeit in einem solchen Bereich weiterhin umstandslos die interessierte Sachauskunft aus dem Verteidigungsministerium als ungeprüfte Grundlage der Diskussion nehmen.

Eines der wichtigsten Motive für diese Schrift war die Überzeugung der Autoren, daß das Buch von «Forster» eines kritischen Gegenstückes bedürfe, welches auch theoretische Reflexionen über die Entwicklung des DDR-Sozialismus einschließen sollte. Als unbefriedigend wurde von uns weniger die Anlage des Textes des Verteidigungsministeriums als Monografie über eine andere Armee (mit ausführlichen Schemata etwa über die militärischen Untergliederungen, Ausführungen über «Innendienst und Ordnung», u. dergl.), sondern die erheblichen Mängel des Textes empfunden.

Als bedenklich wird vor allem die Verbindung zwischen Vorurteilen, mit der diese Schrift aus dem Verteidigungsministerium der NVA und der DDR gegenübertritt, mit nicht ausgewiesenen Spekulationen bewertet, die die Grundlage für weitreichende Bewertungen abgeben. Diese Haltung wird in Sätzen deutlich wie diesem:

«Die Sowjets können vermutlich 98 Prozent der Informationen, die sie zu brauchen glauben, aus der nichtkommunistischen Welt, in der nahezu alle Dinge offen liegen, offen gewinnen.»[37]

Hier steht nicht das etwas krause Deutsch zur Debatte, auch nicht die triviale Spekulation, welche Gründe auch immer die Analytiker im Bundesverteidigungsministerium zu der scheinexakten Angabe «98 Prozent» geführt haben – da es sich erklärtermaßen um eine doppelte Spekulation handelt (« *Vermutlich* 98 Prozent der Informationen, die sie zu brauchen *glauben*» – wer weiß schon, was «die Sowjets» (?) glauben?). Werten läßt sich jedoch das Selbstbild, das mit einer bloßen Vermutung über die Situation beim Gegenüber verbunden wird; und dieses Selbstbild ist in der Tat überprüfbar. Daß in der «nichtkommunistischen Welt» (offenbar alle kapitalistischen Gesellschaften von Japan über Europa bis zu Nord- und Südamerika) «*nahezu alle Dinge offen liegen*», ist als Behauptung, auch wenn sie nicht ausgerechnet aus dem Verteidigungsministerium käme, reichlich absurd. Zudem widerspricht sich der Text im selben Atemzuge, wenn er darauf verweist, daß es sich um «Streitkräfte handelt, die *naturgemäß* (!) aus Sicherheitsgründen auch in einem demokratischen Lande einen gewissen Geheimhaltungsschutz genießen.»[38]

Nicht begründete Tatsachenbehauptungen (etwa daß «Pazifismus ... nicht zuletzt in der Jugend der sowjetischen Besatzungszone, bis weit hinein in die Parteijugendorganisation, die Freie Deutsche Jugend [FDJ], sehr verbreitet war»[39]) mischen sich mit groben Geschichtsklitterungen. So wird allen Ernstes noch 1972 in einer auf das Ende des Jahres 1950 gemünzten Aussage zur Wiederaufrüstung in der Bundesrepublik behauptet:

«Erst zu diesem Zeitpunkt setzten im Westen die ersten Überlegungen ein, ob die Bundesrepublik Deutschland auch wieder militärisch bewaffnet werden sollte.»[40]

Die Datierung der «ersten Überlegungen» zur westdeutschen Wiederaufrüstung widerspricht schon den Eigendarstellungen, die im gleichen Verlag mit Vorwort des Verteidigungsministers verlegt wurden.[41] Leider widerspricht sich die Schrift auch in zentralen inhaltlichen Bewertungen: zum einen wird bündig vorgeführt, daß die Sowjetunion schon früh deutsche Hilfstruppen aufbaute – zum anderen wird lapidar mitgeteilt, daß «den Sowjets ... das mitteldeutsche Wirtschaftspotential wichtiger als das militärische Potential» gewesen sei.[42] Nicht nur die Faktengrundlage dieser wichtigen Schrift ist undurchsichtig, auch die analytische Argumentation erscheint als nicht in befriedigender Weise tragfähig, so daß eine Gegenschrift als dringend notwendig erscheint, die über die NVA das mitteilt, was sich sozialwissenschaftlich mit einiger Sicherheit sagen läßt.

Eine brauchbare Information über die Rüstung der DDR erscheint um so dringender vonnöten, als die regierungsamtliche Bewertung des Militärpotentials der WVO – wenn auch die Avisierung der NVA als Gegner vermeidend – im Verteidigungsweißbuch nach wie vor eine bedrohliche Szenerie entwirft:

«In der DDR, ČSSR, und in Polen stehen 29 sowjetische und 31 einheimische Divisionen kurzfristig einsatzbereit ... Die Streitkräfte des Warschauer Paktes haben im Vorfeld der Sowjetunion etwa 15000 Kampfpanzer ...

Auch bei den Luftstreitkräften in Europa überwiegt der Warschauer Pakt ... Das Umrüstungsprogramm macht die taktischen Jagdfliegerkräfte mehr als zuvor für offensive Aufgaben frei ...

Die Überlegenheit der Seestreitkräfte des Warschauer Paktes in der Ostsee erleichtert die operative Zusammenarbeit ...»[43]

Die Autoren haben sich mit dieser Schrift die Aufgabe gestellt, gegen solche pauschalen Bewertungen konkrete und detaillierte Informationen über die Rüstung im anderen deutschen Staat zu stellen. Ein solcher Versuch relativiert die in amtlichen Texten in der Bundesrepublik wiedergegebenen Informationen nicht nur, in dem er auf Überperzeptionen verweist. Eine von theoretischer Einsicht geleitete Untersuchung vermag hin und wieder auch spezifische Gefahren und Probleme aufzudecken, die einer vordergründiger orientierten Sichtweise entgehen können. Schließlich versteht sich der folgende Text als Beitrag zu dem Versuch, die Gesellschaft der DDR und ihre Entwicklung einer unvoreingenommeneren Untersuchung zu unterziehen, als dieser in den langen Jahren der politischen Konfrontation möglich war.

2. Das militärstrategische Konzept der NVA
Von Gero Neugebauer

In ihrer Analyse der sowjetischen Sicherheits- und Militärpolitik in Europa gelangen die Autoren des «Weißbuch 1975/76 – Zur Sicherheit der Bundesrepublik Deutschland und zur Entwicklung der Bundeswehr» zu der Feststellung, daß die Sowjetunion sich politisch und territorial als saturiert betrachtet und von der These der Unvermeidbarkeit des Krieges abgerückt sei, allerdings weiterhin als ein unverzichtbares Element ihrer Sicherheit «im militärischen Bereich die konventionelle Überlegenheit»[1] aufrechterhalten will.

Diese Einschätzung wird z. B. von der CDU nicht geteilt, sondern vielmehr das «machtpolitische Expansionsstreben der Sowjetunion»[2] betont. Diese politische Zielsetzung wird in einen Zusammenhang mit der sowjetischen Aufrüstung, «die weit über die Befriedigung ihres Sicherheitsbedürfnisses hinausgeht»[2a] gebracht, um den Staaten des Warschauer Vertrages (WV) eine aggressive und offensive Haltung in ihrer Sicherheits- und Militärpolitik in Europa zu unterstellen.

Eine solche Vorgehensweise dient mehr der Legitimierung der eigenen Politik als der Erklärung möglichen politischen Verhaltens der Staaten des WV. Sie bedingt auch eine Definition der militärstrategischen Konzeption der Armeen des WV, die – weil sie nur ausgewählte politische und militärische Faktoren einbezieht – die Komplexität der Konzeption nur partiell erfaßt. Ihre Verwendung führt dann zur Überbewertung militärfachlicher Aussagen und zur Unterschätzung der sie tragenden Politik. Sie veranlaßt darüber hinaus auch ihre Anwender, nach militärischen Lösungen für politische Konflikte zu suchen, bzw. die militärische Lösung für bestimmte Konfliktfälle als die einzig mögliche zu behaupten, um durch Konstruktion von Scheinproblemen restriktive politische Ziele im innen- wie außenpolitischen Bereich zu begründen. Sie folgen damit in verblüffendem Maße, soweit eine Parallelität der Aussagen festgestellt werden kann, den Interpretations- und Argumentationsmustern des angenommenen Gegners und verlieren damit die Möglichkeit, zu anderen als herkömmlichen Lösungen zu gelangen.

Der Begriff der militärstrategischen Konzeption umfaßt in der Regel mehrere Kriterien und bezieht sowohl politische wie militärische Faktoren ein. Die Definitionen in der sowjetischen Militärwissenschaft sind keineswegs einheitlich. Es läßt sich eine Hierarchie der Darstellungen, gewichtet nach der Summe der herangezogenen Kriterien, feststellen. An der Spitze steht eine Definition, in der allgemeine wie spezielle politische Zielstellungen, wirtschaftliche Kriterien und militärpolitische wie militärfachliche Aspekte berücksichtigt werden. Ihr Gegenteil stellt der Versuch dar, die militärstrategische Konzeption lediglich auf einen einzigen Ausgangspunkt zurückzuführen und nur fachmilitärische Aspekte zur Begründung heranzuziehen.

Die unterschiedlichen Kriterien stehen jedoch nicht zusammenhanglos nebeneinander, sondern werden durch die allgemeine Zweckbestimmung der militärstrategischen Konzeption, die politisch bestimmt wird, verbunden. Dieser politische Faktor ergibt sich aus der allgemeinen politischen Zielstellung eines Staates und aus der Bestimmung der Mittel, mit denen diese Ziele erreicht werden sollen. Den Streitkräften wird in diesem Rahmen der Ziel-Mittel-Festlegungen die Rolle eines Instrumentes zur Drohung mit oder zur Anwendung von Gewalt zugewiesen.[3] Der gegenwärtige Verteidigungsminister der DDR, H. Hoffmann, unterstreicht die dominierende Funktion der politischen Zielstellung für die militärstrategische Konzeption: «Die militärstrategische Konzeption ergibt sich aus der Friedenspolitik der Arbeiter-und-Bauern-Staaten, denen jeder Drang nach Eroberung fremder Länder wesensfremd ist. Unsere militärstrategische Konzeption stellt sich dementsprechend nicht das Ziel, andere Länder zu überfallen, sondern den Frieden in Europa zu wahren und im Falle eines Krieges im Interesse des Friedens die Aggressoren unverzüglich zu zerschlagen.»[4] Hoffmann verdeutlicht nicht nur die politische Bestimmung, sondern auch die politische Zielstellung der militärstrategischen Konzeption der NVA, die er in der Wahrung bzw. Wiederherstellung des Friedens sieht. Er reduziert die militärische Komponente dabei auf die Aufgabe, die Gegner «unverzüglich zu zerschlagen». Mit der politischen Bestimmung macht er zugleich klar, daß Kriegshandlungen sozialistischer Streitkräfte gemäß ihrem propagierten Selbstverständnis als Verteidigungshandlungen gesehen werden müßten.

Politische Aspekte reichen für die Charakterisierung der militärstrategischen Konzeption nicht aus. Diese wird erst durch Hinzufügung weiterer Momente bzw. Kriterien, wie die Leistungsfähigkeit der Volkswirtschaft, der Entwicklungsstand der Streitkräfte, die Militärdoktrin und die Methoden der Kriegsführung, hinreichend erfaßt.[5] Das Kriterium der Leistungsfähigkeit der Volkswirtschaft bezieht sich auf die ökonomischen Bedingungen und Möglichkeiten der Kriegsführung. Der Entwicklungsstand der Streitkräfte umfaßt nicht nur den aktuellen Entwicklungs- und Ausrüstungsstand, sondern auch die historische Entwicklung der Streitkräfte und die daraus resultierende Rolle der Streitkräfte in der Gesellschaft. Die Militärdoktrin enthält die jeweilig verbindlichen Anschauungen über einen möglichen Krieg, seinen politischen Charakter und die Prinzipien seiner Führung. Diese Prinzipien lassen sich in politische und militärische Prinzipien unterscheiden.[6] Die letzteren tangieren den Bereich der Methoden der Kriegsführung, d. h., jenen Bereich, in dem «... mit den Fragen der Vorbereitung und Durchführung des Krieges insgesamt sowie seine einzelnen strategischen Operationen»[7] die eigentliche Militärstrategie befaßt ist.

Zum Gegenstand der Militärstrategie gehören u. a. Untersuchungen der Bedingungen und des Charakters des künftigen Krieges, die Methoden seiner Vorbereitung und Durchführung, die Grundlagen des strategischen Einsatzes der Teilstreitkräfte, Probleme der strategischen Sicherstellung der Kampfhandlungen, Fragen der Führung des Krieges und der Streitkräfte. Die Strategie gehört damit zum «... Gebiet praktischer Tätigkeit der höchsten militärisch-politischen Führungsorgane, des Oberkommandos der höchsten Stäbe hinsichtlich der Vorbereitung des Landes auf einen Krieg und die Führung des bewaffneten Kampfes unter den jeweiligen konkreten historischen Bedingungen».[8]

Die Reduzierung auf bloße fachmilitärische Aspekte bestimmt die engste Definition einer militärstrategischen Konzeption, die keine politischen, sondern nur militärische Determinanten einbezieht. Veränderungen der militärstrategischen Konzeption werden danach durch die Formen und Methoden des bewaffneten Kampfes bestimmt. Die auftretenden Widersprüche zwischen Mitteln und Methoden führen dann zu qualitativen Veränderungen der strategischen Konzeption, der operativen Führungstätigkeit, der Taktik und der Organisation der Truppen.[9] Eine politische Dimension hat diese Konzeption nicht, d. h., sie wird primär durch militärische Aspekte bestimmt und bleibt damit auch auf eine gewisse Art «unpolitisch».

Die Bedeutung des politischen Faktors der militärstrategischen Konzeption der NVA wird in der Frage der Beurteilung möglicher Kriege bzw. der Einschätzung des Krieges als Mittel der Politik und der Art der sicherheits-politischen Zielstellungen sichtbar. Für H. Hoffmann ist es eine «fundamentale Wahrheit, daß jeder Krieg seinem allgemeinsten Wesen nach stets die Fortsetzung der Politik mit gewaltsamen Mitteln ist und daß unter bestimmten Bedingungen auch die Politik der Arbeiterklasse und des Sozialismus mit Gewalt fortgesetzt werden mußte bzw. muß».[10] Von diesem Standpunkt aus ist es konsequent zu behaupten, daß die Rolle des Krieges seinen politischen Zweck bestimmt, «eine kriegführende Seite dem Willen der anderen zu unterwerfen, wobei die militärische Gewalt das Mittel zum Zweck ist».[11]

Die enge Verknüpfung von Sicherheits- und Militärpolitik wird in der sicherheitspolitischen Zielstellung der DDR und den zu ihrer Erfüllung bzw. Gewährleistung angewandten Mitteln vorgenommen. Grundsätzlich geht man in der DDR von der Voraussetzung aus, daß Sozialismus und Krieg wesensfremd seien und daß der Krieg durch die erreichten Fortschritte im internationalen Entspannungsprozeß auch zwischen Staaten unterschiedlicher Gesellschaftsordnungen vermeidbar geworden sei. Andererseits sei für die historische Periode der Weltgeschichte, in der zwei unterschiedliche Gesellschaftsordnungen nebeneinander existieren, zwar die Politik der friedlichen Koexistenz für die Beziehung der Staaten mit unterschiedlicher Gesellschaftsordnung maßgeblich, aber die dem imperialistischen System eigenen Widersprüche könnten durchaus dazu führen, daß «jähe Wendungen» der Politik nicht auszuschließen seien und der Krieg weiterhin im politischen Kalkül bleibt.[12]

Der konkrete Ausgangspunkt für die Sicherheitspolitik der DDR war und ist die Anerkennung ihrer Grenzen, die sie sowohl im Vertrag zwischen der UdSSR und der Bundesrepublik 1970 sowie durch den Abschluß des Grundlagenvertrages mit der Bundesrepublik Deutschland 1972 als auch durch die Dokumente der KSZB 1975 garantiert erhielt.[13] Die Sicherung der territorialen Integrität und der staatlichen Existenz der DDR ist auch die überragende Zielstellung für die Militärpolitik der SED. Diese bezieht sich vor allem auf die Aufrechterhaltung der Verteidigungsfähigkeit der DDR und die militärische Stärkung der NVA, die in der Lage bleiben soll, wie bisher «... zu jeder Zeit alle Anschläge gegen unsere Staatsgrenzen zu Lande, zu Wasser und zu Luft»[14] zu vereiteln. Die ideologische Basis der Militärpolitik der SED ist vor allem die Lehre von der Verteidigung des sozialistischen Vaterlandes, die, neben anderen ideologischen Prämissen wie der Lehre vom Klassenkampf im internationalen Maßstab, der SED zur Propagierung eines Rechts und der Pflicht zur Verteidigung dient. Die Militärpolitik bezieht alle Aktivitäten ein, die unmittelbar und mittelbar als für die Verteidigung der DDR geeignet erscheinen. Diese Politik reicht von der Sicherstellung der führenden Rolle der Partei in den Streitkräften und den anderen bewaffneten Organen über die Bestimmung der Funktion der Streitkräfte in der Gesellschaft der DDR,[15] die Erfüllung der bündnispolitischen Pflichten und des Ausbaus des Systems der Landesverteidigung, der Festlegungen der militärspezifischen Zielstellungen für die ökonomische Politik bis hin zur Festlegung der Ziele, Methoden und Formen der sozialistischen Wehrerziehung sowohl im Bildungswesen als auch in sonstigen damit befaßten Institutionen, Organisationen und Einrichtungen.[16] Diese politischen Maßnahmen und Aktivitäten dienen letztendlich alle dem Zweck, die NVA und die bewaffneten Kräfte der DDR in den Stand zu versetzen, ihren Verteidigungsauftrag zu erfüllen. Dieser Auftrag, die Staatsgrenze, das Territorium, den Luftraum und das Küstenvorfeld der DDR sowie der sozialistischen Staaten zu verteidigen,[17] kann von der NVA nicht allein, sondern nur gemeinsam mit der sowjetischen Armee und den anderen Armeen der Staaten des WV geleistet werden, d. h., der Auftrag hat internationalen Charakter. Damit symbolisiert er auch die Bindung der sicherheits- und militärpolitischen Interessen an die der Warschauer Vertragsstaaten, soweit die bündnispolitischen Ziele Ausdruck gemeinsamer Interessen sind. Die Einordnung in das Bündnis bedeutet für die DDR, daß die Verfolgung nationaler Interessen nur in Übereinstimmung mit der Zielstellung des Bündnisses geschehen kann. Bestimmte politische und nationale Besonderheiten, die sich vor allem aus ihrer geographischen Situation bzw. ihrer unmittelbaren Nachbarschaft zur Bundesrepublik Deutschland ergeben, können in der bündnispolitischen Zielstellung nur insoweit berücksichtigt werden, als sie mit den jeweiligen Zielsetzungen, die primär durch die sowjetische Europapolitik bestimmt werden, übereinstimmen.

Den internationalen Aspekt der Verteidigungsbemühungen unterstreicht auch eine Aussage von Honecker, daß die Streitkräfte des WV angesichts der unterstellten Aggressivität des Imperialismus eine große Rolle «bei der Gewährleistung der Sicherheit der sozialistischen Länder»[18] spielen und es möglich machen, den «Einfluß des Imperialismus noch entschiedener zurückzudrängen und ihn zu zwingen, daß er die friedliche Koexistenz respektiert».[19] Diese außenpolitische Funktion des Verteidigungsauftrages hat eine bündnispolitische Komponente, die sich auf die Gemeinsamkeit der Verteidigungsbemühungen bezieht, die für die DDR bis in die Mitte der 60er Jahre nur bedingt gelten konnte. Dieser Aspekt ergab sich nicht aus einer tatsächlichen oder angeblichen Diskriminierung der DDR als Mitglied des WV,[20] sondern vor allem daraus, daß entsprechend den damaligen sowjetischen Vorstellungen von einer militärischen Auseinandersetzung die Rolle der DDR und ihr militärischer Beitrag zur Verteidigung des Territoriums der Staaten des WV gering eingeschätzt wurde. Diese Einschätzung war vor allen Dingen darauf zurückzuführen, daß in den Zeiten der Annahme eines mit Nuklearraketen geführten Weltkrieges die territorialen Aspekte geringer eingeschätzt wurden, d. h., daß das Territorium der DDR als Schauplatz militärischer Auseinandersetzungen keine herausragende Rolle in der sowjetischen Strategie spielte. Zum anderen wurde zumindest bis 1961/62 die militärische Sicherung des Territoriums der WV-Staaten als alleinige Aufgabe der sowjetischen Armee betrachtet. Die politische Dimension dieses Aspektes beruht vor allem auf dem Verhältnis der Führungsmacht zu den übrigen Mitgliedstaaten des Bündnisses, das eine relevante Mitsprache bei der Formulierung bündnispolitischer Zielstellungen weitgehend ausschloß, andererseits durch ein System bilateraler Freundschafts- und Beitragsverträge nationale Sicherheitsbedürfnisse partiell kompensierte. Ein solcher Vertrag, wie er auch im Juni 1964 zwischen der Sowjetunion und der DDR erstmals abgeschlossen wurde, verbesserte die sicherheitspolitische Situation der DDR insoweit, als diese nun nach Auffassung des Verteidigungsministers «unter den sicheren Schutz der Sowjetarmee»[21] gestellt wurde und damit einen zuverlässigen Schutz «gegen alle Anschläge der westdeutschen Militaristen und Revanchisten» enthielt.[22]

Die in dieser Formulierung liegende Gewichtung der Rolle der sowjetischen Streitkräfte, weniger des eigenen Verteidigungsbeitrages, schien aber nicht auszureichen, um zumindest die militärische Führung der DDR von einer Art «Vietnam-Trauma» zu befreien. Dieses Trauma resultierte aus der Befürchtung, daß die UdSSR aus Rücksichtnahme auf die Entwicklung ihrer Beziehungen zu den USA und zur Vermeidung einer globalen atomaren Auseinandersetzung es unterlassen könnte, der DDR im Aggressionsfall ausreichende Unterstützung zu leisten. Genährt wurde diese Vorstellung durch die Tatsache, daß die Sowjetunion nach der massiven Intervention der USA im Vietnam-Krieg anfänglich nur zögernd Unterstützung zu leisten schien.[23] Die Befürchtung der DDR, für ihre sicherheitspolitischen Bedürfnisse bei der Sowjetunion nicht ausreichend Unterstützung zu finden, hatte sie bereits vorher veranlaßt, eine Identität ihrer Sicherheitsinteressen mit denen anderer Staaten des WV, vor allen Dingen der ČSSR und der Volksrepublik Polen, zu behaupten. Diese Behauptung resultiert aus der Erklärung der DDR, daß die Regierung der Bundesrepublik nicht die Grenzen in Europa anerkennen wolle, sondern ihre Veränderung anstrebe, was durch die fehlende Anerkennung der Oder-Neiße-Grenze unterstrichen werde.[24]

Die Ereignisse im Zusammenhang mit der Besetzung der ČSSR im Jahre 1968 führten zu einem Abbau der Vorbehalte der DDR. Die Militärs der DDR hatten erklärt, daß die dortige Entwicklung nicht nur die «Lebensinteressen aller Bruderländer gefährdet», sondern auch als «ein Umgehungsangriff der Imperialisten auf die Arbeiter- und Bauern-Macht der Deutschen Demokratischen Republik»[25] gewertet werden müßte. Die militärische Lösung des Konflikts und die Beteiligung der NVA an der Besetzung der ČSSR schienen ebenso wie die in der Folgezeit stattfindende Aufnahme massiver Unterstützung der Sowjetunion für Nordvietnam eine ausreichende materielle Bestätigung der stets so beschworenen Bündnistreue zu sein. Im Gegenzug betonte die DDR sowohl die theoretischen wie praktischen internationalistischen Aspekte ihrer Militärpolitik. Dies erfolgte einerseits durch die Unterstützung von Befreiungsbewegungen bzw. arabischer Staaten in der Auseinandersetzung mit Israel – «auch zum Befreiungskampf der arabischen Völker gegen die israelische Aggression beziehen die Angehörigen der Nationalen Volksarmee eine klare Klassenposition. Das Volk und die Armee der DDR haben den gerechten Kampf der arabischen Völker seit Jahren unterstützt und werden ihn politisch, ökonomisch und militärisch auch weiter unterstützen».[26] Andererseits erweiterte die DDR ihr Feindbild um das der Konterrevolution im sozialistischen Lager, womit sie ihrer Beteiligung an der Besetzung der ČSSR eine ideologisch angemessene Begründung verleihen konnte. Daneben wurde das Thema eines möglichen militärischen Konfliktes zwischen den beiden deutschen Staaten nicht mit nationalen, sondern gesellschaftspolitischen Aspekten interpretiert.

Die nationale Komponente der politischen Aspekte der militärstrategischen Konzeption der DDR wurde einmal darin deutlich, daß Einrichtung und Aufbau von Streitkräften in der DDR stets mit der militärischen Entwicklung in der Bundesrepublik begründet wurden. Sie zeigte sich weiterhin darin, daß das Problem der deutschen Nation unter dem Gesichtspunkt von Erschwerungen der politisch-moralischen Vorbereitung der Armeeangehörigen und der anderen Bürger auf einen möglichen militärischen Konflikt gesehen wurde. Zur Überwindung dieser Behinderungen wurden sowohl nationale wie internationalistische Komponenten eingesetzt. Zum einen wurde postuliert, daß die DDR als «sozialistisches Vaterland» nicht gleichzusetzen sei mit dem «westdeutschen Imperialismus und Militarismus». Andererseits wurde betont, daß eine mögliche militärische Auseinandersetzung politisch definiert werden müßte als Krieg gegen den Imperialismus, der es erforderlich mache, daß der «Kampfauftrag der NVA nicht an der Elbe und Werra ende, sondern unsere Armee ebenso wie die sozialistischer Bruderarmeen als Instrument des Sozialismus zur militärischen Zerschlagung des Imperialismus auf dessen eigenem Territorium handeln würden»[27]; daß die Klassenmission der NVA verlangt, daß nach dem militärischen Sieg die Arbeiterklasse der imperialistischen Staaten bei der Beseitigung des Systems unterstützt wird. Eine solche Auseinandersetzung würde der NVA nicht nur dazu verhelfen, «ihrer nationalen Mission als Befreiungsarmee gerecht zu werden»,[28] sie würde auch «für die westdeutsche Bevölkerung Merkmale eines nationalen Befreiungskrieges annehmen».[29] Mit dieser Interpretation befreite man sich auf der ideologischen Ebene aus dem Dilemma, eine mögliche militärische Auseinandersetzung, an der sowohl die DDR als auch die Bundesrepublik beteiligt sein würden, als «Bürgerkrieg» zu werten. Gleichzeitig wurde damit auch postuliert, wie die politische Entwicklung in dem dann befreiten Gebiet ablaufen würde, wobei sich der Eindruck aufdrängt, daß dies nach dem Muster der Entwicklung in der SBZ/DDR nach 1945, zumindest was das Verhältnis der Siegermacht zur kommunistischen Partei angeht, geschehen sollte.

Der politische Aspekt der militärstrategischen Konzeption kann von dem militärischen nicht getrennt werden. Das zeigt sich auch in der Frage der Entscheidungskompetenz über die militärpolitischen Fragen in der DDR und die Angelegenheiten der Streitkräfte. Es gehört zu den Aufgaben der Parteiführung, d. h. des Politbüros des ZK der SED, über «die grundsätzlichen Fragen der Entwicklung, der Erziehung und Bildung, der Struktur, Gliederung, Bewaffnung und Ausrüstung der NVA»[30] zu entscheiden. Die Entscheidung solcher Fragen geschieht in Anlehnung an sowjetische militärpolitische Aussagen und Entscheidungen, da die sowjetische Militärdoktrin «Leitstern der Militärstrategie der Warschauer Verteidigungskoalition»[31] ist. Die allgemeine Verbindlichkeit der sowjetischen Militärdoktrin bedeutet, daß die grundsätzlichen Elemente der militärstrategischen Konzeption der einzelnen Vertragsstaaten als auch Ausbildungs-, Gliederungs-, Einsatz- und Führungsgrundsätze für alle Staaten des WV in der sowjetischen Militärdoktrin, die mit der des WV gleichgesetzt wird, bestimmt werden. Andererseits bedeutet die Verbindlichkeit jedoch keine Aufhebung nationaler Besonderheiten, die sich z. B. aus der militärgeographischen Lage eines Landes, den historischen Entwicklungen der Streitkräfte, politischen und ökonomischen Erfordernissen ergeben können.[32] Die Berücksichtigung nationaler Besonderheiten bedeutet in diesem Sinne für die DDR auch, daß eigene militärwissenschaftliche Anstrengungen unternommen werden, um die Militärpolitik der SED wissenschaftlich zu fundieren bzw. ihnen als Ausdruck wissenschaftlicher Erkenntnisse Geltung zu verschaffen. Daß diese Aussagen dann wesentlich Aussagen der Militärs der DDR unterstützen, liegt wohl nicht zuletzt daran, daß die damit beauftragten Institutionen, wie z. B. das Militärgeschichtliche Institut oder die wissenschaftlichen Forschungseinrichtungen der Militär-Akademie «Friedrich Engels», dem Minister für Nationale Verteidigung der DDR unterstellt sind, der ebenfalls einen «Wissenschaftlichen Rat für Fragen der Landesverteidigung»[33] anleitet. Die nationalen Besonderheiten wirken auch auf die Struktur der NVA ein und bestimmen ihre Aufgabenstellung im Rahmen der vorgesehenen militärischen Handlungen, weisen ihr aber keine von den allgemeinen militärstrategischen Grundsätzen der WV-Staaten abweichende Konzeption für den Fall eines militärischen Konfliktes in Europa zu.

Militärwissenschaftler der Sowjetunion und der DDR gehen davon aus, daß Europa der Hauptkriegsschauplatz eines bewaffneten Konfliktes zwischen den beiden Weltsystemen werden wird, da hier die Interessen beider Weltsysteme am stärksten aufeinanderstoßen: «Westeuropa ist die militärisch-strategisch wichtigste Zone des Weltimperialismus».[34] Zum europäischen Kriegsschauplatz zählen neben dem Territorium Gesamteuropas der nördliche Küstenstreifen Afrikas, der westliche Teil der Türkei, die arabischen Mittelmeeranrainer inkl. Israel und Jordanien sowie im Norden Europas das Weiße Meer, die Barents-See und das Nordmeer sowie die Nord- und Ostsee, der Nordostteil des Atlantiks, das Mittelmeer und das Schwarze Meer.[35]

Die Aufgaben der NVA, vor allem ihrer mobilen Verbände, werden durch deren Zugehörigkeit zur «Ersten strategischen Staffel» der Vereinten Streitkräfte des WV bestimmt, die bereits in Friedenszeiten ständig entfaltet ist und in der Bereitschaft steht, «sofort bei Kriegsbeginn mit den Hauptkräften der Land-, Luft- und Seestreitkräfte in den entscheidenden Richtungen zur Offensive überzugehen».[36] Die militärischen Aktionen würden sowohl durch die möglichen Eröffnungen und Abläufe der militärischen Auseinandersetzungen als auch durch den Charakter der Kampfhandlungen geprägt, in deren Rahmen die NVA-Verbände eingesetzt werden.

In der Mitte der sechziger Jahre war man in der DDR der Ansicht, daß bei militärischen Auseinandersetzungen auf dem europäischen Kriegsschauplatz sowohl strategische Angriffs- wie strategische Verteidigungshandlungen durchgeführt werden müssen. Diese Anschauung, die wohl im besonderen von der militärgeographischen Situation der DDR bestimmt war, stimmte nur partiell mit der sowjetischer Militärs überein. Diese gingen und gehen vielmehr davon aus, daß zwar strategische Kampfarten im Falle von Kampfhandlungen mit herkömmlichen, d. h. konventionellen Mitteln, bei einigen Arten von lokalen Kriegen beibehalten werden könnten, grundsätzlich aber von nuklearen Auseinandersetzungen im Weltmaßstab ausgegangen werden müßte und lokale Kriege eigentlich vermeidbar seien.[37] Die NVA kann also, da ihre Bewaffnung eine andere Einsatzmöglichkeit nicht zuläßt, nur im Rahmen von Operationen eingesetzt werden, in denen die Anwendung konventioneller Waffen dominiert. Diese Möglichkeit ergibt sich bei den sogenannten Angriffsoperationen der operativen Verbände der Landstreitkräfte als strategische Operation, da bei der Lösung der Aufgaben von Angriffsoperationen neben operativ-taktischen Raketentruppen Panzer- und motorisierte Schützenverbände (die im wesentlichen das Profil der Landstreitkräfte der NVA bestimmen) eine Hauptrolle spielen.[38] Im Rahmen anderer strategischer Operationen, wie Kernwaffenschläge mit strategischen Mitteln, Operationen der Frontfliegerkräfte, Luftlandeoperationen oder Operationen der Seestreitkräfte[39] ist ein Beitrag der NVA auf Grund der Struktur ihrer Teilstreitkräfte und der in ihnen vorhandenen Waffenarten nur bedingt möglich.

Die angenommenen Kriegsbilder sind auch Ergebnisse der Interpretationen der jeweils gültigen NATO-Strategien durch die militärische Führung des WV. Die Strategien der NATO erlauben es nach Ansicht der militärischen Führung der NVA zu erkennen, «welche Art von Kriegen die USA und NATO vorbereiten, auf welche möglichen Kampfhandlungen von ihrer Seite aus wir uns also einzustellen haben. Darum müssen wir die strategischen Bestrebungen des Gegners aufmerksam verfolgen und unsere Truppen sowohl für Kampfhandlungen mit als auch für solche ohne Einsatz von Kernwaffen vorbereiten».[40] Die Beurteilung möglicher Auseinandersetzungen beschränkt sich jedoch nicht nur auf die Analyse der jeweiligen NATO-Strategie, sondern schließt auch militärische Auseinandersetzungen mit anderen Gebieten der Erde ein. Besonders der Krieg in Vietnam, aber auch der Juni-Krieg 1967 zwischen Israel und den arabischen Staaten war für die DDR Anlaß, ihre Situation in einer möglichen militärischen Auseinandersetzung in Europa neu zu definieren. Nach ihrer Ansicht wurde von Israel ein sogenannter «Stellvertreter-Krieg» geführt, der ihrer Interpretation der NATO-Strategien der «flexiblen Reaktion» in Mitteleuropa und der darin vorgesehenen Rolle der Bundeswehr entsprach. Dabei ging die DDR davon aus, daß dies Konzept des blitzartigen Überfalls und des «Stellvertreter-Krieges» in Europa nicht durchzuführen sei, d. h. die Bundeswehr bzw. Bundesrepublik keine Gelegenheit haben werden, die NVA bzw. die DDR militärisch zu unterwerfen, ohne ein Eingreifen der anderen sozialistischen Staaten, vor allen Dingen der Sowjetunion, zu provozieren.[41] Die Wissenschaftlichkeit dieser Erkenntnis schien allerdings nicht gesichert genug, denn auf Initiative des Politbüros des ZK der SED wurden «konkrete Schritte zur Auswertung der Israel-Aggression und zur Rolle Westdeutschlands in der globalen Strategie der USA unternommen. Der Nationale Verteidigungsrat (zentrales staatliches Gremium für Fragen der Landesverteidigung, G. N.) ... hat konstruktive Schlußfolgerungen für die Landesverteidigung ... und zur Erhöhung der Gefechtsbereitschaft der NVA gezogen».[42] Ein Teil dieser Schlußfolgerungen betraf die politischen Aspekte der militärstrategischen Konzeption, andere gingen vor allen Dingen auf die Ausbildungs- und Einsatzgrundsätze der NVA ein und führten zu Veränderungen. Es wurde postuliert, Provokationen jedweder Art – worunter also nicht nur militärische zu verstehen waren – schon im Keim zu ersticken, Kriege schnell zu beenden und alle Varianten von Aggressionsversuchen zu zerschlagen. Daß man nicht erst nach einem Angriff aktiv werden wollte, wurde mit der Aussage verdeutlicht, daß nicht angenommen werden dürfe, «daß die Sowjetunion und ihre Verbündeten auf eine unmittelbare Aggressionsvorbereitung ... nur mit Warnung ohne eine Erhöhung der Gefechtsbereitschaft der Truppen» reagieren würden, sondern daß deren Streitkräfte mit aller Macht und blitzartig zuschlagen werden, «wenn der Imperialismus die Warschauer Vertragsstaaten dazu zwingt»[43] – ohne daß verdeutlicht wurde, ob dies die allgemeine Auffassung der WV-Staaten war.

Die Anwesenheit von sowjetischen Truppen in der DDR wird von der politischen Führung der DDR als Garantie ihrer Sicherheit vor allen Dingen seit Einführung der NATO-Strategie der «flexiblen Reaktion» gesehen. Im Ergebnis ihrer Analyse der NATO-Strategie kamen die Militärs der DDR zu der Erkenntnis, daß nun «lokale Konflikte und begrenzte Kampfhandlungen in Europa möglich»[44] sind. Die Konsequenz, die für den militärischen Einsatz der NVA gezogen wurde, bestand darin, sie für die Zerschlagung begrenzter Aggressionshandlungen ohne Einsatz von Kernwaffen zu befähigen, wobei die Liquidierung sogenannter «irregulärer Einheiten», die zum «verdeckten Krieg» in die DDR eingeschleust werden, an erster Stelle stand. Ein solcher Beginn einer militärischen Auseinandersetzung in Europa schien der SED deshalb am wahrscheinlichsten, weil im Rahmen der Strategie der «flexiblen Reaktion» die Formen möglicher militärischer Auseinandersetzungen vervielfältigt wurden und vom massiven nuklearen Krieg über einen Krieg mit begrenztem nuklearem Einsatz bis hin zu einem Krieg mit konventionellen Waffen reichten, wobei letzterer auch als sogenannter «verdeckter Krieg» sich abspielen könnte. Der verdeckte Krieg, der durch Diversion und Sabotage eingeleitet wird und in dessen Rahmen der

Einsatz von Banden bzw. militärischen Kräften im Hinterland zur Organisation lokaler Aufstände führt, erschien ihr deshalb gefährlich, weil er unterhalb der atomaren Reizschwelle lag, die den Einsatz sowjetischer Nuklearwaffen bestimmte. Eine solche Haltung ist nur erklärbar aus einem bestimmten eigenstaatlichen Interesse heraus, das seine Ursache in der fehlenden Möglichkeit zur Bestimmung der einzusetzenden Waffen, d. h. dem mangelnden Besitz atomarer Waffen hat. Daher muß die DDR grundsätzlich davon ausgehen, daß keine begrenzten lokalen Kriege in Europa möglich sein dürfen, sondern jede Aggression z. B. gegen die DDR seitens der Bundesrepublik tendenziell zu einem weltumspannenden Konflikt, d. h. zum Eingreifen der SU führen muß.[45] Die Frage nach der Auslösung des Krieges ließ aber ebenso andere, aber weniger wahrscheinliche Möglichkeiten offen, z. B. das Übergreifen außereuropäischer Kriege auf Europa oder die Möglichkeit «technischer Defekte» als Initialzündung von Kriegshandlungen.

Der militärische Beitrag der DDR zum WV seit der Integration der mobilen Verbände der NVA-Landstreitkräfte in die Vereinten Streitkräfte der WV im Jahre 1958 kann auf Grund der Struktur der NVA nur in bestimmten militärischen Kampfhandlungen und zusammen mit den Truppen der Gruppe der sowjetischen Streitkräfte in Deutschland (die GSSD) bzw. den anderen Verbänden der Ersten strategischen Staffel geleistet werden. Die Militärdoktrin der WV schreibt nicht vor, daß die nationalen Streitkräfte in ihrer Struktur und in den Verhältnissen der Teilstreitkräfte und Waffengattungen denen der sowjetischen Armee entsprechen müssen. Folglich ist auch die NVA «keine Mikrokopie der Sowjetarmee»,[46] sondern «spezifisch für ihre Aufgaben im Rahmen der ‹Vereinten Streitkräfte› und für den Schutz der Souveränität der DDR gegliedert und bewaffnet».[47]

Die Nationale Volksarmee verfügt über drei Teilstreitkräfte, wobei die einzelnen Teilstreitkräfte anders gegliedert sind als die Teilstreitkräfte der Sowjetunion und nicht in jedem Fall über die gleichen Waffenarten verfügen. Entsprechend der möglichen Rolle der einzelnen Teilstreitkräfte in künftigen militärischen Auseinandersetzungen spielen die Landstreitkräfte der NVA die größte Rolle. Nach Ansicht der Militärtheoretiker werden die Landstreitkräfte die Aufgabe haben, den Gegner unter Ausnutzung von Kernwaffenschlägen zu zerschlagen und zu vernichten sowie sein Territorium einzunehmen. Diese Aufgabenstellung macht es erforderlich, daß sie in schnellem Tempo vorstoßen und in geöffneter Gefechtsordnung handeln können, wobei davon ausgegangen wird, daß eine durchgehende Front nicht gebildet wird, sondern die Kampfhandlungen «Herd-Charakter» annehmen.[48] Die Ausrüstung der Landstreitkräfte der NVA bzw. der in ihr vorhandenen Waffengattungen zeigt, daß sie zwar über operativ-taktische Raketen verfügt, diese jedoch in geringer Anzahl sind und die NVA selbst auch keine atomaren Sprengköpfe zur eigenbestimmten Verfügung hat.[49] In den Landstreitkräften der NVA spielen vor allen Dingen die Panzer- und motorisierten Schützenverbände eine wichtige Rolle; sie sind in zwei Panzer- und vier motorisierte Schützendivisionen zusammengefaßt. Weitere Waffengattungen sind die Artillerie, die Truppen-Luftabwehr, die Raketen-Truppen und Fallschirmjäger/Luftlandetruppen. Zu den Spezialtruppen und -diensten zählen die Pioniere, die Nachrichtentruppen sowie die chemischen und rückwärtigen Dienste.

Die Verbände der Luftstreitkräfte/Luftverteidigung (LSK/LV) haben die Aufgabe, im System der Luftverteidigung der Staaten des WV überraschende Luftangriffe des Gegners abzuwehren, die Luftüberlegenheit zu erringen und aufrechtzuerhalten sowie die Erfüllung der Gefechtsaufgaben der anderen Teilstreitkräfte durch Luftunterstützung zu sichern.[50]

Die Truppen der Luftverteidigung der NVA sind seit Ende der 50er Jahre in das Diensthabende System des Warschauer Vertrages eingegliedert. Zu diesem System, das in ständiger Alarmbereitschaft ist, gehören sowohl Einsatzverbände der Jagdflieger als auch Flugabwehr-Raketen-Einheiten sowie die zur Führung und zum Einsatz dieser Verbände notwendigen Einrichtungen, wie Radar- bzw. Funkmeßstationen und Leitstellen. Alle Truppenteile und Einheiten werden von einem zentralen Stab aus geführt. Die Aufgaben der Luftstreitkräfte, d. h. vor allem der Jagdflieger, liegen im Abfangen feindlicher Flugzeuge und in der Durchführung von Sicherungsaufgaben, z. B. beim Schutz von Truppenbewegungen oder rückwärtigen Objekten. Sie können auch Aufgaben der Jagdbomber übernehmen, d. h., mit Raketen und Bomben Erdziele bekämpfen, Kampfräume blockieren sowie in bestimmtem Maße Erdziele aufklären. Ausbildungsgrundsätze und Einsatzprinzipien der fliegenden Verbände der NVA schließen – soweit erkennbar – aus, daß die Jagdbomber der NVA mit Atombomben ausgerüstet werden. Dies mag z. T. einmal Resultat einer technologischen Unfähigkeit der Sowjetunion sein, atomare Waffen in geringem Größenmaß herzustellen, andererseits wäre dies aber auch Ausdruck der ausschließlich sowjetischen Verfügungsberechtigung über den Einsatz atomarer Waffen. Die Luftstreitkräfte verfügen nur in geringem Maße über Hilfsfliegerkräfte (Transporter, Hubschrauber) und nicht über Aufklärungsflieger.

Die Volksmarine erfüllt in erster Linie Sicherungsaufgaben, wie z. B. die Abwehr von Infiltrationsversuchen, Bekämpfung von Schmuggel, Schutz der Fischereiflotte und der auf den Wasserstraßen im Hoheitsgebiet der DDR befindlichen Schiffe.[51] Beim Schutz der Seegrenze und des Küstenvorfeldes arbeitet sie sowohl mit den Verbänden der Grenzbrigaden Küste der Grenztruppen der DDR als auch mit der polnischen Seekriegsflotte bzw. der sowjetischen Rotbanner-Flotte zusammen. Diese Zusammenarbeit im Vorpostendienst und Bereitschaftsdienst im freien Ostseeraum geschieht nach vom Vereinten Kommando der Flotten dem nationalen Kommando zugewiesenen bzw. mit diesem abgestimmten Aufgaben.[52] Die Einheiten der Volksmarine, vor allem kleinere Schiffe wie Torpedoschnellboote (die z. T. mit Raketen ausgerüstet sind), sowie Minensuch- und -legboote wie auch Einheiten zur Unterseeboot-Abwehr überwachen ebenfalls Schiffe der Marinen der NATO-Staaten in Operationszonen der NVA in der Ostsee. Die von der Volksmarine abgehaltenen Übungen bzw. ihre Beteiligungen an Übungen der Koalitionsstreitkräfte lassen erkennen, daß die militärischen Aufgaben des weiteren darin bestehen, feindliche Seestreitkräfte aufzuklären und zu bekämpfen und durch Minenleg- und Minenräumaktionen die Schiffahrtswege zu sichern sowie U-Boot-Abwehr zu leisten. Seit neuerem ist die Unterstützung der Landstreitkräfte bei Landungseinsätzen durch Landungsboote eine zusätzliche Aufgabe der Volksmarine.[53]

Im Falle eines militärischen Konfliktes haben auch die Grenztruppen der DDR (die dem Ministerium für Nationale Verteidigung unterstellt sind, aber seit 1973 keine «Teilstreitkraft» der NVA mehr bilden) militärische Aufgaben zu erfüllen. Die Bedeutung ihrer Funktion, der Sicherung der Grenzen der DDR, ist im militärstrategischen Denken ein Ergebnis der Auffassung, daß im Konfliktfall die Grenztruppen der DDR die ersten bewaffneten Verbände mit «Feindberührung» wären. Die Situation, so wurde nach dem Juni-Krieg 1967 betont, mache es erforderlich, daß das Offizierskorps der in den grenznahen Kreisen stationierten Einheiten und Verbände geschult werden sollte, «auch in den kompliziertesten Lagen initiativreich»[54] zu handeln.

Die militär-fachliche Umsetzung der militär-strategischen Konzeption erfolgt in den Manövern des WV. In diesen Übungen und Manövern sollen die Verbände der NVA ihre Fähigkeit zur Erfüllung der ihnen gestellten Aufgaben nachweisen. Sie dienen der militärischen Führung dazu, Erkenntnisse sowohl über den Ausbildungsstand als auch über die Fähigkeit des Zusammenwirkens mit Verbänden anderer Armeen, vor allen Dingen der sowjetischen Armee, zu gewinnen. Eine weitere Funktion liegt in der Überprüfung neuer Waffensysteme und Einsatzformen, wie z. B. den Luftlandeunternehmen. Die politische Komponente der militärstrategischen Konzeption wird in der politischen Begründung des jeweiligen Manövers deutlich. Während sie so von der militärischen Seite her auch dem «ausgeprägten Koalitionscharakter des möglichen Krieges»[55] entsprechen sollen, dient ihre außenpolitische Funktion zur Unterstreichung jeweiliger aktueller bündnispolitischer Ziele. Eine Untersuchung der Manöver anhand der publizierten Materialien ist nur bedingt möglich; die Durchführung der Manöver läßt jedoch in der Regel bestimmte Rückschlüsse auf die jeweils gültige Annahme über Abläufe militärischer Auseinandersetzungen wie auch die Prinzipien ihrer Führung erkennen. Zwar wird mit einer zehn- bis zwanzigtägigen Spannungsdauer gerechnet, im allgemeinen aber davon ausgegangen, «daß der Überfall nach wie vor eine der Hauptmethoden der Imperialisten bei der Entfesselung von Kriegen ist und mit großer Wahrscheinlichkeit auch beim Beginn eines Krieges gegen den Sozialismus in Europa angewandt werden wird».[56] Die «Blitzkrieg-Eröffnung» war gleichartig für die Manöver «Quartett» (Herbst 1963), «Moldau» (1966), «Oktobersturm» (1965), «Oder-Neiße» (1969) als Ausgangslage angelegt worden. Beim Manöver «Oktobersturm» ging man davon aus, daß die Bundeswehr einen Überfall der Land-, Luft- und Seestreitkräfte auf die DDR ohne den Einsatz von Kernwaffen verübte, der dann durch starke Gegenschläge zurückgeworfen wurde. Als Reaktion auf diesen Rückschlag wurden vom Gegner Kernwaffen eingesetzt und damit, der angenommenen Logik der Abläufe solcher Auseinandersetzungen entsprechend, die Armeen der WV-Staaten zum Einsatz von Kernwaffen veranlaßt.[57] Dieses Manöver diente, ebenso wie das Manöver «Moldau», das im folgenden Jahr in der ČSSR durchgeführt wurde, dazu, die von der DDR behaupteten Versuche der Bundesrepublik, die DDR im sozialistischen Lager zu isolieren, zu durchkreuzen. Es sollte, und damit zeigte sich die politische Komponente der militärstrategischen Konzeption, bewiesen werden, daß es weder eine Möglichkeit gibt, die DDR von ihren Verbündeten zu trennen noch zu isolieren und «erst recht keine Möglichkeit, uns oder unsere Nachbarn in einem ‹Blitzkrieg› militärisch zu überrollen».[58] In der militärischen Ausgangslage unterschied sich das Manöver «Moldau» von dem vorhergehenden Manöver «Oktobersturm» dadurch, daß hier die Reaktion auf einen überraschenden Kernwaffenüberfall auf das Gebiet der ČSSR die Aktivitäten der WV-Streitkräfte einleitete. Im Manöver «Oder-Neiße» wurden im September 1969 neben allen Teilstreitkräften auch neue selbständige Waffengattungen, z. B. Seelandungs- und Luftlandungstruppen sowie Verbände der territorialen Verteidigung und der Grenztruppen, eingesetzt.[59] Seine militärischen Aufgaben erfüllte das Manöver dadurch, daß es zur Überprüfung des Ausbildungsstandes am Ende des Ausbildungsjahres diente, die Fähigkeit zum operativ-taktischen Zusammenwirken der verschiedenen Verbände nachwies und neue Methoden der Truppenführung sowie neue Waffensysteme, in diesem Fall taktische und operativ-taktische Raketen sowie schwere Landungsschiffe, erprobt werden konnten. Am Manöver «Waffenbrüderschaft» im Herbst 1970 auf dem Territorium der DDR nahmen alle Staaten des WV mit Truppen bzw. Stäben teil. In seiner Anlage und seinem Ablauf ging man davon aus, daß verschiedene Varianten der Zerschlagung des Aggressors unter Annahme verschiedener Arten der Kriegsentfesselung durchgespielt werden sollten.[60] Der Einsatz von Bereitschaften der Volkspolizei und Kampfgruppen der Arbeiterklasse bei militärischen Aufgaben sowie die Anlage und der Verlauf des Manövers beweisen nach Ansicht der militärischen Führung der DDR, daß die Nationale Volksarmee und die Landesverteidigung der DDR eine erhöhte

Verantwortung für den Schutz der Westgrenzen des Territoriums der WV-Staaten besaßen. Bei diesem Manöver zeigte sich bereits, daß aufgrund des im August 1970 abgeschlossenen Vertrages zwischen der Sowjetunion und der Bundesrepublik Deutschland die politische Begründung, in diesem Falle die fehlende Anerkennung der Grenzen der DDR, nicht voll zum Zuge kam. Dieser Aspekt verstärkte sich noch beim Manöver «Schild» 1972, das mit der aktuellen politischen Situation in Mitteleuropa nach dem Abschluß auch der Verträge mit Warschau bzw. des Grundlagenvertrages nicht mehr zu begründen war, und das deshalb nur mühsam mit der fortdauernden Aggression der USA in Vietnam (die zu diesem Zeitpunkt ihrem Ende zuging) und der Besetzung arabischen Territoriums durch Israel erklärt wurde. Um zumindest im Kontext der bisherigen Erläuterungen zu verbleiben, wurde die politische Funktion des Manövers mit der präventiven Wirkung auf angebliche Aggressionsbestrebungen der NATO in Zusammenhang gebracht.[61] Die wesentlichste Funktion dieses Manövers bestand darin, bestimmte Kampfarten wie Begegnungsgefechte und den Einsatz neuer Waffen und Einsatzmöglichkeiten, wie z. B. von Luftlande-Einheiten oder Hubschrauber-Einheiten, zu erproben sowie die Einsatzmöglichkeiten der Landstreitkräfte im Zusammenwirken mit anderen Teilstreitkräften bzw. Waffengattungen zu überprüfen.

Die zentralen Aspekte der militärstrategischen Konzeption der NVA, d. h. der politische Zusammenhang der militärischen Aktionen einerseits und der militärische Einsatz bzw. seine Erprobung andererseits im Rahmen bestimmter Formen eines möglichen Krieges, werden jedoch in aktuellen politischen Situationen unterschiedlich gewichtet. Der Schwerpunkt wird entweder auf die politischen oder die militärischen Funktionen solcher Manöver gelegt. Zusätzliche Bedeutung gewinnen diese Manöver auch durch die Auseinandersetzung in der intersystemaren Rüstungspolitik. Sie fungieren als eine Art «Ersatz-Kriegsschauplatz», auf dem die eine Seite der anderen ihre jeweilige militärische Überlegenheit vorführen kann bzw. der anderen Seite Anregungen vermittelt, um ihre militärische Leistungsfähigkeit zu steigern. Diese Auseinandersetzung beschränkt sich aber nicht nur auf das Gebiet der Waffensysteme und Rüstungstechnik, sondern schließt andere Aspekte, wie z. B. die militärische Ausbildung und die politisch-moralische Vorbereitung auf eine militärische Auseinandersetzung, ein. Der jeweilige Maßstab ergibt sich aus der Analyse der Bemühungen der NATO einerseits sowie der dieser Analyse hinzugefügten Eigenbedürfnisse andererseits. Dies führt dann in der NVA z. B. zu der Schlußfolgerung, «daß sich auch im kommenden Ausbildungsjahr ein hartes und zähes Ringen zwischen den imperialistischen und den sozialistischen Streitkräften um die militärische Überlegenheit abspielen wird. Wir können und dürfen der forcierten Aufrüstung der NATO-Armeen nicht tatenlos zusehen, sondern müssen und werden auch unsererseits alles tun, um unseren Beitrag zur Aufrechterhaltung der Verteidigungsbereitschaft des Sozialismus zu leisten – durch die effektivere Ausbildung unserer Truppen genauso wie durch ihre weitere Ausstattung mit modernen Waffen und Geräten».[62]

Das Militärprogramm der SED ist sowohl Rahmen der militärpolitischen Aufgabenstellung als auch der militärstrategischen Konzeption der NVA, soweit auf dieses innergesellschaftliche Faktoren einwirken. Im neuen Programm der SED wird die Pflicht für die Nationale Volksarmee, die Grenztruppen der DDR sowie andere bewaffnete Organe «stets eine hohe Kampfkraft und Gefechts- bzw. Einsatzbereitschaft zum Schutze des Sozialismus und des Friedens sowie die territoriale Integrität, die unverletzliche Sicherheit der Staatsgrenzen und die staatliche Sicherheit der Deutschen Demokratischen Republik unter allen Bedingungen zu gewährleisten»[63] verankert. Zusätzlich werden die Anforderungen für das Landesverteidigungssystem festgelegt, nämlich «eine hohe Qualität der marxistisch-leninistischen und militärischen Ausbildung der Angehörigen der Streitkräfte und anderen bewaffneten Organen. Proletarischer Internationalismus und sozialistischer Patriotismus, Freundschaft mit der Sowjetunion, militärische Meisterschaft und eiserne Disziplin, Liebe zum werktätigen Volk und Treue zu den kommunistischen Idealen – das sind die wertvollsten Eigenschaften der Verteidiger des Friedens, des Sozialismus und Kommunismus».[64] Diese programmatischen Aussagen entsprechen auch den Interpretationen der SED von den Möglichkeiten der politischen Entwicklung in Europa. Dabei wird unterstellt, daß die dem Imperialismus innewohnenden Widersprüche zu einer aggressiven Handlung führen: «Von diesen Widersprüchen erfaßt, bereitet er das entsetzliche Verbrechen gegen die Menschheit vor, einen Raketen-Kernwaffenkrieg».[65] Das Anwachsen des «Militär-Industrie-Komplexes»[66] zählt ebenso als Faktor der Bedrohung wie die Aussagen im Weißbuch zur Sicherheit der Bundesrepublik Deutschland, das als Militärprogramm des «BRD-Imperialismus» bezeichnet wird und nach Ansicht der DDR-Militärs darauf gerichtet ist, «langfristig das militärische Kräfteverhältnis zugunsten des Imperialismus zu verändern. Durch den komplexen Einsatz politischer, ökonomischer, ideologischer und diplomatischer und nicht zuletzt auch militärischer Mittel soll dies erreicht werden».[67] Andere Faktoren, wie z. B. die Besichtigung der Grenze zwischen der Bundesrepublik Deutschland und der DDR durch Besucher oder Gruppen[68] oder Befürchtungen, daß «größenwahnsinnige Ostland-Strategen» ihre «antisozialistischen Umarmungs- und Unterwanderungsbestrebungen»[69] durch militärische Gewalt ersetzen wollen, scheinen in diesem Zusammenhang geringeres Gewicht zu besitzen.

Aus ihrer Interpretation der möglichen Entwicklungen zieht die SED die Konsequenz, in ihrer Militärpolitik ständig die Voraussetzungen für die Aufrechterhaltung der Überlegenheit im strategischen Kräfteverhältnis zwischen beiden Systemen zu schaffen. Das strategische Kräfteverhältnis wird von verschiedenen Faktoren beeinflußt. Zu ihnen gehören neben der Quantität und der Qualität der Waffen und der Kampfmittel und dem Ausbildungsstand der Truppen z. B. auch die Fähigkeiten, die ökonomischen, politischen und wissenschaftlich-technischen Potentiale einer Gesellschaft zu aktivieren. Andere Faktoren betreffen die Beziehungen innerhalb der Militärkoalition, das Verhältnis innerhalb der Streitkräfte selbst sowie dasjenige zwischen Armee und Gesellschaft. Zusätzliche Faktoren wie z. B. klimatische, militärgeographische oder ökonomische, wie Rohstoffreserven oder der Zustand der Transportwege,[70] zeigen, daß strategische Überlegenheit mehr ist als nur militärische Überlegenheit, die vor allen Dingen die militärischen Faktoren einbezieht. In der sowjetischen Militärdoktrin wird davon ausgegangen, daß in einem künftigen Krieg jene Seite gewinnt, deren Staaten und Armeen, trotz sehr großer Verluste, trotz Ausfalls von wichtigen Zentren der Volkswirtschaft, des Transportwesens, der Verteidigungsindustrie, der Führungs- und Verbindungslinien, in der Lage sein werden, die Kampffähigkeit wieder herzustellen und neue Truppen in den Kampf zu schikken, um das Territorium des Gegners einzunehmen.[71] Diese Annahmen bestimmen auch die Überlegungen der SED, im Rahmen der Militärpolitik das System der Landesverteidigung der DDR einschließlich der dafür notwendigen ökonomischen und gesellschaftspolitischen Voraussetzungen auszubauen.[72]

Sowohl die politische Begründung als auch der tatsächliche Ausbau der Landesverteidigung gestalten sich für die SED schwierig. Ein Dilemma, das in bestimmtem Maße auch in anders verfaßten Gesellschaften aufzufinden ist, resultiert aus dem Widerspruch zwischen der politischen Beurteilung der außenpolitischen Situation einerseits und dem behaupteten Verhalten des als feindlich eingestuften Systems andererseits. So wird erklärt, daß auch nach dem Abschluß der Konferenz für Sicherheit und Zusammenarbeit in Europa die imperialistische Aggressivität keineswegs gebrochen sei, andererseits aber mit Hinblick auf die Politik der friedlichen Koexistenz gesagt: «Die realen Fortschritte, die hierbei erzielt wurden, schaffen günstige Bedingungen im antiimperialistischen Kampf. Zugleich verhindern sie, daß die imperialistischen Kreise, wie schon so oft in der Geschichte, in äußeren militärischen Abenteuern einen Ausweg aus ihren inneren Widersprüchen und Krisen sehen».[73] Auch bei der Einschätzung der Aggressionsbereitschaft der Bundeswehr tauchen Schwierigkeiten auf. Einerseits soll die NVA in den 70er Jahren sich auf einen Gegner einstellen, «der nicht nur seine Bewaffnung und Ausrüstung mit einem immensen materiellen wissenschaftlich-technischen und finanziellen Aufwand modernisiert, sondern auch seine moralische Aggressionsbereitschaft auf breiter Front intensiviert»[74]; andererseits wird eingestanden, daß zwar die «materielle Aggressionsbereitschaft der Bundeswehr fortgesetzt wuchs» und ebenfalls die «ausbildungsmäßigen und organisatorisch-technischen Voraussetzungen fortwährend verbessert wurden», gleichzeitig aber «die moralische Aggressionsbereitschaft sich jedoch nicht in gleichem Tempo entwickelte».[75]

Diese unterschiedlichen Beurteilungen führen dazu, daß zwar die erreichte Stabilität der zwischenstaatlichen Beziehungen in Europa als Ergebnis der Friedenspolitik und der Überlegenheit des Sozialismus auch auf militärischem Gebiet ausgegeben, die These des Gleichgewichts der Kräfte jedoch als «Blendwerk der Imperialisten zur Täuschung über die realen Kräfteverhältnisse»[76] bezeichnet und abgelehnt wird. Sicherlich werden heute keine DDR-Militärs mehr behaupten wollen, daß sie sich nicht nur für den Schutz der Bürger der DDR verantwortlich fühlen, sondern daß es ihnen auch «um die Ruhe und Sicherheit der Menschen in Westdeutschland»[77] geht. Das defensive Verständnis geht aber nicht so weit, zu sagen, daß entsprechend der Lehre von der Verteidigung des sozialistischen Vaterlandes nur das eigene Territorium geschützt werden müßte und nicht auch die Ausweitung des Sozialismus «in den Klassenauseinandersetzungen mit dem Imperialismus militärisch abzusichern»[78] ist. Diese militärische Absicherung bedeutet die tatkräftige Unterstützung «der um die Eroberung der Macht kämpfenden Arbeiter, der jungen antiimperialistischen Nationalstaaten und der nationalen revolutionären Befreiungsbewegungen (in den Ländern der Dritten Welt z. B., G. N.) durch militärische Hilfe».[79] Verteidigung wird ohnehin nicht verstanden als rein defensives Verhalten mit dem Ziel, nach erfolgter Aggression Anstrengungen zur Zurückschlagung des Aggressors zu unternehmen. Vielmehr wird davon ausgegangen, daß entsprechend den Interpretationen der politischen Potenzen und Absichten des als feindlich eingestuften Systems in den zwischenstaatlichen Beziehungen ein Zustand erreicht werden kann, der eine unmittelbare Aggression als möglich erscheinen läßt und präventive Maßnahmen erfordert. Deshalb bleibe auch der Krieg ein mögliches Element der Politik und damit Veranlassung für die politische Führung der DDR, entsprechende Maßnahmen im Rahmen ihrer Militärpolitik zu planen. Insoweit ist die militärstrategische Konzeption der NVA ihrem politischen Charakter nach offensiv, wobei dies nicht als Widerspruch zur defensiv konzipierten Sicherheitspolitik verstanden wird. Der Grundsatz der Zerschlagung des Aggressors auf dem eigenen Territorium entspricht militär-strategisch dem hierzulande gepflegten Begriff der Konzeption der Vorderverteidigung[80] und ist der Ausdruck der militärischen Planung für den «Verteidigungsfall» in der DDR. Diese offensive Konzeption überdeckt jedoch nicht die allgemeinen außen- und sicherheitspolitischen Zielstellungen der SED. Grundsätzlich bleibt man der Auffassung, daß die Politik der friedlichen Koexistenz nicht nur zur Ausschaltung militärischer Konflikte führen kann, sondern vor allem eine intensivere Zusammenarbeit auf ökonomischem und wissenschaftlich-technischem Gebiet zwischen den beiden Systemen ermöglicht. Die militärischen Anstrengungen haben in diesem Zusammenhang den Zweck, die Entscheidung im Konkurrenzkampf der beiden Systeme nicht auf militärischem Gebiet stattfinden zu lassen, wobei man davon ausgeht, daß militärische Überlegenheit der Staaten des WV die Garantie für die Abwehr militärischer Aktionen der NATO ist. Deshalb ist, wie die DDR auch auf den Wiener Abrüstungsverhandlungen deutlich machte, nicht die Herstellung der Gleichgewichtigkeit bzw. Gleichrangigkeit der Streitkräfte der beiden Seiten in ihrem Interesse, sondern die Schaffung von Voraussetzungen, die ihr Sicherheitsbedürfnis befriedigen. Diese Voraussetzungen sind sowohl Abbau der zahlenmäßigen Stärke der Streitkräfte der NATO, besonders der Bundeswehr, als auch vorerst weitere Anwesenheit sowjetischer Truppen in der DDR. Dabei hofft sie, daß unter den Bedingungen der Politik der friedlichen Koexistenz der politische Entspannungsprozeß von einem militärischen Entspannungsprozeß begleitet werden wird. Diese Politik ist jedoch kein Anlaß, auf die ideologische Auseinandersetzung zu verzichten. Das manifeste ökonomische Interesse an Beziehungen mit Westeuropa läßt jedoch diese ideologische Komponente mehr als Alibi und Funktion zur Abwehr innergesellschaftlicher Auflockerungserscheinungen in den sozialistischen Staaten denn als Instrument zur Installierung innergesellschaftlicher Konflikte in den westeuropäischen Staaten erscheinen.

Die Befürchtungen der Autoren des «Weißbuch 1975/1976», der WV könnte innere Schwächen der westlichen Demokratien durch subversive Aktionen für seine Ziele ausnützen und mit diesen Aktionen militärische Konflikte vorbereiten,[81] beruhen auf der gegenwärtig nicht zu begründenden Annahme, die Staaten des WV seien bereit, ihre bisherigen und die erwarteten Erfolge und Errungenschaften aufs Spiel zu setzen, um ihrer Ideologie militärisch zum Durchbruch zu verhelfen. Eine angemessene Gegenstrategie ist weder die Verstärkung des militärischen Potentials noch der Aufbau eines allgemein verbindlichen Normen- und Wertekatalogs als «Gegenideologie» bei gleichzeitiger präventiver Verhinderung kritischer Diskussion gesellschaftlicher Zustände, sondern der Ausbau des sozialen Systems mit dem Ziel der Verringerung innergesellschaftlicher Konflikte.

Die Politik der Spannungsverminderung relativiert auch die Rüstungsbemühungen insoweit, als diese nicht ökonomischer Ausdruck offensiver politischer Strategien sind. Ohnehin zeigt die Tendenz der Rüstungsentwicklung in der NVA, daß entgegen der westlichen Behauptung der verstärkten Aufrüstung seit 1971/72 – von der Einführung neuer Schützenpanzer abgesehen – keine zusätzlichen Waffensysteme eingeführt wurden, d. h., keine Kapazitätserweiterung vorgenommen worden ist.[82] Diese Erscheinung mag damit zusammenhängen, daß die Aufrechterhaltung der militärischen Überlegenheit erhebliche wirtschaftliche und soziale Kosten fordert, die auch den Ausbau des sozialen Systems verlangsamen und damit dessen Verteidigungswürdigkeit beeinträchtigen. Hier gerät die SED in ein anderes Dilemma, das aus dem Postulat resultiert, die militärische Überlegenheit über den angenommenen Gegner aufrechterhalten zu müssen. Angesichts der Entspannungstendenzen in der politischen Umwelt der DDR, den gestiegenen Konsumbedürfnissen der eigenen Bevölkerung und den wachsenden gesellschaftlichen Kosten für die Bereiche z. B. des Bildungs- und Gesundheitswesens, verringert sich die Sinnfälligkeit verstärkter finanzieller Aufwendungen für Rüstungsprogramme. Auch wenn die DDR nur in geringem Maße, gemessen am gesamten Volumen der Industrie, eigene Rüstungsgüter produziert, so ist sie doch durch die Verpflichtungen im Rahmen des Rates für Gegenseitige Wirtschaftshilfe und durch die direkt zu leistenden finanziellen Aufwendungen mit dem Rüstungsprogramm der WV-Staaten, vor allen Dingen der Sowjetunion, verbunden. Die Diskrepanz des technologischen Niveaus militärischer und ziviler Güter ist ein weiteres Hindernis, ebenso wie die inzwischen angehäuften Waffenarsenale, einen weiteren Ausbau der Militärmacht auf Kosten anderer Bereiche zu fordern und dafür noch Verständnis in der Bevölkerung zu erreichen.

Mit Hilfe der Militärpropaganda und -information wird deshalb versucht, nicht nur ein den Behauptungen entsprechendes Feindbild aufzubauen, sondern auch das existierende atomare Vernichtungspotential herunterzuspielen. Der größte Teil zukünftigen Leides in einem atomaren Krieg, der durch den atomaren Gegenschlag des WV gegen eine Aggression der NATO ausgelöst und auch als atomarer Weltkrieg seinen «gerechten Charakter» behalten würde, wird den Völkern der kapitalistischen Staaten zugesprochen.[83]

Diese Erscheinungen bedrohen tendenziell die Legitimation des militärstrategischen Konzepts in der NVA, den «Aggressor auf seinem Territorium zu zerschlagen». Je mehr die politische Grundlage einer militärstrategischen Konzeption, nämlich den Krieg als Mittel der Lösung zwischenstaatlicher Konflikte auch zwischen politisch unterschiedlich strukturierten Gesellschaften gelten zu lassen, durch die realen politischen Erscheinungen an Berechtigung verliert, desto stärker stellt sich die Frage nach der Rolle des Militärapparates in der Gesellschaft. Da der Krieg die einzige Legitimationsbasis für die Existenz des Militärs ist, müssen – um diese nicht in Zweifel zu ziehen – die militärischen Apparate bzw. ihre Funktionen in Friedenszeiten sowohl mit zusätzlichen Funktionen versehen als auch mit Werten wie «Verteidigung des sozialistischen Vaterlandes» oder «Schutz des Sozialismus und der sozialistischen Errungenschaften» verknüpft werden, um eine kritische Hinterfragung zu verhindern. Der Auftrag an das Militär, im Rahmen der Aufrechterhaltung und des Ausbaus der Verteidigungsbereitschaft wichtige Funktionen auch in zivilen Bereichen zu übernehmen, führt zu einer Ausweitung des bürokratischen Apparates und der Überlagerung ziviler durch militärische Interessen, die im Falle der Sicherung der Macht als gesamtgesellschaftlich verbindliche Interessen postuliert werden. Das Ergebnis dieser Entwicklung, das u. a. in Forderungen deutlich wird, im Bildungswesen vor allem der Jugend Normen und Werte wie «Arbeitsdisziplin und Verteidigungsbereitschaft»[84] anzuerziehen, ist eine Bürokratisierung der Gesellschaft und die Verfestigung gesellschaftlicher wie politischer Strukturen. Die darin liegende Militarisierungspolitik bedeutet auch eine Verschiebung der politischen Prioritäten, die die militärstrategische Konzeption bestimmen. Der Prozeß der Entspannungspolitik erfährt seine Grenzen durch die Interessen gewachsener gesellschaftlicher Strukturen und Machtverhältnisse, deren mögliche Veränderungen als Gefährdung des eigenen Systems und nicht als Chance des gesellschaftlichen Fortschritts angesehen werden.

3. Die Stellung der DDR in der Warschauer Vertrags-Organisation

Von Stephan Tiedtke

Das außenpolitische Verhalten der DDR wird von westlicher Seite als verhärtet gesehen, zumindest aber als nicht so flexibel wie die Außenpolitik der meisten Bündnispartner der DDR. Als Beispiel dieser Politik der Unbeweglichkeit wird das Verhalten der DDR gegenüber ihren Bündnispartnern angeführt: ihre Kritik an den Bemühungen Rumäniens um einen selbständigen außenpolitischen Kurs, ihr Drängen auf die Invasion von Truppen der Mitgliedstaaten der Warschauer Vertrags-Organisation (WVO) 1968 in die ČSSR und der Widerstand gegenüber den ersten, noch unkoordinierten, östlichen Entspannungsschritten.

Die Grundlage dieses bündnisinternen Verhaltens der DDR ist ihr Interesse an möglichst weitgehender Integration der osteuropäischen Staaten, wenigstens aber an der Verhinderung von desintegrierenden Tendenzen. Dieses Eintreten der DDR für die Integration wird von westlicher Seite auf die besondere Abhängigkeit der DDR von der Sowjetunion zurückgeführt, der ein besonderes machtpolitisches Interesse am «Blockzusammenhalt» nachgesagt wird; ein staatliches Interesse der DDR an Integration wird dagegen negiert. Im Gegensatz dazu wird von osteuropäischer Seite die Integration als ein Ausgleich der nationalen Interessen verstanden, wobei «Gesetzmäßigkeiten und Vorzüge des Sozialismus ... voll zur Geltung kommen».[1]

Womit kann das besondere Interesse der DDR an militärischer und politischer Integration erklärt werden? Man wird wohl kaum fehlgehen, es vorrangig als Resultat von Sicherheitsbedürfnissen zu interpretieren. Diese Sicherheitsbedürfnisse unterscheiden sich von denen der anderen WVO-Staaten durch die exponierte militärgeographische Lage der DDR an der Grenze zwischen den beiden Sozialsystemen und durch die Besonderheiten der Konfrontation der DDR mit der Bundesrepublik. So sah es die DDR als Funktion der osteuropäischen Integration an, die mittlerweile historischen westlichen Versuche abzuwehren, die DDR innerhalb der osteuropäischen Staatengemeinschaft zu isolieren.

Darüber hinaus läßt sich das Interesse der DDR an Integration aus dem Bestreben ableiten, ihre historisch bedingte Sonderstellung in Osteuropa zugunsten einer möglichst weitgehenden Gleichstellung mit den Bündnispartnern zu verändern. Denn in dem Maße, wie die militärische, wirtschaftliche und politische Integration voranschreitet, wie nationale Eigenständigkeiten zunehmend im übergeordneten Ganzen aufgehoben werden, nähert sich auch die Stellung der DDR im Bündnis der ihrer Bündnispartner an, wird sie zum anerkannten, weitgehend gleichberechtigten Mitglied der osteuropäischen Staatengemeinschaft, ist nicht mehr die deutsche Ausnahme unter den osteuropäischen Staaten. Dies zu erreichen, war für die DDR zumindest so lange von vorrangiger Bedeutung, als sie noch nicht internationale staatliche Anerkennung gefunden hatte; nach 1972 ist dann dieser Aspekt der Integrationspolitik der DDR in den Hintergrund getreten.

Ein wichtiger Bereich, in dem die DDR die Gleichberechtigung durch Integration zu erreichen suchte, ist die Militärpolitik. Verschiedene Faktoren engten aber die Aussichten ein, Gleichberechtigung auf diesem Wege zu erreichen, wohingegen andere sie begünstigten. Gefördert wurden sie zweifellos durch die Tatsache, daß militärische Apparate hohe soziale Kosten verursachen und die osteuropäischen Staaten deswegen einem Beitrag der DDR zu den gemeinsamen Verteidigungsbemühungen nicht abgeneigt waren, was nicht ausschließt, daß anfangs Mißtrauen gegenüber einem DDR-Beitrag bestanden haben mag. Hinzu kommt, daß, wie sich im Laufe der 60er Jahre herausstellte, die militärische Integration entschieden leichter als die ökonomische zu bewerkstelligen war und die DDR eher auf dem Sektor der militärischen Zusammenarbeit hoffen konnte, ihre Interessen an der Integration zu verwirklichen.

Der militärischen Integration der DDR in das osteuropäische Verteidigungssystem waren und sind objektive Grenzen gesetzt, die sich aus den rechtskräftigen Vereinbarungen der vier Siegermächte über Deutschland als Ganzes ergeben; das letzte Wort in der Sicherheitspolitik der DDR hat immer noch die Sowjetunion.[2]

Diese grundlegende Einschränkung des Spielraums der Militärpolitik der DDR wurde für westliche Forscher und Publizisten insbesondere in einer Periode, in der es Ziel der Ostpolitik der Bundesrepublik war, die DDR in Osteuropa zu isolieren, zur Versuchung, auch in Bereichen, in denen sich die Deutschlandverträge nicht unmittelbar auswirkten, eine Minderberechtigung der DDR im Verteidigungssystem Osteuropas nachzuweisen. Dabei wurde nicht so sehr an eine Minderberechtigung der DDR gegenüber der Sowjetunion gedacht, als vielmehr an diejenige eines kleineren Bündnispartners gegenüber den anderen nicht-sowjetischen Bündnispartnern. Mit einer solchen behaupteten minderrechtlichen Stellung der DDR, die im folgenden überprüft werden soll, wäre die Möglichkeit weitgehend ausgeschlossen, daß die DDR die militärische Zusammenarbeit als Instrument ihrer Integration in das osteuropäische Staatensystem nutzt.

In der Literatur der DDR wird auf die westlichen Behauptungen einer rechtlichen Sonderstellung der DDR in der WVO nur sehr allgemein eingegangen, vorhandene Widersprüche – etwa in osteuropäischen Dokumenten – werden nicht diskutiert.[3] Entsprechend unergiebig, und das kann dann auch nicht anders erwartet werden, ist die Literatur der DDR in bezug auf die Funktion der Militärpolitik als Integrationsfaktor der DDR in das osteuropäische Staatensystem. Es wird nirgends in der Literatur behauptet, die DDR nutze ihre Militärpolitik zu einem anderen Ziel als zur Stärkung der Verteidigungsbereitschaft. In dem Moment aber, in dem die Militärpolitik der DDR nicht nur als reaktiv auf «Entwicklungstendenzen im imperialistischen Lager» dargestellt wird, sondern auch behauptet wird, die «zunehmende Integration des sozialistischen Wirtschafts- und Gesellschaftssystems» und die «Erfordernisse ... der Schaffung des entwickelten gesellschaftlichen Systems des Sozialismus» in der DDR[4] beeinflussen weitgehend die Militärpolitik, muß auch die Möglichkeit erwogen werden, daß Militärpolitik in Osteuropa auch zur Verwirklichung nationaler Interessen instrumentalisiert wird.

In vier Bereichen stellte bzw. stellt die westliche Osteuropa-Forschung die gleichberechtigte Mitgliedschaft der DDR in der osteuropäischen Verteidigungsgemeinschaft in Frage:

1. in der Frage der Einbeziehung der DDR in das bilaterale Vertragssystem der osteuropäischen Staaten;
2. bei der Unterstellung der DDR-Truppen unter das Vereinte Kommando der WVO;
3. in der Frage der Beistandsleistungen im Bündnisfall;
4. in den Pflichten, die der DDR aus dem Truppenstationierungsvertrag mit der Sowjetunion erwachsen.

Die Einbeziehung der DDR in das System der bilateralen Verträge

Bis zum Abschluß des Warschauer Vertrages im Mai 1955 war das Sicherheitssystem in Osteuropa allein auf den bilateralen Verträgen über «Freundschaft, Zusammenarbeit und gegenseitigen Beistand» aufgebaut. Aus diesem Vertragssystem war die DDR zunächst völlig ausgeschlossen. Obgleich durch die bestehenden 16 Verträge dieses System formal nicht vollständig war – die Zahl der bilateralen Verträge der sieben Vertragspartner des Warschauer Vertrages (ohne die DDR) hätte bei einem lückenlosen Vertragssystem 21 ausmachen müssen –, bedeutete dennoch die Ausschließung der DDR eine eindeutige Schlechterstellung gegenüber den künftigen Bündnispartnern. Dies nicht nur im militärischen Sinne: Die bilateralen Verträge hatten auch auf politischem und wirtschaftlichem Gebiet integrierende Wirkung, was bei einem weitergefaßten Sicherheitsbegriff nicht ohne Belang ist. Die einzige Sicherheitsgarantie für die DDR vor Abschluß des Warschauer Vertrages, wenn auch nicht in vertragsrechtlicher Form, bot die sowjetische Erklärung vom 25. März 1954, in der die Anerkennung der DDR als souveräner Staat deklariert wurde.[5] Mit dieser Erklärung garantierte die Sowjetunion den staatlichen Bestand der DDR, wovon aber keineswegs die Verpflichtungen und Rechte der Sowjetunion als Siegermacht des Zweiten Weltkrieges berührt wurden. Diese Deklaration der Sowjetunion vom März 1954, der Rechtsakt der Sowjetregierung vom 5. August 1954 (mit dem die von den sowjetischen Besatzungsorganen erlassenen Vorschriften für aufgehoben erklärt wurden) und schließlich das Dokument vom 25. Januar 1955, in dem der Kriegszustand mit Deutschland als beendet erklärt wurde, schufen rechtliche Voraussetzungen, um die DDR als vollwertiges Mitglied in die WVO aufnehmen zu können.[6]

Dieser Entwicklung lag eine Wende in der bisherigen sowjetischen Deutschlandpolitik zugrunde. Die 1954 endgültig beschlossene Einbeziehung der Bundesrepublik in das Nordatlantische Bündnis signalisierte der Sowjetunion und ihren osteuropäischen Partnern den Schlußpunkt eines Prozesses, der eine Wiedervereinigung unter Bedingungen, die auch von den Regierungen Osteuropas hätten akzeptiert werden können, für die nächste Zukunft unmöglich machte. Dieser Umstand ist eine der wesentlichen Bedingungen der weiteren staatlichen Konsolidierung der DDR, der Gründung der WVO und damit der ersten vertraglich fixierten militär-politischen Sicherung der DDR und der offiziellen Schaffung einer DDR-Armee.

Die endgültige Anerkennung der DDR als souveräner Staat wurde dann im Vertrag über die Beziehungen zwischen der DDR und der Sowjetunion vom 20. September 1955[7] vorgenommen. Dieser Vertrag kann aber nicht mit den sonst in Osteuropa üblichen bilateralen Verträgen verglichen werden, da u. a. in ihm nicht die Verpflichtung zum «gegenseitigen Beistand» enthalten ist.

Wenngleich in diesen Vereinbarungen zwischen der Sowjetunion und der DDR sowjetische Rechtspositionen, die auf den Deutschlandverträgen basieren, nicht berührt werden – das ist auch nicht in dem jüngsten Vertrag zwischen der SU und der DDR vom Oktober 1975 der Fall[8] –, bedeuten sie dennoch einen Abbau von besonderen Rechten der Sowjetunion in der DDR und der Bindungen der DDR an die Sowjetunion. An die Stelle dieser von der Sowjetunion aufgegebenen Kompetenzen tritt nach 1955 die Verankerung der DDR in dem osteuropäischen Bündnis.[9]

Der reale Gehalt der völkerrechtlichen Schlechterstellung der DDR im osteuropäischen Staatensystem durch ihre Nichteinbeziehung in das bilaterale Vertragssystem war darin zu sehen, daß sich die DDR im Falle der Auflösung der beiden großen Militärblöcke nur auf die Sicherheitsgarantie der Sowjetunion stützen konnte, da die übrigen WVO-Staaten nicht durch bilaterale Verträge verpflichtet waren, der DDR im Falle eines Konfliktes in Mitteleuropa beizustehen.[10] Dieser Umstand ist zum

Verständnis der DDR-Politik in bezug auf die WVO äußerst wichtig. Er erklärt einerseits das besondere Interesse der DDR an einer funktionierenden Allianz und andererseits das geringe Interesse an Vorschlägen, die eine Auflösung der Blöcke zum Ziele hatten. Ein Fortfall der WVO ohne gleichzeitige Einbindung in das bilaterale Vertragssystem mußte für die DDR objektiv eine Erhöhung des Sicherheitsrisikos bedeuten. Somit trifft die These, daß der Warschauer Vertrag wegen der bereits bestehenden bilateralen Verträge nicht notwendig gewesen sei, für die DDR bis zu ihrer völligen Integrierung in das bilaterale Vertragssystem nicht zu. Es ist daher anzunehmen, daß das Interesse der DDR an der Gründung der WVO nicht darin bestand, den Vertragsstaaten ein Tauschobjekt gegenüber der NATO in die Hand zu geben.[11] Das Interesse der DDR an dem Bündnis leitet sich vielmehr aus der militärischen und politischen Sicherheit ab, die das Bündnis diesem Staat garantiert. Fraglich muß es aber bleiben, ob diese Sicherheitsinteressen der DDR auf die Entscheidung, die WVO zu gründen, einen Einfluß nahmen. Aus dem Vertragstext selbst bietet sich eine solche Interpretation an: Das entscheidende Novum des Warschauer Vertrages im Vergleich zu den damals gültigen bilateralen Verträgen ist die im Warschauer Vertrag ohne Feindspezifizierung neutral gehaltene Beistandsverpflichtung im Falle eines militärischen Konfliktes in Europa. Diese Beistandsklausel bot bei der damaligen Zentrierung der sowjetischen Sicherheitspolitik auf Mitteleuropa nur für die DDR ein Mehr an Schutz,[12] da ja die bilateralen Verträge sich ohnehin auf einen Konflikt in Mitteleuropa bezogen.

Weshalb wurde die DDR aber erst ab 1964 und dann nur Schritt für Schritt in das System der bilateralen Verträge aufgenommen? In der Entwicklung des bilateralen Vertragssystems sind drei Phasen zu unterscheiden, wenn man von den jeweiligen Beistandsverpflichtungen ausgeht, die Zentralstück eines jeden Beistandsvertrages sind. Die erste Phase wurde von den bilateralen Verträgen bestimmt, die bereits im Zweiten Weltkrieg oder kurz danach abgeschlossen wurden. Diese Phase dauert etwa bis 1963, als die Erneuerung bzw. Verlängerung der Verträge anstand. Da in den Verträgen der ersten Phase von Deutschland als Ganzem als dem zunächst tatsächlichen, dann, nach Kriegsende, wieder potentiellen Feind ausgegangen wurde, war es schlechterdings unmöglich, die SBZ/DDR in diese Art von Verträgen einzubeziehen. Formell richteten sich diese Verträge sogar gegen die SBZ/DDR, da die Bündnispflicht bei einer Aggression, die von Deutschland ausging, in Kraft trat; politisch beziehen sich jedoch diese Verträge, zumindest seit dem Ende des Zweiten Weltkrieges, auf die Westmächte.[13] Zudem muß berücksichtigt werden, daß die DDR frühestens seit März 1954, als die Sowjetunion die Souveränität der DDR deklarierte, völkerrechtliche Verträge mit den osteuropäischen Staaten abschließen konnte.[14]

Warum nach 1954 der Weg für einen Beitritt der DDR zum bilateralen Vertragssystem nicht freigemacht wurde (etwa, indem die Beistandsklauseln der bestehenden Verträge geändert wurden), darüber läßt sich nur spekulieren. Welches auch immer die Gründe gewesen sein mögen, die DDR wurde erst in das System der bilateralen Verträge einbezogen, als die Verlängerung der alten bilateralen Verträge ab 1963 anstand.[15] Die Bündnisverpflichtungen der bilateralen Verträge der zweiten Phase schlossen die Möglichkeit aus, daß sich die Bündnisverpflichtungen auch gegen die DDR wenden könnten. Der Vertrag zwischen der DDR und der Sowjetunion vom Juni 1964 (Art. 5, Abs. 1) sieht den casus foederis für den Fall «eines bewaffneten Überfalls irgendeines Staates oder irgendeiner Staatengruppe» auf eine der vertragsschließenden Seiten «in Europa» vor. Entsprechend stand im Mittelpunkt dieses Vertrages – im Unterschied zum Abkommen vom September 1955 – die Sicherung der territorialen Integrität der DDR; 1955 gab es diese ausgeprägte Tendenz noch nicht.[16]

Der Übergang von der zweiten zur dritten Phase ist fließend. Erst mit dem Vertragsabschluß zwischen Rumänien und der DDR vom Mai 1972 ist die DDR völlig in das bilaterale Vertragssystem integriert. Inzwischen hatte sich aber, beginnend mit den Verträgen der Sowjetunion mit Bulgarien und Ungarn von 1967, die Beistandsklausel in den bilateralen Verträgen geändert: Der territoriale Geltungsbereich beschränkte sich nun nicht mehr nur auf Europa.[17] Der bilaterale Vertrag zwischen der Sowjetunion und der DDR vom Oktober 1975, der an die Stelle des 1964 auf 20 Jahre geschlossenen Vertrages trat, enthält ebenfalls eine unbegrenzte geographische Gültigkeit.[18] Da auch 1970 in den Verträgen der Sowjetunion mit der Tschechoslowakei und Rumänien die territoriale Begrenzung fallengelassen worden war, wiederholt der neue deutsch-sowjetische Vertrag nur, was bereits in den anderen Verträgen der Sowjetunion festgeschrieben worden war.[19]

Die Nationale Volksarmee in den Vereinigten Streitkräften

Nach Artikel 5 des Warschauer Vertrages sind die vertragsschließenden Parteien aufgrund von Vereinbarungen untereinander verpflichtet, dem Vereinten Kommando Streitkräfte zur Verfügung zu stellen.[20] Die Möglichkeit, daß auch Truppen der DDR «an Maßnahmen, die die Streitkräfte des Vereinten Kommandos (die sogenannten Vereinten Streitkräfte, S. T.) betreffen» teilnehmen, wurde im Mai 1955 noch offengelassen.[21] Auf seiner ersten Tagung im Januar 1956 beschloß dann der Politische Beratende Ausschuß, das höchste Organ der WVO, auf «Vorschlag der

Delegation der Deutschen Demokratischen Republik . . ., daß nach der Schaffung der Nationalen Volksarmee der Deutschen Demokratischen Republik ihre bewaffneten Kontingente in die Vereinten Streitkräfte einbezogen werden».[22] Aus der Gegenüberstellung dieser beiden Texte, dem Warschauer Vertragstext, der den Bündnispartnern einen Spielraum bei der Unterstellung ihrer Truppen unter das Vereinte Kommando läßt, und dem Communiqué vom Januar 1956, in dem die DDR zur Einbeziehung ihrer gesamten Streitkräfte in die Vereinten Streitkräfte verpflichtet wurde, wird in der westlichen Literatur eine Reihe von Diskriminierungen der DDR abgeleitet: Die DDR müsse im Unterschied zu den anderen WVO-Staaten ihre gesamten Truppen dem Vereinten Kommando unterstellen[23], eine Regelung, die auch die Grenztruppen miteinbeziehe.[24] Außerdem seien die anderen Mitgliedsstaaten der WVO im Unterschied zur DDR nur «von Fall zu Fall» verpflichtet, Teile ihrer Streitkräfte dem Vereinten Kommando zu unterstellen.[25] In engem Zusammenhang damit steht die Behauptung, die NVA sei auch in Friedenszeiten dem Vereinten Kommando unterstellt[26]; damit wird ein nationaler Oberfehl über die NVA geleugnet. Für diese «diskriminierende Behandlung» der DDR werden in «erster Linie politische Erwägungen und Gründe» der Sowjetunion verantwortlich gemacht.[27]

Die Frage, ob einzig die DDR dazu verpflichtet ist, ihre gesamten Streitkräfte in die Vereinten Streitkräfte einzubringen, eine in der westdeutschen politischen Literatur weitverbreitete Auffassung[28], kann für die Gegenwart verneint werden. Das schließt nicht aus, daß in der Anfangsphase der WVO, also in den Jahren bis 1960, allein der DDR solch eine Leistung auferlegt worden war. Gesicherte Aussagen darüber lassen sich aber nicht machen, da von einer vergleichbaren vertraglichen Fixierung des Beitrags anderer WVO-Staaten für die Vereinten Streitkräfte nichts bekannt ist.

Eine polnische Darstellung von 1972 läßt erkennen, daß zumindest für die neuere Zeit für Polen dieselben Bedingungen gelten wie für die DDR:

«Entsprechend den neuen strategischen Grundsätzen erfolgte die Einteilung der Streitkräfte der Volksrepublik in operative Truppen und in territoriale Verteidigungskräfte. Während erstere als operativ-strategische Kräfte für den äußeren Einsatz zur Erfüllung von Aufgaben *im Rahmen der Vereinten Streitkräfte* (hervorgehoben von mir, S. T.) des Warschauer Vertrages bereitstehen, haben die territorialen Verteidigungskräfte Aufgaben in der Heimat, an der inneren Front zu erfüllen.»[29]

Folgt man dieser polnischen Darstellung, dann besteht, was die operativen Truppen anbetrifft, in der Tat kein Unterschied zwischen dem Beitrag Polens und dem der DDR für die Vereinten Streitkräfte.

Auch wenn man einmal davon ausgeht, daß die DDR als einziger WVO-Staat zur völligen Eingliederung ihrer Streitkräfte verpflichtet ist, und das liegt, wie bereits gesagt, für einen bestimmten Zeitraum durchaus im Bereich des Möglichen, dann mag das wohl eine Sonderstellung der DDR in der WVO andeuten, eine Diskriminierung muß sich aber daraus nicht ergeben. Zwei Faktoren können solch eine Regelung plausibel machen: Die Vereinten Streitkräfte sind darauf ausgerichtet, bei Ausbruch eines militärischen Konfliktes sofort in das Kriegsgeschehen einzugreifen. Die NVA, ebenso wie die sowjetischen Divisionen in der DDR, die ebenfalls den Vereinten Streitkräften angehören, würden bei einem Konflikt in Mitteleuropa sofort in ihrer Gesamtheit in die militärischen Aktionen hereingezogen werden. Zweitens ist der quantitative Beitrag der DDR zum Verteidigungsaufkommen der WVO relativ geringer als der anderer WVO-Staaten (vgl. etwa die Relationen von Mannschaftsstärke und Bevölkerungszahl). Das könnte durchaus rechtfertigen, daß die DDR ihre Streitkräfte insgesamt den Vereinten Streitkräften zur Verfügung stellt.

Gehören die Grenztruppen der DDR, wie von westlicher Seite vermutet, ebenfalls den Vereinten Streitkräften an? In Polen ist dies nicht der Fall, was darin zum Ausdruck kommt, daß die polnischen Grenztruppen dem Bestand der territorialen Verteidigungskräfte zugerechnet werden.[30] Doch die Grenztruppen der DDR nehmen in Osteuropa eine Sonderstellung ein, so daß nicht ohne weiteres vom polnischen Beispiel auf die DDR geschlossen werden kann. Seit 1961 unterstehen die Grenztruppen der DDR der Armee – «die Nationale Volksarmee hat die Sicherung unserer Grenzen übernommen»[31] –, was in keinem anderen osteuropäischen Land außer der ČSSR von 1966 bis 1971[32] der Fall ist. Hinzu kommt, daß die Grenztruppen der DDR ihre Aufgabe in dem militärisch gesehen wichtigsten Grenzgebiet der WVO zu erfüllen haben, womit ihnen eine herausragende Bedeutung unter den Grenztruppen der WVO-Staaten zukommt.

Aus der Eingliederung der Grenztruppen in die NVA wird in der westlichen Literatur ihre Zugehörigkeit zu den Vereinten Streitkräften geschlossen.[33] So plausibel diese Erklärung erscheint, ihr steht eine Unterteilung der mobilen militärischen Kräfte der DDR gegenüber, wie sie von H. Hoffmann im Januar 1968 referiert wurde. Demnach bestehen diese Kräfte aus: «a. den in die Vereinten Streitkräfte eingegliederten Verbänden und Truppenteilen der Nationalen Volksarmee; b. den Grenztruppen.»[34]

Folgt man dieser Aussage Hoffmanns, dann sind die Grenztruppen der DDR nicht den Vereinten Streitkräften zugeordnet.[35]

Ist die NVA in der Tat auch in Friedenszeiten dem Vereinten Kommando unterstellt? Lange Zeit war in der westlichen Literatur umstritten, ob die Vereinten Streitkräfte der WVO eine supranationale Truppe sind, in die jeder WVO-Staat Teile seiner Streitkräfte abkommandiert, die dann nicht mehr dem nationalen, sondern dem Oberkommando der Vereinten Streitkräfte unterstehen. Wenn dies möglicherweise zunächst bei der Schaffung der Vereinten Streitkräfte beabsichtigt gewesen sein mag[36], so ist doch offensichtlich dieser Gedanke nach den Ereignissen in Polen und Ungarn 1956 aufgegeben worden, und zwar bevor die Einbeziehung der NVA in die Vereinten Streitkräfte am 24. Mai 1958 vom Politischen Beratenden Ausschuß bestätigt worden war. In der neueren westlichen Literatur hat sich die Überzeugung durchgesetzt, daß Truppenteile der Vereinten Streitkräfte nur im Falle eines allgemeinen Krieges dem Oberkommando der Vereinten Streitkräfte unterstellt werden, ansonsten aber dem nationalen Oberkommando unterstehen.[37] In der sowjetischen Armeezeitung Krasnaja Zoezda vom 26. 3. 1971 wird dies, wenngleich mit einer unkorrekten Wiedergabe der Unterstellungsbedingungen innerhalb der NATO, folgendermaßen ausgeführt:

«Gemäß dem Warschauer Vertrag stellt jedes Mitglied des Paktes ein vorher festgesetztes Kontingent, und im Gegensatz zur NATO sind die ‹Truppen› nicht der direkten Kontrolle ihres nationalen Oberkommandos entzogen worden. Dies beweist, daß die verbündeten Staaten gegenseitig ihre Souveränität respektieren.»

Bleibt das nationale Oberkommando auch nach Einbeziehung der Truppen in die Vereinten Streitkräfte gewahrt, dann kann die Behauptung nicht länger aufrechterhalten werden, daß die WVO-Staaten mit Ausnahme der DDR nur «von Fall zu Fall Teile ihre Streitkräfte» dem Vereinten Kommando unterstellen. Dies würde auch der militärischen Effizienz der Vereinten Streitkräfte zuwiderlaufen. Denn sobald diese Streitkräfte gleichmäßig ausgebildet und ausgerüstet sein sollen (und das zu garantieren, ist die Aufgabe des Vereinten Kommandos), kann man ihnen nicht beliebig Truppen zuteilen, bzw. aus ihnen abziehen.[38] Dementsprechend spielten qualitative Aspekte bei der Einbeziehung von Truppen in die Vereinten Streitkräfte eine wichtige Rolle. Folgt man der DDR-Geschichtsschreibung, die sich intensiv mit der Aufbauphase der NVA beschäftigt, dann wurde die Übernahme der NVA in die Vereinten Streitkräfte von bestimmten qualitativen Anforderungen, deren Erfüllung das Vereinte Kommando kontrollierte, abhängig gemacht.[39] Die Zugehörigkeit zu den Vereinten Streitkräften ist also auch ein Zeichen militärischer Effizienz. Dieser Aspekt wird in dem bereits zitierten Artikel der Krasnaja Zoezda explizit angesprochen:

«Gleichzeitig hat die Aufstellung der gemeinsamen Streitkräfte das Verteidigungspotential der sozialistischen Staaten unermeßlich erhöht, weil die am besten ausgebildeten Einheiten, d. h. diejenigen, deren militärische Einsatzbereitschaft am höchsten entwickelt ist, zu den Vereinten Streitkräften abkommandiert worden sind.»

Die Einbeziehung der NVA in die Vereinten Streitkräfte stellt somit die Streitkräfte der DDR, was ihre Gefechtsbereitschaft betrifft, auf eine Stufe mit den Bündnispartnern. Unterstrichen wird diese militärische

Gleichberechtigung durch die ab 1961 erfolgende allmähliche Übernahme der NVA in die erste Strategische Staffel der WVO.[40]

Im Schrifttum der DDR wird das Interesse an der Zusammenarbeit im Rahmen der Vereinten Streitkräfte eindringlich immer wieder artikuliert. Dies geschieht einerseits durch die Betonung der strikten Ausrichtung und Erfüllung der vom Vereinten Kommando aufgestellten Maßstäbe durch die NVA[41], andererseits aber auch dadurch, daß den Vereinten Streitkräften ein wichtiger Stellenwert in der gemeinsamen Militärpolitik der osteuropäischen Staaten zugewiesen wird. So nehme die Rolle der «allgemeinen Gesetzmäßigkeiten des sozialistischen Militärwesens» in dem Maße zu, «wie die Vereinten Streitkräfte der sozialistischen Staaten immer mehr zu einem einheitlichen Organismus zusammenwachsen».[42] Von einer minderrechtlichen Stellung der DDR in den Vereinten Streitkräften kann somit auch in diesem Punkte nicht die Rede sein.

Die Beistandsverpflichtungen der DDR

Auf Artikel 4 des Warschauer Vertragstextes konzentrieren sich die Bemühungen, wenn es gilt, rechtliche Diskriminierung der DDR in der WVO nachzuweisen. In der Frage, wer darüber entscheidet, welche Beistandsverpflichtungen zu leisten sind, besteht zwischen den offiziellen Vertragstexten in russischer, polnischer, tschechischer Sprache und der deutschsprachigen Fassung eine erhebliche Differenz. Der erste Absatz des Artikels 4 der nicht-deutschsprachigen Vertragstexte lautet:

«Im Falle eines bewaffneten Überfalls in Europa auf einen oder mehrere Teilnehmerstaaten des Vertrages seitens irgendeines Staates oder einer Gruppe von Staaten wird jeder Teilnehmerstaat des Vertrages in Verwirklichung des Rechtes auf individuelle und kollektive Selbstverteidigung in Übereinstimmung mit Artikel 51 der Satzung der Organisation der Vereinten Nationen dem Staat oder den Staaten, die einem solchen Überfall ausgesetzt sind, sofortigen Beistand individuell und in Vereinbarung mit den anderen Teilnehmerstaaten des Vertrages mit allen Mitteln, die ihm erforderlich scheinen, einschließlich der Anwendung von militärischer Gewalt, erweisen.»[43]

Im deutschsprachigen Text steht anstelle «*die ihm* erforderlich scheinen» «*die ihnen* erforderlich scheinen» (Hervorhebung von mir, S. T.). Der Unterschied zwischen den beiden Varianten besteht formallogisch darin, daß entsprechend den drei nicht-deutschsprachigen Fassungen die Wahl der Mittel, um Hilfe zu leisten, im Ermessen des hilfeleistenden Staates steht, wohingegen der deutschsprachige Text das Ausmaß der Hilfeleistung von der Einschätzung aller Vertragspartner abhängig macht.[44] Geht man davon aus, daß der deutschsprachige Text für die DDR verbindlich ist, so bedeutet der Unterschied für die DDR, daß über ihre Beistandsleistungen kollektiv entschieden wird, während über den Beistand zugunsten der DDR die Vertragspartner jeweils allein befinden können.

Eine noch weitergehende Interpretation des deutschsprachigen Textes, die offensichtlich die diskriminierende Funktion dieses Textunterschiedes unterstreichen soll, besagt, daß von den «anderen Teilnehmerstaaten des Vertrages» bestimmt wird, wie die DDR Hilfe zu leisten hat[45], die DDR also aus dem Entscheidungsprozeß über ihre Hilfeleistung ausgeschlossen ist. Diese Interpretation, die wohl auf einer grammatikalisch korrekten Auslegung des Vertragstextes basiert, widerspricht derart der Betonung der Souveränität der Einzelstaaten im gesamten Vertragswerk – siehe Präambel des Warschauer Vertrages; im Artikel 4 selbst wird auf Vereinbarungen zwischen den Teilnehmerstaaten insistiert –, daß allein von einer solchen Interpretationsmöglichkeit her die Gültigkeit des deutschsprachigen Textes in dieser Passage grundsätzlich in Frage gestellt werden muß.[46]

Die Interpretation dieses Unterschiedes zwischen den verschiedensprachigen Vertragstexten als eine Diskriminierung der DDR hat für die westdeutsche Literatur bis auf den heutigen Tag Gültigkeit.[47] Die Erklärung des Unterschiedes wird in dem Bestreben der WVO-Staaten gesehen, für die «Lösung der Deutschlandfrage notwendige Bewegungsfreiheit» zu gewähren: Die «zweckvoll eingebauten militär-politischen Sicherungen» sollen es ermöglichen, «die NVA dauernd am kurzen Zügel zu halten und sie notfalls in einem Beistandsfall . . . sogar sich selbst zu überlassen».[48]

Dagegen läßt sich jedoch einiges einwenden. Das gewichtigste Argument gegen die Auslegung der unterschiedlichen Formulierungen als Zeichen einer minderberechtigten Stellung der DDR im Bündnis ist der Praxis völkerrechtlicher Verträge zu entnehmen.[49] Aus dem Vertragstext ist nicht ersichtlich, daß für die einzelnen Vertragsstaaten jeweils die Fassung in ihrer Landessprache gelten soll. Im Gegenteil, die vier Sprachen, in denen der Vertrag angefertigt ist, sind «alle in gleicher Weise maßgebend» (Artikel 11, Abs. 3). Das bedeutet, daß jeder Vertragsstaat sich bei der Abgrenzung seiner Rechte und Pflichten auf jede der vier Fassungen berufen kann. Die deutschsprachige Fassung müßte sich also nicht unbedingt auf die DDR beziehen, sie könnte vielmehr auch für jeden beliebigen anderen Vertragspartner gelten. Wäre die Gleichberechtigung der vier Sprachen nicht Usus, müßte im Vertrag stehen, auf welche Fassung sich die übrigen vier WVO-Staaten, die keine «eigene» Fassung in ihrer Landessprache haben, stützen sollen. Die sowjetische Völkerrechtsliteratur geht bei der Auslegung mehrsprachiger Vertragstexte davon aus, daß jeder Text ein authentischer Vertragstext ist und daß jeder Vertragspartner einen beliebigen der authentischen Vertragstexte anwenden kann.[50] Dies entspricht auch dem Grundsatz der Gleichberechtigung der Staaten, der im Vertragstext mit dem Hinweis auf die Ziele und Grundsätze der Satzung der Vereinten Nationen seinen Ausdruck findet (siehe Präambel des Warschauer Vertrages). Von A. Uschakow, dem namhaftesten Vertreter der These der rechtlichen Diskriminierung, wird mittlerweile zugegeben, daß gegen diese juristische Argumentation nichts einzuwenden ist.[51] Trotzdem hält er an der Diskriminierungsthese fest, nur sei sie jetzt nicht mehr rechtlicher, sondern «außerrechtlicher» Art.[52]

Für die Auffassung, daß der russisch-polnisch-tschechische Text den «wahren» Inhalt des Vertrages wiedergibt, der deutsche Text dagegen nur ein «Versehen» ist, spricht das quantitative Prinzip (drei Fassungen gegen eine) und die Entstehungsgeschichte der Endfassung aus einem in russischer Sprache vorgelegten Vertragsentwurf.[53] Letztere Überlegung veranlaßt D. Frenzke, dem deutschen Text einen Übersetzungsfehler zugrunde zu legen, der nicht korrigiert wurde, da das einer erneuten Vereinbarung aller acht Vertragspartner bedurft hätte. Dieses Problem ist aber seiner Meinung nach im Vergleich zu dem, was auf die WVO-Staaten nach 1955 (Ungarn 1956 mit seinen Folgeerscheinungen) zukam, derart peripher gewesen, daß man sich damit nicht weiter beschäftigte.[54]

Unterstützung erhielt die These von den aus Artikel 4 des Warschauer Vertrages gefolgerten diskriminierenden Beistandsverpflichtungen der DDR durch die unterschiedlichen bilateralen Vertragsabschlüsse der DDR mit den einzelnen WVO-Partnern nach 1964. Aus der Tatsache, daß in verschiedenen bilateralen Verträgen der DDR (mit der Sowjetunion 1964, Polen und ČSSR 1967) auf die Bestimmungen der Beistandsverpflichtungen, wie sie im Warschauer Vertrag festgeschrieben sind, verwiesen wird, schließt man (in der westlichen Literatur) auf eine Fortdauer der «Sonderstellung» der DDR.[55] Aus dem bereits Dargelegten erscheint diese Interpretation höchst gewagt; konsequent auf die bilateralen Verträge angewendet, müßte das bedeuten, die Sowjetunion, Polen und die ČSSR bestimmen jeweils allein über die Form und das Ausmaß von Beistandsleistungen der DDR – eine Möglichkeit, die von D. Frenzke zu Recht entschieden abgelehnt wird. Somit kann die Behauptung, daß in bilateralen Verträgen die Diskriminierung aus dem Warschauer Vertrag fortgeschrieben wird[56], nicht aufrechterhalten werden.

Es bleibt aber dennoch die Frage, weshalb in den bilateralen Verträgen der DDR mit Ungarn von 1967 bei der Formulierung der Beistandsverpflichtungen auf den Artikel 51 der Charta der Vereinten Nationen Bezug genommen wird, dagegen in den Verträgen mit der Sowjetunion, Polen und der ČSSR auf die Bestimmungen des Warschauer Vertrages.

Der entscheidende Unterschied zwischen den beiden Varianten der Beistandsverpflichtungen liegt aber nicht auf der Ebene der Bestimmungen, was die DDR im Bündnisfall zu leisten hat, sondern im Ausmaß der

Hilfeleistungen für die DDR im Konfliktfall. In den bilateralen Verträgen, die sich nicht auf den Warschauer Vertrag, sondern auf die Charta der Vereinten Nationen berufen, also etwa in dem Vertrag zwischen der DDR und Ungarn, ist vereinbart, daß jede Seite der anderen «unverzüglich *jede Hilfe* einschließlich militärischen Beistand leisten und mit *allen* ihr zur Verfügung stehenden Mitteln Unterstützung gewähren» wird (Hervorhebung von mir, S. T.), wohingegen in den Verträgen mit Berufung auf den Warschauer Vertrag der Hilfeleistende selbst über Art und Umfang der Hilfeleistung entscheidet[57]; mithin können die Sowjetunion, Polen und die ČSSR im Falle eines Konfliktes in Mitteleuropa ihre militärische Unterstützung für die DDR beliebig dosieren. D. Frenzke führt diese Unterscheidungen auf ein Machtgefälle unter den osteuropäischen Staaten zurück, auf die starke Position der Sowjetunion, Polens und der ČSSR, die ihnen erlaube, solche einschränkenden Bestimmungen durchzusetzen. Frenzke sieht hier eine «Minderberechtigung» der DDR in Osteuropa gegeben, da die DDR der einzige Partner im bilateralen Paktsystem sei, demgegenüber die drei Staaten sich nicht zu unverzüglicher Hilfe mit allen Mitteln verpflichtet haben. Dieser Unterschied, für den es nur spekulative Erklärungen gibt, zeigt in der Tat für die Vergangenheit eine Benachteiligung der DDR gegenüber ihren Bündnispartnern an.[58] Er ist aber, nachdem im neuen Freundschaftsvertrag zwischen der Sowjetunion und der DDR vom Oktober 1975 der Artikel 51 der Charta der Vereinten Nationen Anwendung fand, heute nicht mehr von Relevanz.[59]

Truppenstationierungsverträge

Eine weitere rechtliche Schlechterstellung der DDR gegenüber ihren Paktpartnern wird aus einem Vergleich des am 12. März 1957 zwischen der DDR und der Sowjetunion geschlossenen Truppenstationierungsvertrages mit den Verträgen abgeleitet, die die Sowjetunion mit Polen im Dezember 1956, Rumänien im April 1957, Ungarn im Mai 1957 und der ČSSR im Oktober 1968 abgeschlossen hat. Ein Vergleich dieser Verträge, die sich auf den Warschauer Vertrag berufen, bzw. wie im Falle Polens und der DDR auf dem Potsdamer Abkommen basieren[60], ist wegen des unterschiedlichen Datums, an dem sie abgeschlossen wurden, und wegen der unterschiedlichen militär-geographischen Bedeutung des jeweiligen Aufenthaltslandes von vornherein problematisch. So haben die 20 sowjetischen Divisionen in der DDR für die Sicherheitspolitik der Sowjetunion und auch der übrigen WVO-Staaten eine entschieden größere Bedeutung als etwa die sowjetischen Truppen in Polen und Ungarn. Inwiefern aber diese Faktoren auf die unterschiedlichen Texte der Truppenstationierungsverträge Einfluß nahmen, ist nur zu vermuten. Osteuropäische Kommentare registrieren wohl gelegentlich die Unterschiede, interpretieren sie aber nicht.[61] Von westlicher Seite werden die Unterschiede teilweise auf das jeweils anders gelagerte Machtgefälle zwischen Entsende- und Aufenthaltsstaat zurückgeführt.[62] Das ist, was den Truppenstationierungsvertrag zwischen der DDR und der Sowjetunion betrifft, sicherlich zu kurz gegriffen, da hier Rechtspositionen zum Tragen kommen, die Resultate alliierter Vereinbarungen sind. Diese Vereinbarungen sind wohl auch Ausdruck von Machtverhältnissen, aber von Machtverhältnissen, die einen anderen historischen Ursprung haben als etwa das Machtverhältnis zwischen der Sowjetunion und der ČSSR.

Die wichtigsten unterschiedlichen Punkte im Abkommen der Sowjetunion mit der DDR im Vergleich zu den Truppenstationierungsverträgen, die die Sowjetunion mit Ungarn, Rumänien und Polen abgeschlossen hatte, sind[63]:

1. Sowjetische Truppenbewegungen außerhalb der Standorte sind im Truppenstationierungsvertrag mit der DDR nicht geregelt.
2. Bei der Festlegung der Stärke und Dislozierung der sowjetischen Truppen wird die DDR nur befragt; in den anderen Truppenstationierungsverträgen werden Sonderabkommen geschlossen.
3. Die Bestimmungen über Ein- und Ausreise der sowjetischen Militärangehörigen einschließlich der Zollbestimmungen sind nur im Truppenstationierungsvertrag mit Polen geregelt.
4. Das sowjetische Oberkommando kann nach eigenem Ermessen Maßnahmen ergreifen, wenn es die Sicherheit für die in der DDR stationierten Sowjettruppen als bedroht ansieht – eine Bestimmung, die in den anderen Truppenstationierungsverträgen nicht enthalten ist.
5. Die DDR war anfangs nicht von Stationierungskosten befreit. Erst auf dem V. Parteitag der SED gab Chruščev am 11. 7. 1958 den sowjetischen Verzicht auf diese Zahlungen bekannt.[64]

Unter diesen Punkten wird in der westlichen Literatur vor allem der vierte als besonders diskriminierend herausgestellt, da er der Sowjetunion die Möglichkeit gäbe, in die inneren Angelegenheiten der DDR einzugreifen.[65] Diese sowjetische Interventionsmöglichkeit hat aber weitgehend ihren speziell die DDR diskriminierenden Charakter verloren, nachdem 1968 sichtbar wurde, daß die sogenannte Breznev-Doktrin[66] für die anderen WVO-Staaten dasselbe Risiko der Einmischung von außen bedeutet. Die Interventionsmöglichkeiten der Sowjetunion in den WVO-Staaten beruhen danach auf dem Prinzip des «sozialistischen Internationalismus»; in der DDR zusätzlich auf den Deutschlandverträgen. In diesem Fall läßt sich behaupten, daß die integrierenden Tendenzen in Osteuropa, wenn auch auf einer anderen Ebene, so doch inhaltlich eine Anpassung an einen minderen Status der DDR zur Folge gehabt haben.

4. Die NVA in Zahlen
Von Ulrich Albrecht

1. Das Potential der NVA

Als Indikatoren für das militärische Potential der DDR soll zunächst auf die Entwicklung der Militärausgaben sowie auf die Personalstärke eingegangen werden, ehe in zwei weiteren Schritten die Rüstung der NVA (Abschnitt 3) und die Rüstungsindustrie der DDR (Kapitel 5) thematisiert werden.

Vor solchen Schritten ist auf die schwierige Quellenlage zu verweisen. Zahlen über die Militärausgaben wurden in der DDR bis in die sechziger Jahre hinein überhaupt nicht veröffentlicht. In neueren Angaben zum Etat fehlen die wichtigsten Aufschlüsselungen der Haushaltsbeträge, so daß eine unabhängige Nachprüfung praktisch weiterhin unmöglich bleibt. Die zum Teil mit ausgeklügelten Methoden arbeitenden Experten, welche etwa über die wahre Größe des sowjetischen Militärhaushaltes eine längerwährende Debatte führen, äußern sich in aller Regel nicht über die Haushaltszahlen der kleineren sozialistischen Länder.[1] Es wäre auch gewagt, die für die exakte Abgrenzung des sowjetischen Militärhaushaltes nach westlichen Kriterien vorgeschlagenen Aufschlagquoten einfach auch für DDR-Verhältnisse anzusetzen. Man kann jedoch davon ausgehen, daß die amtlichen Angaben zu den Militärausgaben der DDR ebenso wie die gleichen Veröffentlichungen anderer Regierungen zum einen in ihrer Berechnungsweise Ausdruck eines spezifisch nationalen, historisch gewachsenen Haushaltssystems sind, welches von vornherein internationale Vergleiche schwierig macht, und daß zum anderen auch in der DDR das Bedürfnis besteht, zur Sicherung der Streitkräfte und des Landes wichtige Angaben zu verschleiern.

In Tabelle 1 sind diejenigen Daten zusammengestellt, die sich zum DDR-Militärhaushalt aus periodisch berichtenden und unabhängigen Quellen entnehmen lassen. In neuerer Zeit stimmen die Daten praktisch überein. Die Ursache liegt darin, daß sich sowohl das schwedische Friedensforschungsinstitut SIPRI wie das Londoner Institut für Strategische Studien auf DDR-Angaben stützen. SIPRI arbeitet zu den Militäretats systematischer und hat in neuerer Zeit Angaben über die Frühzeit der NVA gegeben, die sich in anderen Quellen nicht finden lassen. Die Angaben über die erste Phase der NVA sind jedoch weiterhin mit erheblichen Unsicherheiten belastet: wenn SIPRI 1975 meldet, daß die DDR-Militärausgaben in den beiden Jahren 1960 und 1961 konstant bei einer

Tab. 1: Militärausgaben der DDR

– Mrd. MDN –

Quelle	1958	1959	1960	1961	1962	1963	1964	1965	1966	1967	1968	1969	1970	1971	1972	1973	1974	1975
IISS	–	–	–	–	–	(a)	2,764	2,800	3,300	3,600	5,800	6,350	6,747	7,200	7,600	8,328	8,900	9,564
SIPRI	1,650	–	1,000	1,000	2,700	2,800	2,900	3,100	3,200	3,600	5,800	6,300	6,800	7,200	7,600	8,328	8,900	9,564

a) für 1963 gibt das IISS die Ausgaben mit 65 000 000 US $ an.

– Mrd. US $ –

	1958	1959	1960	1961	1962	1963	1964	1965	1966	1967	1968	1969	1970	1971	1972	1973	1974	1975
SIPRI	0,487	–	0,295	0,295	0,796	0,826	0,855	0,914	0,944	1,062	1,711	1,858	2,006	2,124	2,242	2,457	2,625	2,821
ACDA						1,158	1,191	1,302	1,365	1,502	1,935	2,125	2,374	2,539	2,753	3,109		
– deflationiert a)						1,579	1,599	1,716	1,750	1,866	2,312	2,422	2,565	2,625	2,242	2,457		

Anmerkungen: IISS = The International Institute for Strategic Studies (vor 1971 The Institute for Strategic Studies), The Military Balance (vor 1963 The Communist Bloc and the Western Alliances, The Military Balance), London, jährlich.
SIPRI = Stockholm International Peace Research Institute, World Armaments and Disarmament, SIPRI Yearbook 1975, Stockholm u. a. 1975.
ACDA = World Military Expenditures and Arms Trade 1963–1973, U.S. Arms Control and Disarmament Agency, Washington, D. C., o. J. (1974).

a) Bezugsjahr 1972.

In älteren Ausgaben der Jahrbücher von SIPRI und ACDA finden sich z. T. erheblich abweichende Angaben. Bis einschließlich der Ausgabe 1974 enthielt das SIPRI Yearbook für die sechziger Jahre um ca. 10. Prozent niedrigere Angaben. Die ACDA gibt in der ersten Ausgabe ihres Tabellenwerkes (1966/67) ebenfalls niedrigere Daten, etwa für 1966 1,100 Mrd. US $; die folgende Ausgabe setzt die Militärausgaben der DDR um etwa 40 Prozent niedriger als die hier wiedergegebenen Zahlen an.

Milliarde Mark gelegen hätten, so erscheint weder der Betrag noch die Konstanz glaubhaft: für die im raschen Aufbau befindliche NVA wurden für das Jahr 1958 (die älteste überhaupt zu findende Angabe) 1,65 Milliarden Mark verzeichnet – es ist weder anzunehmen, daß in der Folgezeit die Aufwendungen für die Streitkräfte drastisch gemindert werden konnten, noch daß sie im Jahr des Mauerbaus 1961 auf extrem niedrigem Niveau gehalten wurden. Aber auch die 1963 einsetzende Berichterstattung des Londoner Institutes gibt zunächst zu starker Zurückhaltung gegenüber den Angaben Anlaß: 1963 wird, allerdings auf Dollarbasis, ein DDR-Militäretat von 65 Millionen US-Dollar gemeldet. Entweder ist diese Zahl aus Unkenntnis einfach zu niedrig geschätzt (SIPRI setzt einen zwölffach größeren Dollarbetrag an), oder es wurden in geradezu abenteuerlicher Weise inoffizielle Wechselkurse zwischen den beiden deutschen Währungen benutzt, um schließlich eine Dollarzahl zu erhalten. Die Dollarparitäten aller RGW-Währungen bleiben zudem ein grundsätzliches Problem. Aber auch wenn es einigermaßen aussagefähige Wechselkurse zwischen DDR-Mark und einer westlichen Währung gäbe – die «militärische Kaufkraft» wäre dann keineswegs zutreffend bei beiden Währungen wiedergegeben. Eine Mark für Rüstung in der DDR kauft, weil die Soldatenlöhne erheblich niedriger sind als im Westen, und auch die Waffenpreise bedeutend kleiner sind[2], erheblich mehr Rüstungspotential als eine DM in der Bundesrepublik. Wenn also die absoluten Angaben in der Tabelle kaum miteinander oder gar mit anderen Zahlenangaben vergleichbar sind, und wenn auch nicht sicher ist, ob sie die Gesamtaufwendungen der DDR für die NVA abdecken, so läßt sich doch eine Aussage mit einer größeren Sicherheit treffen: auf ihrem unbestimmten Niveau lassen die Daten Bewertungen der Entwicklungstrends recht gut zu. In den vergangenen zehn Jahren haben sich die DDR-Militärausgaben rund verdreifacht, gleichgültig, ob man die Angaben in Landeswährung oder die Dollarangaben prüft. Zwar steigen die Militärangaben in allen Industrieländern rapide; in der Bundesrepublik haben sich die Aufwendungen für die Bundeswehr im Vergleichszeitraum fast verdoppelt. Hierzulande wird die Ausgabensteigerung vor allem der Inflation zugeschrieben, die jedoch in der DDR nicht existieren soll. Auch die auf Dollarbasis berechneten deflationierten Zahlen geben eher die Dollarinflation als die Entwicklung der DDR-Währung wieder. Auch wenn die Verdreifachung der Ausgaben für die NVA binnen zehn Jahren ein gewisses inflationäres Moment enthalten mag (die «militärische Kaufkraft» der Mark ist gesunken), so bleibt doch ein enormer Rest an realer Steigerung für militärische Sicherheit.

Diese dürfte zum Teil aus der Kostenentwicklung, zum Teil aber auch auf freie politische Entscheidungen zurückzuführen sein. Vom Ausmaß der Kostenentwicklung im Militärsektor zeigen sich die DDR-Militärs überrascht und beeindruckt; Versuche zur Senkung von Kosten bilden in jüngster Zeit einen erheblichen Teil der Selbstverpflichtungen von Armeeangehörigen. Die Preise moderner Waffen und die Ausgaben, die zum Betrieb solcher Waffen erforderlich sind, scheinen in der DDR genauso schnell wie im Westen zu steigen. Wie Tabelle 2 veranschaulicht, sind ähnlich wie im Westen[3] die Preisangaben bei der Beschaffung neuer Waffen, besonders bei schwerem Gerät, in einem halben Jahrzehnt verdoppelt und verdreifacht worden; die Kosten der Ersatzteile und anderer Elemente einer Hauptinstandsetzung zeigen ähnlich rasante Steigerungen.

Tab. 2: Kostensteigerungen bei der NVA

1. *Beschaffungspreise*	Kostenanstieg innerhalb von 5 Jahren (1962/63 = 100)
Torpedoschnellboote	+ 383 %
Jagdflugzeuge	+ 220 %
Mittlere Panzer	+ 146 %
Schützenpanzerwagen	+ 66 %
Artillerie-Funkmeßstation	+ 63 %
2. *Kosten von Hauptinstandsetzungen*	Kostenanstieg innerhalb von 5 Jahren (1962/63 = 100)
Torpedoschnellboote	+ 200 %
Jagdflugzeuge	+ 175 %
Artillerie-Funkmeßstation	+ 146 %
Schützenpanzerwagen	+ 93 %
Mittlere Panzer	+ 54 %

Quelle: K. Ladewig u. a., Die militärökonomischen Kennziffern als Mittel zur Erhöhung der Effektivität der Planung, in: Militärwesen, Jg. 1967, S. 1751.

Am stärksten zu Buche dürften auch in der NVA die Mehrausgaben beim Personal schlagen. Die massiven Solderhöhungen vom Januar 1974 müssen im Etat der Streitkräfte eine erhebliche Ausweitung erfordert haben. Angesichts der Kostensteigerungsraten bei Neuanschaffungen und Verbrauch sowie der gesteigerten Personalkostenbelastung ist, auch wenn man keinerlei Inflationswirkung unterstellt, die Zuwachsrate der Militärausgaben der DDR bemerkenswert. Ob sie für eine dramatische Steigerung des militärischen Potentials der NVA steht, läßt sich erst durch eine nähere Prüfung der Entwicklung der Truppenstärke sowie der Zahl der Waffen, die für diese Armee erworben wurden, genauer sagen.

In der DDR scheint man sich wirtschaftlich stark genug zu fühlen, auch weitere Rüstungsrunden finanziell zu verkraften. So heißt es nicht ohne Stolz:

«Das wirtschaftliche Erstarken der DDR erlaubte die – zum Teil mehrmaligen – Umrüstungen in allen Teilstreitkräften der NVA. So wurden beispielsweise seit der Existenz von Raketentruppen drei neue Raketentypen in die Streitkräfte eingeführt, die sich zum Teil erheblich voneinander unterscheiden.»[4]

2. Die Truppenstärke der NVA

Fortlaufende Zahlen über die Entwicklung von Streitkräften veröffentlicht im Westen regelmäßig nur eine Quelle, die vom Institut für Strategische Studien herausgegebene «Military Balance».[5] Auch wenn die Daten aus dieser Quelle in neurer Zeit wiederholt in Ost und West auf Kritik gestoßen sind, bleibt besonders für die Untersuchung der Trends bei kleineren Militärmächten keine Alternative.[6] Andere Veröffentlichungen erweisen sich regelmäßig als von der «Military Balance» abhängig, was am Beispiel der amerikanischen Abrüstungsbehörde gleich aufgezeigt werden soll.

Ähnlich wie bei den Militärausgaben sind aus den fünfziger Jahren keine Zahlen über die Stärke der NVA mit befriedigender Zuverlässigkeit bekannt. In regierungsamtlichen westdeutschen Veröffentlichungen finden sich bis heute keine Angaben über die Entwicklung der NVA-Personalstärke. Das Londoner Institut für Strategische Studien berichtet erstmalig 1961 mit detaillierten Daten über die NVA; damals umfaßte die NVA 100000 Mann. Nach der Einführung der allgemeinen Wehrpflicht in der DDR im Januar 1962 (nach dem Bau der Berliner Mauer) zeigen die Zahlen eine stete Entwicklung bis hin auf ein Niveau von etwa 140000 NVA-Angehörigen. Die einzige relativ bedeutende Schwankung – von 1963 auf 1964 eine Abnahme um 10000 Mann – ist mutmaßlich eher auf Unsicherheiten in den IISS-Unterlagen als auf eine reale Schwankung zurückzuführen.

Umgekehrt zeigt die große Konstanz bei den Angaben über die paramilitärischen Verbände eher einen Mangel an neuen Informationen als die tatsächliche Entwicklung an. 1968 meldet das IISS die Zahl 70000 nunmehr lediglich für die Grenzschutztruppen, und nicht mehr wie bisher für die Gesamtheit aller paramilitärischen Verbände (d. h. einschließlich der Sicherheitstruppen). Im Folgejahr wird dieser Fehler allem Anschein nach stillschweigend korrigiert; ähnlich wird ein simpler Additionsfehler bei den paramilitärischen Verbänden im Jahr 1973 zurückgenommen. Die besonders schwer in Erfahrung zu bringende Zahl über die Stärke der Betriebskampfgruppen ist, wie die Tabelle 3 deutlich zeigt, nur als grobe Schätzung zu werten. Die für 1963 angegebenen 350000 Mann wurden in den Folgejahren kaum um ein Drittel reduziert, vielmehr wurden neue Informationen in die Tabellen der «Military Balance» eingegeben, und überschlägig angesetzt, daß nach Jahren kontinuierlicher Ausbildung der Stamm an trainierten Kampftruppenangehörigen langsam angewachsen

Tab. 3: Truppenstärke der NVA (000)

Quelle	1961	1962	1963	1964	1965	1966	1967	1968	1969	1970	1971	1972	1973	1974	1975
IISS															
NVA	–	85	116	106	112	122	127	126	137	129	126	131	132	145	143
Paramil. Truppen		60	60	70	70	70	70	90	77	74	66	60	80	70	80
davon: Grenztruppen		–	–	–	–	–	–	70	54	53	46	40	46	46	46
Sicherheitstruppen		–	–	–	–	–	–	20	23	21	20	20	24	24	24
Betriebskampf-truppen	–	–	350	–	–	–	250	250	350	350	350	350	400	400	400
ACDA															
1971	139	144	172	176	182	192	197	196	189	202					
1973			203	203	205	201	201	201	201	202	202	202	202		

Anmerkungen: IISS = The International Institute for Strategic Studies, The Military Balance, London, jährlich (vergl. Tab. 1).

ACDA = U. S. Arms Control and Disarmament Agency, Washinginton, D. C.
1971: World Military Expenditures 1971, veröff. Washington, D. C. 1972; 1973: World Military Expenditures and Arms Trade 1963–1973, veröff. 1974.

Das IISS gibt für 1973 und 1974 die gleichen Kopfstärken für die paramilitärischen Verbände Grenzschutz und Sicherheitstruppen an, kommt in der Addition jedoch einmal (1973) auf 80 000 Mann, im Folgejahr auf 70 000 Mann.

sein müsse.

Die US-Abrüstungsbehörde, deren Angaben im zweiten Teil von Tabelle 3 zusammengefaßt sind, hat ihre Angaben wiederholt revidiert. Zunächst werden simpel die Angaben der «Military Balance», und zwar für die NVA sowie paramilitärische Verbände, aufaddiert; hin und wieder ergeben sich geringe Abweichungen von den IISS-Zahlen[7]. Ab Mitte der 60er Jahre werden Sicherheitstruppen plötzlich von der Abrüstungsbehörde nicht mehr mitgezählt, so daß die Gesamtzahl langsamer als beim Londoner IISS steigt. In der revidierten Fassung von 1973 (der jüngsten bei Abfassung des Manuskriptes verfügbaren Ausgabe) wird für die NVA in den letzten zehn Jahren eine praktisch konstante Personalzahl von geringfügig mehr als 200000 angegeben.[8] – Die Gliederung der Streitkräfte entspricht den Verhältnissen bei der Bundeswehr: etwas mehr als zwei Drittel dienen bei der Armee, die somit den entscheidenden Wehrzweig bildet. An zweiter Stelle folgt die Luftwaffe, während in beiden Teilen Deutschlands die Marine die kleinste und militärisch unbedeutendste Teilstreitkraft bildet.

3. Die Rüstung der NVA

Die Modernität des Rüstungsstandes der NVA wird in westlichen Quellen gern hervorgehoben, besonders in dem Bundesverteidigungsministerium nahestehenden Quellen. Eine genauere Prüfung solcher Behauptungen aufgrund exakter Vergleiche gibt jedoch Anlaß zu gewichtigen Einschränkungen und Rückfragen. Im Ergebnis erscheint die Armee der DDR keineswegs als der von der Sowjetunion mit allem, was moderne Rüstung für diese Armee bedeuten könnte, verhätschelte Lieblingsalliierte.

Der schon mehrfach zitierte Forster schreibt ungebrochen: «Es ist aber offensichtlich, daß die NVA materiell und ausbildungsmäßig durch die Sowjetunion in den letzten Jahren *weitaus mehr gefördert wurde als die anderen Ostblock-Streitkräfte.* Die NVA dürfte heute hinsichtlich Ausbildungsstand und Modernität der Bewaffnung bei allen drei Teilstreitkräften in der ersten Linie stehen.»[9] Die Entwicklung des Rüstungspotentials soll anhand der wichtigsten Ausrüstungsgegenstände näher untersucht werden. Dabei sollen ihrem Rang entsprechend Heer und Luftwaffe im Vordergrund der Betrachtung stehen. Für beide Waffengattungen wurde eine Zeitreihe angegeben, die auf einer Auswertung der «Military Balance» des Londoner Institutes für Strategische Studien beruht. Die Wahl dieser Quelle erfolgt, weil kein anderes Periodikum in der Vergangenheit so detaillierte Auskünfte über die NVA und ihre Rüstung enthält.

Der Tabelle 4 läßt sich entnehmen, daß in den siebziger Jahren über zuvor nicht verzeichnete Waffen gleichsam in einem Schub berichtet wird. Dieser Tatbestand läßt zwei Möglichkeiten der Interpretation offen: entweder ist das Arsenal der DDR-Streitkräfte in den vergangenen fünf Jahren tatsächlich im enormen Umfang ausgeweitet worden – oder aber in die Berichterstattung der «Military Balance» sind in neuerer Zeit mehr Informationen über Waffen eingegangen, die längst schon bei der NVA in Gebrauch waren.[10]

Um die aktuelle Rüstungsentwicklung besser fassen zu können, wurden die erreichbaren Quellen synoptisch nebeneinandergestellt. Die streuenden Ziffern erlauben, ein brauchbares Bild des Rüstungsstands zu geben, und relativieren die Angaben der «Military Balance» in einem gewissen Grad. In diese Synopse werden auch die Schiffe der Volksmarine einbezogen.

Besonders breit streuen in der Vergangenheit die Angaben über die Zahl der Kampfpanzer in der DDR. Für 1963 findet sich etwa die niedrigste Angabe in einer Schweizer Quelle: in diesem Stichjahr soll die NVA über 1700 Panzer verfügt haben.[11] Die westdeutsche Fachzeitschrift «Soldat und Technik» kommt wenig später auf 1800 «Kampfpanzer»[12], während das «SBZ-Archiv» schon 1962 2500 Panzer in der DDR feststellen will.[13] In dieser Bandbreite – zwischen 1700 bis 2500 Panzern, d. h. Schwankungen der Aussagen um 50 Prozent – nehmen sich die Angaben der im Folgenden genauer betrachteten «Military Balance» zunächst sehr restriktiv aus. Im Vergleichsjahr 1963 werden erstmals Einzelheiten über die DDR-Rüstung in dieser Publikation berichtet; die NVA soll demnach lediglich über 1500 Kampfpanzer und andere gepanzerte Fahrzeuge verfügt haben. Im Folgejahr wird jedoch die Ziffer 1500 lediglich auf Kampfpanzer bezogen (erwähnt wird der aus dem 2. Weltkrieg stammende Typ T–34), und zusätzlich werden 500 gepanzerte Amphibienfahrzeuge aufgeführt. Diese Zahlen sind nun nicht so zu verstehen, daß die Zahl der Kampfpanzer binnen eines Jahres auf 1500 aufgefüllt wurde; wahrscheinlich hat sich im Vergleichszeitraum statt einer Steigerung der Gesamtzahl an Panzerfahrzeugen um ein Drittel keine erhebliche Bestandsveränderung ergeben, sondern das Londoner Institut hat lediglich einen Hinweis verarbeitet, daß die Ziffer 1500 alle Kampfpanzer umfaßt, und die leichten Panzerfahrzeuge wurden mit 500 zusätzlich veranschlagt. In den Folgejahren werden von MilBal keine Zahlen über die leichteren Panzerfahrzeuge mehr genannt, und es wird lediglich die Gesamtzahl von Kampfpanzern angegeben. Der sprunghafte Anstieg auf den Maximalwert von 2200 Panzern 1971 verweist so auch keineswegs auf eine erneute Expansion der Panzertruppe, sondern gibt einen temporären Überhang während einer Umrüstung auf modernere Modelle wieder (die ausgemusterten T–34 verbleiben teilweise in Ausbildungseinheiten, ihr militärischer Wert ist zweifelhaft)[14]. – Nach der Umrüstung pendelt sich eine Bestandszahl von 2000 Panzern ein.

Tab. 4: Entwicklung des Rüstungspotentials der NVA
– nach «The Military Balance» –

	1963	1964	1965	1966	1967	1968	1969	1970	1971	1972	1973	1974	1975
1. *Kampfpanzer*				1800	1800	1800	1800	1800	2200	2000	2000	2000	2000
mittlere T-34		x	–	x	R	R	R	R	R	R	R	R	R
T-54				x	x	x	x	x	x	x	x	x	x
T-55		1500			x	x	x	x	x	x	x	x	x
T-62									x	x	x	x	x
schwere T-10	1500							100	100	x	x	x	–
JS-3													
2. *Gepanzerte Fahrzeuge*		500											
PT-76								x	125	130	130	130	170
SK-1								x	x	–	–	–	–
BTR								x	650 +	x	x	x	x
3. *Kanonen* [1]				1300	1300	1300	1300	x	x	x	x	x	x
23 mm (Flak) [2]													x
57 mm (Flak)							x	x	x	x	x	x	x
85 mm								x	x	x	x	x	x
100 mm (Flak)								x	x	x	x	x	x
122 mm				x	x	x	x	x	x	x	x	x	300
130 mm								x	x	x	x	x	72
152 mm				x	x	x	x	x	x	x	x	x	x
SU-100									x	x	x	x	x

	1963	1964	1965	1966	1967	1968	1969	1970	1971	1972	1973	1974	1975
4. *Kampfflugzeuge* 3	400	400	400	400	300	270	270	275	290	304	320	334	330
MiG-15	x	x	–	–	–	–	–	–	–	–	–	–	–
MiG-17	x	x	x	200	]	]	]	7 St.	2 St.	2 St.	2 St.	40	36
MiG-19	x	x	x	50	24 St.	18 St.	18 St.		–	–	–	–	–
MiG-21	x	x	x	100	]	]	]	11 St.	16 St.	17 St.	18 St.	294	294
5. *Raketen* 4													
SA-2		x	x	90 5	x	x	100	200 +	x	x	x	x	144
SA-7													x
Frog								x	x	x	x	x	24
Scud				x	x	x	x	x	x	x	x	x	9

Anmerkungen:

1 Die Gesamtzahl an Rohrartillerie setzt sich lt. Military Balance von 1966 bis 1969 aus 850 Geschützen aller Kaliber sowie 450 Luftabwehrgeschützen zusammen. 1969 werden die Luftabwehrgeschütze in 300 bei der Armee und 150 bei der Luftwaffe eingeteilt. In den Folgejahren werden lediglich die Gesamtzahlen der Luftabwehrgeschütze der Luftstreitkräfte mitgeteilt (bis 1970 lautet die Zahl 150, danach bis 1975 konstant 120).

2 Im Jahr 1975 werden weiter die Kaliber 14.5 mm und 76 mm neu aufgeführt.

3 Kampfflugzeuge der Typen Su-7 und besonders Bomber Il-28 wurden von der Military Balance nie bei der NVA registriert. Da die angegebenen Gesamtzahlen an Kampfflugzeugen jedoch stets über den addierten Stückzahlen der wiedergegebenen Typen liegen, könnten diese Flugzeuge im Gesamt berücksichtigt sein. – Im Manuskript der Military Balance 1971 werden etwa Bomber Il-28 angeführt; bei der Drucklegung entschloß man sich jedoch, auf diese Angabe zu verzichten.

4 Raketen werden – da größtenteils die Originalbezeichnungen nicht bekannt sind – mit den NATO-Kodebezeichnungen aufgeführt.

5 Es handelt sich um 90 Starteinrichtungen; die Zahl der Raketen könnte größer gewesen sein.

Legende
- x Typ ohne Zahlenangabe aufgeführt
- – Typ nicht mehr aufgeführt
- St. Staffelzahl (pro Staffel 16 Flugzeuge)
- R Reservegerät (bei Ausbildungseinheiten)
- \+ mehr als die angegebene Stückzahl vorh.

Tab. 5: Die Rüstung der NVA nach verschiedenen Quellen – 1971/74 –

	Wehrkunde a)	Military Balance b)	Almanac c)	Sellers d)	Jane's e)	Krivinyi f)	Wiener g)
Heer							
Schwere Kampfpanzer (T-10, JS-3)	–	x	100	100			} 1800
mittlere Kampfpanzer (T-54/55, T-62)	1800	2000	2200	1800			
leichte Kampfpanzer (PT-76)	130	130	125	–			
Schützenpanzer	1900 [1]	x	700 +	1500			
Kanonen	1150 [2]	x	850	300			850
Luftwaffe							
Kampfflugzeuge insges.		334	482			315	300
MiG-17 (Jabo)	–	40	30	} 60		100	
MiG-19 (Jabo)	} 270	–	30			} 170	
MiG-21 (Jäger)		294	290	200			
Su-7 (Jabo)	–	–	120	50		3	
Il-28 (Bomber)	–	–	12	–		12	
Luftabwehrraketen (SA-2)	x	x	126	–		–	
Luftabwehrgeschütze	300	120	162	–		–	
Marine							
Begleitzerstörer (Fregatten Riga-Kl.)	4	2	4	3	2		2
U-Bootjäger (Korvetten SO-1, Hai-Kl.)	25	20	31	24	26		
Raketenschnellboote (Osa-Klasse)	–	12	14	12	12		
Hochseeminenräumer	} 45	6	16	14	12		
Küstenminensuchboote		40	25	38	51		
Torpedoboote	60	60	70	70	12		
Patrouillenboote	25	20	34	–	10		
Hilfsschiffe	–	–	30	30	28		
Landungsboote	18	20	18	18	22		

Zu Tab. 5

Quellen:

a) Wehrkunde, H. 7/1972, S. 384 («NVA: Stand des Wehrpotentials»).

b) The International Institute for Strategic Studies, The Military Balance 1974/75, London 1974.

c) T. N. Dupuy, G. P. Hayes, J. A. C. Andrews, The Almanac of World Military Power, 3rd. ed., New York u. a. 1974.

d) Robert C. Sellers (ed.), Armed Forces of the World. A reference handbook, New York u. a. (Praeger), 3rd. ed. 1971.

e) John Moore (ed.), Jane's Fighting Ships 1973–74, London 1973.

f) Nikolaus Krivinyi, Taschenbuch der Luftflotten, 1. Jg. 1972/73, München 1972.

g) Friedrich Wiener, Die Armeen der Warschau-Pakt-Staaten, München 1974, S. 25.

Anmerkungen:

1 In der Quelle sind – abweichend von der sonstigen Terminologie – 1900 «leichte Panzerfahrzeuge» ausgewiesen.

2 850 Geschütze und 300 Flugabwehrgeschütze.

3 Krivinyi gibt an: «rund 90 Sukhoi Su-7 und Mikojan MiG-17, 10 Sukhoi Su-7UTI«.

Berichtet eine Quelle im angegebenen Zeitraum 1971–74 mehrfach und nicht übereinstimmend bestimmte Daten, so wurde die häufigste Nennung angeführt.

Die Anführung schwerer Kampfpanzer der Typen T–10 und Josef-Stalin-3 im Jahre 1970 ist wiederum nicht so zu interpretieren, daß die Volksarmee in diesem Stichjahr eine schwere Panzerwaffe erhält: der völlig veraltete Tank JS-3 wurde im Jahr 1944 erstmals produziert, das Modell T-10 datiert aus dem Jahre 1957.[15] Dem Panzerfachmann von Senger und Etterlin zufolge sind T-10 seit 1967 bei der NVA in Gebrauch, die «Military Balance» hat mithin die schweren Panzer später als andere Nachschlagewerke berücksichtigt.[16] Die Einführungsdaten neuer Panzertypen – wichtiger Einschnitte in der Entwicklung des militärischen Potentials – werden in der englischen Standardquelle, wie sich heute zeigen läßt, mit enormer Verzögerung registriert. Eine Gegenüberstellung mit DDR-Angaben zeigt dies drastisch:

Tab. 6: Einführungsdaten neuer Panzertypen in die NVA

	nach The Military Balance	nach DDR-Angaben
T-34	1964	1956
T-54	1966	1957
PT-76	1970	1959
T-55	1967	1966

Quellen: Kolumne 1 nach Tab. 4 (es ist zu berücksichtigen, daß hier jeweils das Stichjahr angeführt wird, in dem diese Quelle einen spezifischen Panzertyp anführt); Kolumne 2 nach Volksarmee, H. 1/1976, S. 7.

Anmerkung: Lt. Armeerundschau Nr. 5, Mai 1976, wurde der Schwimmpanzer PT-76 sogar schon 1956 eingeführt.

Fazit: der Aufbau und die Modernisierung der Panzerwaffe der NVA dürften sehr viel stetiger und auf einer viel konstanteren Mengenbasis erfolgt sein, als die Information der «Military Balance» bei unsachgemäßer Nutzung zu sagen scheint.

Ein ähnliches Bild ergibt sich bei der Information über andere Waffen. Während laut «Military Balance» seit 1970 verschiedene neue Schützenpanzer bei der NVA erwähnt werden, verzeichnen andere Quellen die «BTR»-Serie seit Anfang der fünfziger Jahre; neue Schützenpanzer des Typs BMP–76 sollen etwa ab 1970 bei der NVA und der polnischen Armee in Gebrauch sein.[17]

Die Verwirrung setzt sich fort, wenn man die Angaben über den Ausbau der Artillerie in der DDR stichprobenweise einem Vergleich unterzieht. Von 1966 bis 1969 werden konstant 850 Geschütze bei der Armee sowie 450 Flugabwehrgeschütze gemeldet. Dies soll keineswegs besagen, daß die NVA zuvor über keine Artillerie verfügte. Die jüngste Ausgabe der «Military Balance» weist sogar Stückzahlen für bestimmte Kaliber aus. Die hier erstmalig genannten Kaliber 14,5 mm und 76 mm brauchen erneut nicht im Stichjahr 1975 in die NVA neu eingeführt worden zu sein, sondern werden lediglich erstmals speziell erwähnt. Ein Indiz in dieser Richtung bietet die Angabe, daß die Zahl der von den Luftstreitkräften eingesetzten Flakgeschütze seit fünf Jahren konstant sei. Ferner scheint es sich um lang eingeführte, teilweise veraltete Modelle zu handeln (das Geschütz Kaliber 85 mm dürfte die Panzerabwehrkanone M-45 D-44 sein; hinter der Angabe Flak Kaliber 100 mm scheint sich der Typ KS–19/M–49 zu verbergen, und auch das Kaliber 130 mm – entweder das Flakgeschütz M-55 oder die Kanone M-54 – ist veraltet, folgt man einschlägigen Handbüchern).[18]

Insgesamt erwecken diese Zahlen eher den Eindruck einer steten Entwicklung des vorhandenen Arsenals auf gleichbleibendem Niveau vor allem in der Form von militärtechnischen Erneuerungsinvestitionen – ganz im Gegensatz zu den bekannten Unkenrufen über die «massive Aufrüstung des Warschauer Paktes». Diese stützen sich vor allem auf die Panzerrüstung – und gerade diese zeigt in allen Quellen enorme Konstanz. Als weiteres Indiz gelten die taktischen Nuklearwaffen der NVA. In Tab. 7 sind die verfügbaren Angaben zusammengestellt: die wenigen Flugkörper (nach The Military Balance nunmehr insgesamt 33) gehören zu den technisch simpelsten im Arsenal, sie sind auch bei anderen WVO-Armeen zu finden, und sie scheinen den Gegenstücken der Bundeswehr weder an Zahl noch an Wirkung vergleichbar.[19] Die älteren Frog und Scud-A Geschosse (so die NATO-Codebezeichnungen; die sowjetischen Typenbezeichnungen sind nicht bekannt) sind in der Entwicklungsgeschichte der NVA bislang nur einmal durch modernere Raketen ersetzt worden: 1968 löste das Modell Frog-7 (erstmals 1965 in der UdSSR vorgeführt) die älteren Frogmodelle ab, während das Folgemodell der größeren Rakete Scud seit 1969 bei den DDR-Streitkräften vorhanden ist.[20] Die Sprengköpfe halten sowjetische Offiziere unter Verschluß. Diese kleine Raketenstreitmacht ist kaum geeignet, als Nachweis für forcierte DDR-Rüstung zu dienen.

Der Eindruck einer eher beschränkten, jedenfalls innerhalb der WVO kaum vom Durchschnitt abweichenden Rüstung der NVA wird zusätzlich gestützt, wenn man sich vor Augen hält, welche modernen Waffen die NVA *nicht* bekommen hat, und welches Modernitätsniveau die vorhandenen Waffen bei internationalen Vergleichen einnehmen.

Schwerste Waffen, gar Atomwaffen, hat die NVA nicht erhalten. Im Gegensatz zu anderen sozialistischen Ländern (Polen, Bulgarien, oder auch Albanien) hat die Volksmarine von der Sowjetunion nie U-Boote erhalten. Die Lieferung modernster Flugabwehrraketen SA–7 wird für andere WVO-Staaten früher als für die DDR gemeldet.[21] Die bei Paraden wiederholt gezeigten Luftabwehrraketen vom sowjetischen Typ V750VK, besser unter dem NATO-Code «SA-2» bekannt, bildeten seit 1962 bis in die Mitte der siebziger Jahre die modernsten Waffen der Luftabwehr – modernere Raketen scheinen in der Zwischenzeit der DDR vorenthalten worden zu sein (während etwa Ägypten mit moderneren sowjetischen SA-3 und vor allem SA-6 Raketen im Oktoberkrieg spektakuläre Erfolge über die israelische Luftwaffe errang). Das fortschrittlichste Kampfflugzeug der NVA, die angeblich seit 1958 ausgelieferten Jäger MiG-21,[22] sind an Modernität und Kampfkraft mit der weit überlegenen Rüstung der Bundesluftwaffe (Phantomjäger) nicht vergleichbar, sondern veraltet. Die sowjetischen Luftwaffenabteilungen in der DDR setzen die weitaus modernere MiG–23 (immerhin an Syrien ausgeliefert) sowie – folgt man nichtamtlichen amerikanischen Quellen – MiG-25 ein; daß so moderne Flugzeuge nicht (oder noch nicht) an die Verbündeten der WVO ausgeliefert wurden, dürfte nicht nur die DDR-Luftwaffe schmerzlich berührt haben.[23] Und auch die Landstreitkräfte, der Kern der NVA, erscheinen nicht übermäßig gerüstet: schwerste Artillerie fehlt, obgleich die Sowjetarmee Kanonen der Kaliber 203 mm seit Ende der fünfziger Jahre benutzt (Kanonen dieses Kalibers verschießen nach der – allerdings heftig bestrittenen – Aussage von «The Military Balance» auch nukleare Sprengköpfe).[24]

Einige der Großwaffen der NVA müssen sogar als erheblich überaltert bezeichnet werden. Zwar widersprechen sich die verschiedenen Quellen bei ihren Detailangaben erheblich, aber besonders für den Bereich der raschen technologischen Erneuerungen unterworfenen Luftrüstung lassen sich einige Feststellungen machen. Westdeutsche Quellen berichten noch 1972, daß die NVA Bomber vom Typ Iljuschin Il–28 und Jabos MiG-19 verwende – das erstgenannte Muster fliegt seit 1948, die MiG-19 seit 1953.[25] Ein weiterer Hinweis darauf, daß das Rüstungstempo der NVA bei Erneuerungsinvestitionen gebremst ist, läßt sich einer Unter-

Tab. 7: Taktische Nuklearraketen der NVA

Anzahl	NATO-Bezeichnung	Reich-weite	Spreng-wirkung	Fahrgestell	Lenkung	Gegenstück bei der Bundeswehr
	Frog	45 km	(kT-Bereich)	Leichter Panzer PT-76	ungelenkt	Honest John
24	Frog-7	60 km	25 kT	8-Rad-Selbstfahrlafette ZIL-135	ungelenkt	Honest John
	Scud-A	150 km	(kT-Bereich)	Fahrgestell schwerer Panzer JS	gelenkt	Sergeant
9	Scud-B	250 km	100 kT	8-Rad-Selbstfahrlafette MAS-543	gelenkt	Pershing

Anmerkung: Die älteren Muster (Frog, Scud-A) scheinen nicht mehr bei der NVA vorhanden zu sein.

Quellen: The International Institute for Strategic Studies, The Military Balance 1975–1976, London 1975; Thomas M. Forster, Die NVA – Kernstück der Landesverteidigung der DDR, 4. Aufl. Köln 1972; John W. R. Taylor, Jane's All the World's Aircraft, versch. Ausg., London; F. M. von Senger und Etterlin, Taschenbuch der Panzer, 4. Aufl. 1969, München.

suchung der Rüstungsimporte entnehmen. Da Großgerät für die NVA importiert werden muß, kann man den Einfuhrzahlen Informationen über diese Investitionen entnehmen. Selbst die Rekordziffer für 1972 – 320 Millionen US-Dollar – deutet eher auf eine Militärmacht vom Range der Streitkräfte der Türkei oder Italiens[26] als auf den (etwa von Forster beschworenen) «modernen Stand» der NVA-Rüstung.

Zum westdeutschen Bild von der Rüstung der DDR gehört auch, daß Rüstungsminderungen kaum verzeichnet werden, selbst wenn sie sich als Anlaß zur Schadenfreude über neuerliche Pannen in der DDR geeignet hätten. So besaß die Volksmarine ursprünglich nicht lediglich zwei, sondern fünf Begleitzerstörer der sowjetischen Riga-Klasse – ihre mit Abstand größten schwimmenden Einheiten. 1959 ereignete sich die bislang schlimmste Katastrophe der NVA: einer der Zerstörer brannte vollständig aus und mußte abgewrackt werden. Obwohl es sich um relativ moderne Schiffe handelt (die Riga-Klasse wurde in der Sowjetunion 1952 bis 1959 gebaut), sah sich die Marineleitung gezwungen, auch die beiden Schwesterschiffe «Friedrich Engels» und «Karl Liebknecht» vorzeitig zu verschrotten, wie 1971 bekanntgegeben wurde.[27] Seit diesen Schlägen hat die Volksmarine keine neuen «Dickschiffe» erhalten, sondern wurde als Flotille von Raketenschnellbooten zielstrebig ausgebaut. Die Bundesmarine verfügt nicht nur über mehr, sondern auch über größere und moderner bewaffnete Schiffe. Dem neuen Fregatten-Programm der Bundesmarine läßt sich in der DDR kein Vergleichsstück entgegenhalten.

Was ist das Ergebnis dieses Abschnittes? Er gibt mit seinen Detailvergleichen zunächst den unumgänglichen Hinweis – der in der allgemeinen Verwendung solcher Quellen in den Medien nur zu oft vernachlässigt wird – daß die vorliegenden Materialien über die Bewaffnung der Volksarmee differenziert und mit erheblicher Zurückhaltung zu bewerten sind. Zeitlich konzentrierte Meldungen, auch wenn sie nur Informationslücken auffüllen, erwecken den Eindruck aktueller Rüstungsschübe; andererseits werden aufgrund mangelhafter Informationen wichtige Schritte in der Entwicklung des Militärpotentials in der DDR und anderen WVO-Staaten mit phantastischen Verzögerungen mitgeteilt, zumindest in der Vergangenheit.

Zweites Ergebnis dieses Abschnittes ist die Bewertung, daß – entgegen aller Militanz der DDR-Führung und einem damit korrespondierenden NVA-Bild in der Bundesrepublik – die Rüstung der DDR-Streitkräfte nicht besser als die der anderen WVO-Staaten ist, aber auch nicht erheblich schlechter; gegenüber ihren Alliierten hält die Sowjetunion einen nicht nur quantitativen, sondern auch qualitativ enormen Vorsprung. An der Rüstung der NVA ist jedenfalls nicht abzulesen, daß die DDR bevorzugter Verbündeter der Roten Armee sein soll, oder daß sie im Rahmen der «Ersten Strategischen Staffel» die Speerspitze einer

WVO-Offensive nach Westen bilden soll.

Wie sehr auch in der seriösen einschlägigen Publizistik Meldungen über das Auf und Ab der WVO-Rüstung Verwirrung stiften, und vor allem, welche fehlleitenden politischen Schlußfolgerungen dann einsetzen, sei zur abschließenden Begründung dieser Zahlenerörterung am Beispiel einer neueren Arbeit von Gerhard Wettig vorgeführt. 1975 schreibt dieser Autor (und die vorstehenden Erwägungen sollten den Leser befähigen, die Problematik der Faktenangaben im folgenden Zitat zu erkennen):

«Im Jahre 1972 begann die militärische Aufklärung der NATO-Staaten auf dramatische Rüstungsverstärkungen der sowjetischen Streitkräfte in Ostmitteleuropa aufmerksam zu werden ... Es waren etwa 6000 Panzer zugeführt worden, und die älteren Modelle, an deren Stelle sie traten, hatten nicht den Weg zurück in die UdSSR gefunden ... Eine entsprechende qualitative wie quantitative Verstärkung der militärischen Aufrüstung ließ sich auch im Hinblick auf andere Waffensysteme beobachten. So wird der Zuwachs der gepanzerten sowjetischen Mannschaftsfahrzeuge in Ostmitteleuropa für die Jahre 1971 bis 1974 mit 4000 Stück angegeben ... Eine NATO-Expertise veranschlagte die Zunahme der östlichen Feldartillerie in den Jahren vor 1973 auf 50 Prozent».[28]

Wettig stellt nach der Aufzählung (vermeintlicher) Fakten die Frage, «wozu die sowjetische Führung die bereits bestehenden erheblichen Vorteile auf dem mitteleuropäischen Schauplatz weiter zu vergrößern sucht». Bei seinen Erwägungen führt Wettig als Grund unter anderem an:

«Die sowjetischen Vorbereitungen könnten dazu dienen, die westeuropäischen NATO-Länder im Kriegsfall augenblicklich zu überrennen.»[29]

In Anlehnung an Albert Wohlstetter hält auch Wettig eine durch die Rüstung ermöglichte politische Vorherrschaft der UdSSR über Westeuropa für eines der Ziele:

«Gelänge es nämlich der sowjetischen Führung, die westeuropäischen Regierungen von dem Vorhandensein einer unwiderstehlichen militärischen Überlegenheit auf der östlichen Seite zu überzeugen, dann müßten sich diese überlegen, wie sie künftig jeden Konflikt mit der UdSSR vermeiden und sich daher an die sowjetischen Wünsche anpassen könnten. Das aber wäre die Basis für eine sowjetische Vorherrschaft über das ganze Europa.»[30]

Macht unsre Bücher billiger!...

5. Rüstungswirtschaft in der DDR

Von Ulrich Albrecht und Stephan Tiedtke

Im Ost- und Westteil Deutschlands war nach dem Zweiten Weltkrieg die Herstellung von Kriegsgerät verboten. Im Potsdamer Abkommen war ausdrücklich festgelegt worden, daß alle Produktionseinrichtungen für Waffen stillgelegt werden müßten. Heute ist bekannt, daß die Kriegsalliierten in ihren Besatzungszonen für ihren eigenen Bedarf hin und wieder *vor* der offiziellen Wiederaufnahme von Rüstungsprogrammen Waffen fertigen ließen.[1] Die Sowjetunion scheint hier keine Ausnahme zu bilden. Das Handbuch «SBZ von A bis Z» verzeichnet seit 1949/50 Rüstungsproduktion in der DDR.[2] Dieser Quelle zufolge ist jedoch außer Handfeuerwaffen kaum Material hergestellt worden, welches für den direkten Kampfeinsatz geeignet gewesen wäre.

Die Entwicklung der Rüstungsindustrie und der militärisch relevanten sonstigen Fertigung konzentriert sich in der DDR auf wenige Branchen; die Flugzeugproduktion wurde nach verheißungsvollen Anfängen 1959 vollständig gestoppt. Neben den traditionsreichen Fabriken für Handfeuerwaffen im thüringischen Suhl ist die Waffenfertigung «auf dem Gebiet der Elektronik, des Kraftfahrzeugbaus und des Schiffsbaus bemerkenswert.»[3] Obwohl die militärische Produktion der DDR im Gegensatz zu den Verhältnissen in der Sowjetunion keinen bedeutenden Rang im Wirtschaftsprozeß einnimmt und von einer DDR-Variante des auch in der Sowjetunion vermuteten «Militärisch-industriellen Komplexes» keine Rede sein kann,[4] hat doch die Eigenversorgung mit verschiedenen Rüstungsgütern und in einigen Bereichen der Export von Militärgerät eine nicht übersehbare Bedeutung. Um die widersprüchlichen Tatbestände in einen Zusammenhang zu bringen – einerseits die Stärke der NVA, auch der DDR-Industrie, andererseits keine mächtige Rüstungsindustrie, einerseits weitgehende Integration der WVO auch im Rüstungswesen, andererseits klare Tendenzen zur Nutzung eigenständiger Produktionsstrategien – sollen im folgenden die Grundlagen der Rüstungswirtschaft der DDR untersucht werden. Ferner soll die Rolle der Rüstung in der Gesamtwirtschaft thematisiert werden.

1. Rüstungswirtschaftliche Verflechtungen der DDR in der WVO

Die ungleiche Verteilung der rüstungswirtschaftlichen Kapazitäten in Osteuropa ist hinlänglich bekannt: ähnlich wie auf anderen Produktionsgebieten stellt die Sowjetunion den Löwenanteil der Rüstungswaren der Allianzpartner her; besonders in der Technologie (Kernwaffen, Trägersysteme) besteht darüber hinaus ein enormer qualitativer Vorsprung der UdSSR. Die Aufrechterhaltung dieses Ungleichgewichtes zwischen der Sowjetunion als der rüstungswirtschaftlichen Vormacht und den osteuropäischen Bündnispartnern mit zum Teil nur marginalen Rüstungsproduktionen wird von der westlichen Wissenschaft machtpolitisch erklärt; ökonomische Zwänge, bzw. Vorteile supranationaler Arbeitsteilung werden von ihr nur am Rande berücksichtigt. Dabei wird der osteuropäischen rüstungsindustriellen Zusammenarbeit und Arbeitsteilung ein Diktat der Sowjetunion zugrunde gelegt, das zum Ziele habe, die Streitkräfte der Bündnispartner in einer umfassenden Abhängigkeit von der Sowjetunion zu halten.[5]

Diese Abhängigkeit sei nicht etwa im Abnehmen begriffen; im Gegenteil, sie nehme weiter zu.[6] «Keiner Volksdemokratie wurde erlaubt, eine unabhängige Produktionskapazität für eine vollständige Auswahl militärischer Ausrüstung und Versorgung zu errichten oder eine entsprechende Kriegsreserve anzulegen»,[7] heißt es etwa. Der Sowjetunion wird in derartiger Literatur die Absicht unterstellt, die Funktionsfähigkeit der verbündeten Militärapparate beliebig regulieren zu wollen – etwa für den Fall, daß ein Mitglied aus dem Bündnis mit Gewalt auszubrechen sucht.[8] Die Möglichkeit, ihre dominierende Stellung in der wehrwirtschaftlichen Arbeitsteilung derart ins Spiel zu bringen, besitzt die Sowjetunion durchaus, wie das Beispiel Ungarns zeigt: Nach 1956 rüstete die Sowjetunion lange Zeit die ungarische Armee nur sehr zögernd mit modernen Waffen aus. Dies kann als Ausdruck sowjetischen Mißtrauens gegenüber der «Zuverlässigkeit» dieser Armee gewertet werden. Auch wenn die Sowjetunion die Möglichkeit der Disziplinierung ihrer Bündnispartner hat, so kann dennoch nicht behauptet werden, dies sei *das* sowjetische Interesse an der rüstungsindustriellen Arbeitsteilung. Andere Zielsetzungen wie die militärische Effizienz des Bündnisses oder ökonomische Überlegungen (zu denen z. B. gehört, nach der wirtschaftlichen Vertretbarkeit einer ausgeprägten Rüstungsindustrie in einem kleinen Land wie Ungarn zu fragen) bestimmen ebenfalls die Formen der rüstungsindustriellen Arbeitsteilung in der WVO.

In Osteuropa wird das Ungleichgewicht in der Rüstungsindustrie vor allem historisch erklärt, d. h. es wird nicht aus den Strukturen der «sozialistischen» Gesellschaft erklärt, sondern als Relikt kapitalistischer Vergangenheit und als Folge der jahrzehntelangen Bedrohung der Sowjetunion durch ihre kapitalistische Umwelt gesehen, die die Hochrüstung der Sowjetunion erforderlich machte. Auch wird betont, daß die Sowjetunion erhebliche Lasten auf sich genommen habe, um moderne Kernwaffen herzustellen, was «alle anderen sozialistischen Länder von überflüssigen Opfern und Anstrengungen zur Herstellung einer eigenen Atomwaffe» befreit habe.[9]

Haben die Erklärungen, die in Osteuropa der rüstungsindustriellen Zusammenarbeit zugrunde gelegt werden, und die Kriterien, nach denen über die Zusammenarbeit entschieden wird, die Tendenz, das Ungleichgewicht festzuschreiben, oder erklären sie stichhaltig die existierenden Formen der Zusammenarbeit?

Bei ihrer rüstungswirtschaftlichen Zusammenarbeit gehen die WVO-Staaten von folgendem Grundsatz aus: «Da der militärische Schutz der sozialistischen Staatengemeinschaft kollektiven Charakter hat», vollzieht sich die ökonomische Sicherstellung der Landesverteidigung «im Rahmen der militärökonomischen Integration der Warschauer Vertragsstaaten».[10]

Da dieser kollektive Charakter auf der gemeinsamen Gesellschafts- und Wirtschaftsstruktur basiert, werden auch in der militärökonomischen Zusammenarbeit Grundelemente der allgemeineren wirtschaftlichen Integration im RGW wirksam. Naturgemäß hat die «sozialistische Integration» in Osteuropa, ohne daß sie primär rüstungswirtschaftlich begründet ist, Folgen für die Rüstungskapazitäten der WVO. So etwa wenn behauptet wird, daß die im RGW «vorangetriebene Koordinierung und Standardisierung» die «militärischen Ausrüstungs- und Nachschubmöglichkeiten außerordentlich günstig beeinflußt» habe.[11]

Die enge Verflechtung von rüstungsindustrieller Kooperation und allgemeiner ökonomischer Zusammenarbeit im RGW, die unter anderem Resultat eines äußerst weitgefaßten Begriffs der «ökonomischen Sicherstellung der Landesverteidigung» ist, gibt westlichen Analytikern Anlaß für die Vermutung, daß die Sowjetunion als dominierende Rüstungsindustriemacht über den Weg der rüstungswirtschaftlichen Zusammenarbeit versuche, ihr Planungs- und Verwaltungssystem den Industrien ihrer Bündnispartner aufzuzwingen: «Je mehr ein Satellitenstaat an den kooperativen Rüstungsproduktionsprogrammen teilnimmt (Tschechoslowakei, Ost-Deutschland und Polen z. B.), desto stärker wird der Druck von sowjetischer Seite, das Planungs- und Verwaltungssystem und dazu die Organisation der Industrie dieser Länder an das sowjetische Modell anzupassen.»[12]

Die Rolle der – wenn auch begrenzten – rüstungsindustriellen Kooperation betonte auch der Vorsitzende der Vereinigten US-Stabschefs, General George S. Brown, in einer grundsätzlichen Stellungnahme:

«Die Sowjetunion kann innerhalb der UdSSR mit Leichtigkeit alle militärischen Ausrüstungen herstellen, die sie benötigt. Dennoch kauft sie begrenzte Mengen von Amphibien und Hilfsschiffen, Düsenschulflugzeugen, kleinen Kolbenmotortransportflugzeugen und kleinen Hubschraubern von anderen Ländern des Warschauer Paktes ... Es wird angenommen, daß die Sowjetunion diese Dinge von den osteuropäischen Ländern kauft, um ihnen eine militärische Produktionsbasis entwickeln zu helfen und um diese Länder in die Lage zu versetzen, Geld zu verdienen, um für Importe aus der UdSSR zu bezahlen.»[13]

Im Laufe der Zeit wurden verschiedene Institutionen mit der Aufgabe, die rüstungswirtschaftliche Kooperation zu lenken, in Verbindung gebracht:

Bis 1956 sei national oder in bestimmten Gremien des RGW entschieden worden, so etwa in einer Permanenten Kommission zur Koordinierung der Rüstungsindustrie.[14] Nach Gründung der WVO wird als Indiz für die Bedeutung des RGW das häufige Zusammentreffen von Tagungen des Politischen Beratenden Ausschusses – dem höchsten Organ der WVO – und von RGW-Tagungen gewertet.[15]

Nach 1956 habe das Vereinigte Sekretariat[16] – ein Hilfsorgan des Politischen Beratenden Ausschusses – bzw. das Vereinte Kommando[17] die Koordination übernommen.

Seit der Tagung des Politischen Beratenden Ausschusses im März *1969* in Budapest gibt es das Komitee zur «Koordination der Militärtechnologie». Wenn zutrifft, daß sich dieses Komitee mit der Rationalisierung in Forschung und Entwicklung und der Perfektionierung der militärischen Ausrüstung beschäftigt,[18] könnte dies als Ausweitung der osteuropäischen Beteiligung auf einem Gebiet interpretiert werden, das bis dahin fast ausschließlich unter sowjetischer Kontrolle stand. Möglicherweise ist damit das «spezielle Komitee im Warschauer Pakt, das sich aus den Direktoren der militärischen Abteilungen der Plankomitees zusammensetzt», gemeint, das der zitierte Autor M. Checinski nennt und das seiner Auffassung nach bestimmt, «welche Art von Waffen oder Einzelteilen in jedem Land hergestellt werden sollen».[19] Eine ungebrochene sowjetische Dominanz ergibt sich bei der Untersuchung der Steuerungsorgane der Rüstungskooperation nicht.

Neben politisch-hegemonialen und ideologischen Zielen basiert die rüstungswirtschaftliche Arbeitsteilung in Osteuropa auf weiteren Kriterien, deren Gewicht im einzelnen schwer abzuschätzen ist. Zur Begründung der sowjetischen Produktionsdominanz wird etwa auf geografische Faktoren verwiesen; das riesige Territorium der Sowjetunion bietet sich zur Dislozierung von Militärfabriken angeblich besser an als die nahe an Westeuropa gelegenen kleineren WVO-Staaten.[20]

Ein evident wichtiges Kriterium, das die rüstungsindustrielle Arbeitsteilung entscheidend beeinflußt, ist die Standardisierung der Waffensysteme, die nach westlichem Verständnis auch eine politische Waffe ist, nämlich die Integration in Osteuropa voranzutreiben.[21] Sie ist einerseits

Folge der planwirtschaftlichen Struktur der osteuropäischen Staaten, andererseits ist sie auch durch die Forderung nach militärischer Effizienz bedingt. Effizienzsteigerung durch Standardisierung wird jedoch wiederum dadurch gemindert, daß es zunehmend schwieriger ist, ein Waffensystem abzulösen, das einmal in der Produktion ist.[22]

Das am wenigsten faßbare Kriterium ist die sogenannte internationalistische Verantwortung: «Jedes Mitgliedsland erbringt, ausgehend von den gemeinsamen Festlegungen, im Frieden wie in einem möglichen Krieg entsprechend seiner internationalistischen Verantwortung seinen Anteil für die gemeinsame ökonomische Sicherstellung der Verteidigung».[23] Woran die Unterschiede in der «internationalistischen Verantwortung» gemessen werden, wird allerdings nicht ausgeführt.

Die sich aus derartigen Positionen ergebende Konzentration des Rüstungspotentials der WVO in der Sowjetunion ist andererseits nicht derartig einseitig, wie dies gemeinhin in der westlichen Literatur dargestellt wird. Die Sowjetunion ist immerhin der größte Waffenimporteur unter den Bündnispartnern (Tabelle 1), umgekehrt tritt aber auch die Sowjetunion als größter Waffenexporteur in den WVO-Staaten auf – sie exportiert mehr als zweimal soviel, wie der gesamte paktinterne Waffenexport der Bündnispartner zusammen ausmacht (Tabelle 2).

Im Bereich der Herstellung von militärischen Fahrzeugen etwa ist der nationale Spielraum weit gesteckt. Die Tschechoslowakei begann mit der Produktion eines Schützenpanzers bereits in den fünfziger Jahren. Der erste tschechoslowakische Schützenpanzer mit der Bezeichnung OT-810 war noch die Weiterentwicklung eines deutschen Schützenpanzers mit kombiniertem Rad- und Kettenantrieb, der während des Krieges auch in der Tschechoslowakei hergestellt worden war.[24] Neben diesem Beispiel gibt es aber auch Eigenentwicklungen von Schützenpanzern in Ungarn, Polen und der ČSSR, denen allerdings immer ein sowjetischer Typ zugrunde liegt.

Rumäniens Zusammenarbeit mit Jugoslawien bei der Entwicklung und Fertigung eines Jagdflugzeuges ist als Ausscheren aus dem Rahmen der WVO-Rüstungsintegration zu werten, welches vorerst eine Ausnahme darstellt.

Als Paradebeispiel rüstungsindustrieller Kooperation, auf das in der osteuropäischen Literatur ständig hingewiesen wird, gilt die gemeinsame Entwicklung und Produktion des Schützenpanzers SKOT bzw. OT-64 durch die ČSSR und Polen seit 1959/61.[25] Von einem ähnlich aufwendigen Projekt innerhalb der WVO ist bislang nichts bekannt,[26] auch nicht, daß die DDR an der Entwicklung und Produktion eines militärischen Endproduktes kooperativ beteiligt war. Den Modellanspruch dieses Vorganges wird man vorerst noch mit Fragezeichen versehen müssen.

Von der DDR wird die Möglichkeit des Imports von Waffen und Gerät

Tab. 1: Waffenimporte der WVO-Staaten 1961–1971

	zu laufenden Kursen, in Mio. US-Dollar			
	insges.	aus der SU	aus der ČSSR	aus Polen
Bulgarien	357	324	–	33
ČSSR	1029	974	–	55
DDR	1493	1383	–	110
Ungarn	553	520	–	33
Polen	370	1332	38	–
Rumänien	507	507	–	–
SU	1925	–	760	1110

(Zusammengestellt nach Angaben aus: The International Transfer ..., a. a. O., S. A-8, A-12)

Tab. 2: Waffenexporte der WVO-Staaten 1961–1971

	zu laufenden Kursen in Mio. US-Dollar	
	insges.	davon in die WVO-Staaten
Bulg.	27	o. A.
ČSSR	1 248	798
DDR	60	o. A.
Ungarn	6	o. A.
Polen	1 370	1341
Rum.	2	o. A.
SU	14 766	5040

(Zusammengestellt nach Angaben aus: The International Transfer ..., a. a. O., S. A-3, A-12)

Anmerkungen zu Tabelle 1 und 2:
Drei schwer zu behebende Fehlerquellen liegen dem statistischen Material, das im Westen über die osteuropäischen Militärpotentiale zur Verfügung steht, zugrunde. Die entscheidende Fehlerquelle ist, daß es keine zuverlässigen Angaben über die vorhandenen Potentiale gibt, die quantitative Größenordnung der Waffengeschäfte also schwer schätzbar ist (offizielle osteuropäische Zahlen existieren nicht). Zweitens sind die Preise der Waffensysteme unbekannt, wodurch die dritte Fehlerquelle, nämlich die Übertragung dieser geschätzten Preise in westliche Währungen, verstärkt wird. Dennoch sind die folgenden Daten, soweit sie nicht dazu verwendet werden, um westliche und osteuropäische Rüstungsanstrengungen zu vergleichen, zur Tendenzbeschreibung brauchbar.

aus den kleineren WVO-Staaten genutzt. So importiert die DDR verschiedene militärische Kraftfahrzeuge aus der ČSSR[27] (die auch in die anderen WVO-Staaten, vor allem nach Bulgarien, Kraftfahrzeuge exportiert).[28] Einen Teil – wenn auch offensichtlich nicht die Masse – der Panzer der Serien T-34 und T-54 bezog die DDR aus Polen und der ČSSR.[29] Als im Mai 1972 H. Hoffmann mit einer Militärdelegation in der ČSSR weilte, bestätigte er diese Panzerimporte:

«Die Panzersoldaten der Nationalen Volksarmee, um nur ein Beispiel zu nennen, wissen die Panzer, die tschechoslowakische Arbeiter für sie produzieren, sehr zu schätzen».[30]

In der ersten Umrüstungsphase der NVA, als altes Wehrmachtsmaterial ersetzt wurde, war die ČSSR vorwiegend Lieferant von Artillerie und Panzerabwehrwaffen.[31] Von den neueren Importen scheint vor allem ein tschechoslowakischer Geschoßwerfer erwähnenswert zu sein, der auf der Grundlage der bewährten sowjetischen Geschoßwerfer entwickelt wurde. Er ist einschließlich des tschechoslowakischen Fahrgestells (Tatra 813) in der NVA im Dienst.[32] Rumänien importiert ebenfalls einen Raketenwerfer aus der ČSSR, den RM-130.[33] Dagegen hat die DDR keine Kampfflugzeuge[34] und Schützenpanzer aus Polen oder der ČSSR importiert.

Die spezifische Situation der DDR in der Rüstungsintegration der WVO läßt sich zum einen an den Selbstaussagen, zum anderen an einer Untersuchung der Produktionspolitik festmachen. Für eine simple Unterordnungspolitik unter die Sowjetunion läge es nahe, die Waffen einfach aus der UdSSR zu importieren.

Das entscheidende Hindernis, das solch einer Praxis entgegensteht, ist die Bezahlung dieser Waffen. Die Importe der Waffen aus der Sowjetunion belasten die Zahlungsbilanzen der sowjetischen Bündnispartner erheblich, auch die der DDR. Andererseits betont man auch in der DDR, daß man eine spezifische Funktion ausübe:

«Die DDR trägt bei der ökonomischen Sicherung der Landesverteidigung im Rahmen der sozialistischen Verteidigungskoalition eine besondere Verantwortung».[35] Solche allgemeinen Aussagen lassen offen, ob diese beanspruchte Sonderrolle einvernehmlich oder im Interessengegensatz zu den anderen WVO-Mitgliedern ausgeübt wird. In der Literatur der DDR heißt es dazu lediglich, die DDR habe ihre militärökonomischen Maßnahmen «stets mit der gesamten sozialistischen Militärkoalition abgestimmt».[36] Daß dies in der Tat zutreffen mag, liegt an der Zulieferfunktion der Rüstungsindustrie der DDR, die eine enge Absprache mit den Partnern erfordert. Dafür spricht auch die Forderung von H. Hoffmann an die «kriegsökonomische Forschung», sie solle «eine wissenschaftliche Konzeption über die unserer Republik zufallenden ökonomischen Aufgaben erarbeiten ...»[37]

Der westdeutsche Militärexperte von Raven nahm 1965 gar an, daß die

Lieferungen der DDR an Maschinen und Material für die Rüstungsindustrie der Sowjetunion «bei weitem» die Exporte der anderen WVO-Staaten in die Sowjetunion übersteigen.[38]

2. Die Rüstungsindustrie der DDR

Nach dem Zweiten Weltkrieg war unter den Staaten, die in den Einflußbereich der Sowjetunion geraten waren, nur die Tschechoslowakei mit ihrer Rüstungsindustrie imstande, einen nennenswerten Beitrag zur Waffenproduktion in Osteuropa zu leisten. Die Rüstungsbetriebe des Deutschen Reiches – vor allem zur Herstellung schwerer Waffen – lagen größtenteils in den von den drei Westmächten besetzten Zonen. Die Sowjetunion verfügte auf dem Boden ihrer Besatzungszone kaum über Rüstungsindustrie.

Während des Koreakrieges wurden die Industriepotentiale der osteuropäischen Staaten stark in die sowjetische Waffenproduktion einbezogen. Bereits existierende Rüstungsbetriebe wurden ausgeweitet, die Industrie wurde an der Rüstungsproduktion verstärkt beteiligt; neue Rüstungsbetriebe wurden aufgebaut. Am gravierendsten war Polen unter den osteuropäischen Staaten von dieser Entwicklung betroffen. In der Zeit von 1950 bis 1953 entstanden in Polen entgegen den «ursprünglichen Planungsrichtlinien» die noch heute existierenden «Hauptzweige» der polnischen Rüstungsindustrie.[39] Bis 1955 waren 75 % des Ausstoßes der polnischen Maschinenindustrie und 50 % der chemischen Industrie Rüstungsgüter.[40]

In der DDR veranlaßte der Koreakrieg nicht den Aufbau einer irgendwie bemerkenswerten Rüstungsindustrie. Deutschlandpolitische Gründe mögen dafür ausschlaggebend gewesen sein. Das Potsdamer Abkommen hatte ausdrücklich vorgeschrieben, daß alle Produktionsstätten für Waffen im ehemaligen Deutschen Reich stillgelegt werden.[41] Die DDR produziert auch heute – sieht man von Handfeuerwaffen ab, die in allen WVO-Staaten hergestellt werden – «kaum Material, das unmittelbar für den Kampfeinsatz geeignet ist».[42] Mit dieser Aussage, die in der westlichen Literatur unbestritten ist[43] und die für die gesamte Zeit der bisherigen Existenz der DDR gilt, ist der Hauptunterschied zwischen den rüstungsindustriellen Beiträgen der DDR und ihrer Bundesgenossen angedeutet. Die neben der Sowjetunion für die DDR wichtigsten Partner in der WVO, Polen und die ČSSR, produzierten, wenngleich meist nur in Lizenz, auch schweres Gerät für den Kampfeinsatz: etwa Kampfflugzeuge, Panzer und schwere Artilleriewaffen.

Entsprechend der Relevanz der DDR in der rüstungsindustriellen Arbeitsteilung innerhalb der WVO lassen sich folgende Bereiche der

DDR-Rüstung unterscheiden:

Erstens: die Herstellung von Waffen für den unmittelbaren Kampfeinsatz. Die Produkte der «direkten Verteidigungsindustrie» sind Munition, Handfeuerwaffen und Kriegsschiffe, wobei bei den letzteren einzuschränken ist, daß die Armierung aus der Sowjetunion importiert wird.[44]

Über die Feuerwaffenproduktion der DDR ist nur wenig bekannt, obwohl das Ausmaß der Eigenversorgung beträchtlich zu sein scheint. Bekannt ist, daß die überall auf der Welt verbreitete sowjetische Maschinenpistole Kalaschnikow in der DDR in einer modernisierten Version gebaut wird.[45] Neue eigene Entwicklungen von militärischen Feuerwaffen werden nicht verzeichnet.

Am dominantesten erscheint die Eigenproduktion von Kriegsmaterial auf dem Sektor des an sich wenig bedeutenden Schiffsbaus. Wie Tab. 2 ausweist, setzt die Herstellung von kleineren Kriegsschiffen 1952/53 ungefähr zum gleichen Zeitpunkt wie in der Bundesrepublik ein.[46] Die Peenewerft in Wolgast entwickelt sich rasch zum bedeutendsten Lieferanten der Volksmarine. Abgesehen von den größten Schiffen, den Geleitzerstörern der Riga-Klasse, sowie den Raketenschnellbooten und U-Jägern (SOI-Klasse) scheint die DDR ihre Marinerüstung weitgehend selber zu fertigen. Mindestens 180 kleinere Schiffe sind nach unseren Unterlagen in den vergangenen Jahrzehnten für die Volksmarine in der DDR auf Kiel gelegt worden, nicht gerechnet die Exporte. Wie das renommierte britische Marinehandbuch «Jane's Fighting Ships» vermerkt, sind etwa die neuesten DDR-Entwicklungen von Landungsbooten («Krokodil-Klasse») so ausgereift, daß sie von anderen WVO-Staaten für ihre Marine übernommen wurden.[47]

Zweitens: die Herstellung von Finalprodukten, die aber nicht für den unmittelbaren Kampfeinsatz bestimmt sind. Auch dieser Ausstoß der ostdeutschen Rüstungsindustrie geht vorrangig an die NVA und wird seltener den Bündnispartnern geliefert. Das paktinterne Übereinkommen, das dieser Produktion zugrunde liegt, ist sehr unbestimmt gefaßt und läßt den einzelnen Mitgliedern viel Spielraum, wie eine Äußerung H. Hoffmanns erkennen läßt:

«Wir entwickeln und produzieren nur die Geräte und Waffen, die wir gemäß den Festlegungen der Warschauer Vertragsstaaten übernommen haben, sowie jene materiellen Mittel, die von jedem Land selbst erzeugt werden können».[48] Der Spielraum dessen, was jedes Land selbst produzieren kann, ist schwerlich auf Bündnisebene zu entscheiden. Gemeint ist damit wohl, daß sich jedes Land mit den Waffen und Geräten selbst versorgt, zu deren Produktion es die industriellen Kapazitäten hat und für die es keine formellen rüstungsindustriellen Übereinkünfte gibt. Nach S. Schönherr gehören dazu:

«Einige grundsätzliche militärökonomische Aufgaben, wie Produktion von Teilen der militärischen Grundausrüstung, Gewährleistung der lau-

Kriegsschiffertigung in der DDR

Schiffstyp	NVA-Bezeichnung	Bauperiode	Stückzahl	Wasserverdrängung	Bauwerft	Anmerkungen
Minenleger/ -räumer	Habicht-Klasse	1952–54	6	610 to	Volkswerft Stralsund, u.	mod. M-40
	Habicht II-Klasse	1954–56	6	700 to	Peenewerft, Wolgast	4 ausgemustert
	Krake-Klasse	1957/58	10	740 to	Peenewerft, Wolgast	
	Vilm-Klasse	1955–57	1		Mathias-Thesen-Werft, Wismar	
U-Jagdschiffe	Hai-Klasse	1963–69	14	300 to	Peenewerft, Wolgast	
Torpedo-schnellboote	Iltis-Klasse	1962	40	20 to	Schiffswerft Roslau	
	Forellen-Klasse			55 to		
	Seeteufel-Klasse	seit 1970		150 to		
Räumboote	Schwalbe-Klasse	1953–54	40	75 to	Engelbrecht, Köpenick	1968 ausgemustert
	Schwalbe II-Klasse	1954–58	18		VEB Yachtwerft, Berlin	
	Kondor-Klasse	seit 1970	41		Peenewerft, Wolgast	andere Quellen: 30 Boote
Landungsschiffe	Labo	1961–63	12	150 to	Peenewerft, Wolgast	
	Robbe-Klasse	1962–64	6	600 to	Peenewerft, Wolgast	
	Krokodil-Klasse	neu	4	800 to		Export
Küstenschutz-boote	Delphin-Klasse	1953–54		50 to		
	Sperber-Klasse	1953–54	48	78 to	Peenewerft/Engelbrecht	ausgemustert
Ausbildungs-schiffe	Partisan-Klasse		20	79 to		18 ausgemustert
Lizenzprogramm U-Bootjäger	SO-1 Klasse	1960–63	12		Peenewerft, Wolgast	sowj. Muster

fenden Versorgung, gewisse Leistungen des militärischen Transport- und Verkehrswesens, vorbereitende Maßnahmen zur Erhaltung der Funktionstüchtigkeit der Wirtschaft im Kriege, müssen aber von allen Ländern weitgehend selbständig und möglichst einheitlich gelöst werden.»[49]

Für das Transportwesen – genauer den militärischen Kraftfahrzeugbau – gilt dies bis in die Mitte der sechziger Jahre. Im Zuge der Spezialisierung innerhalb des RGW scheint aber auch hier eine Bereinigung der Typenvielfalt vorgenommen worden zu sein, nach der die Produktion der verschiedenen Nutzklassen auf die einzelnen WVO-Staaten verteilt wurde. So produziert die DDR leichte und mittlere Lkw, von denen der schwerste der Fünf-Tonner G-5 ist. Der Zwei-Tonner ROBUR LO 1800 A wird als Militärfahrzeug auch in die WVO-Staaten exportiert.[50]

Schwere Lkw oder gar schwere geländegängige militärische Transportfahrzeuge fehlen im Produktionsprogramm der DDR.[51] Von der Automobilindustrie der DDR wird auch der kleine sowjetische Schwimmwagen MAV-69 unter der Bezeichnung P-2 S nachgebaut.[52] Er findet in den Pioniereinheiten Verwendung. Insgesamt ist aber der militärische Fahrzeugbau der DDR erst seit etwa 1966[53] bedeutend.

In der DDR werden keine mittleren Panzer, Schützenpanzer oder Spähpanzer hergestellt, obgleich die Traktoren- und Lkw-Produktion des Landes durchaus die Möglichkeit dazu bietet. Einzig Panzerteile als Zulieferung für die Produktion in der Sowjetunion wurden von der DDR hergestellt.[54]

Ein anderer großer Bereich dieses Zweiges der Rüstungsindustrie umfaßt die Herstellung der persönlichen Ausrüstungsgegenstände von Militärangehörigen, wie z. B. Uniformen. Hier ist die DDR, wie auch die anderen WVO-Staaten, Selbstversorger.

Drittens: Als einen Beitrag zur rüstungsindustriellen Arbeitsteilung in der WVO versteht die DDR ihre Lieferungen von technischen Kon-

Zu Tabelle Kriegsschiffertigung in der DDR

Anmerkungen:
Die Zurechnung der Schiffe zu den verschiedenen Klassen ist unsicher, auch differieren die Quellen in den Zahlenangaben und Datierungen erheblich.
Die Handbücher von Weyer und Le Masson (s. u.) geben für 1968–70 ferner den Bau einer sog. «Kondor-Klasse» an.

Quellen:
J. Moore (Hg.), Jane's Fighting Ships, London (versch. Ausgaben); H. Le Masson, Flottes de Combat, Paris 1971; G. Albrecht (Hg.), Weyers Flottentaschenbuch 1971/72, München 1972; The International Institute for Strategic Studies, The Military Balance, London (versch. Ausgaben); Th. M. Forster, Die NVA – Kernstück der Landesverteidigung der DDR, Köln 1972; T. N. Dupuy et al., The Almanac of World Military Power, 3rd. ed., New York u. a. 1974.

sumgütern, die den «waffenproduzierenden Ländern» helfen sollen, «die notwendigen Kapazitäten für die Produktion von hochentwickelter Militärtechnik frei zu bekommen».[55] Dieser Teil des ostdeutschen Beitrags zur rüstungsindustriellen Arbeitsteilung, der auch noch in den siebziger Jahren von Bedeutung ist, scheint eher der Bezahlung importierter Waffen zu dienen, als daß er direkt der rüstungsindustriellen Arbeitsteilung zuzurechnen ist. Die Betonung dieses Aspektes in der DDR-Literatur zeigt aber, daß der Anteil der DDR an der Rüstungsproduktion der WVO unterproportioniert ist, so daß hier ein Ausgleich der unterschiedlichen Belastungen der Versorgung mit zivilen Gütern durch die Rüstungsindustrie versucht wird.[56]

Viertens: Mit der eigentlichen rüstungsindustriellen Arbeitsteilung unter den WVO-Partnern hat die Wartung und Instandsetzung des gesamten Kriegsgerätes nur am Rande zu tun. Diesem Aufgabenbereich der Rüstungsindustrie der DDR wird indes in der DDR besondere Aufmerksamkeit geschenkt. Dies ist verständlich, wenn man «die sich allgemein durchsetzende Tendenz des Sinkens der Kosten für einmalige Beschaffungen und das Steigen der Aufgaben für die laufende Unterhaltung des modernen Kriegsgerätes» berücksichtigt.[57]

Von 1962/63 bis 1967 sind die Kosten für die Hauptinstandsetzung[58] in der DDR bei Jagdflugzeugen um das 2,8-fache, bei Torpedo-Schnellbooten um das 1,9-fache und bei Artillerie-Funkmeßstationen um das 2,5-fache gestiegen.[59]

Fünftens: Ungleich schwergewichtiger für die Industrie der DDR und mit zunehmender Bedeutung für die Partner in der WVO ist jener Beitrag der DDR, der keine Waffenproduktion beinhaltet, der aber zur Rüstungsindustrie zu rechnen ist. Es ist dies die Rolle der DDR-Industrie als Zulieferer. Die Produkte der ostdeutschen Zulieferindustrie kommen:

Erstens aus der *chemischen Industrie.* Die Bedeutung der chemischen Industrie für die Landesverteidigung wird immer wieder in der DDR hervorgehoben:[60] allgemein, wenn die Relevanz der Investitionen in der chemischen Industrie für die Landesverteidigung herausgestellt wird,[61] detaillierter, wenn behauptet wird, daß in einem modernen Krieg «etwa 50 % aller materiellen Versorgungsmittel aus Treib- und Schmierstoffen bestehen»,[62] und daß die chemische Industrie es ermöglicht, «durch qualitativ hochwertige und erweiterte Plaste- und Elasteproduktion bei verschiedenen Kampfmitteln und Ausrüstungen z. B. ein besseres Masse-Leistungsverhältnis zu erzielen, sie geländegängiger, korrosionsbeständiger und weniger störanfällig zu machen».[63] Auch wegen dieser militärischen Belange wird in der DDR die Forderung nach einer entwikkelten chemischen Großindustrie erhoben.[64] Der Export der DDR in die Sowjetunion von «Maschinen und Ausrüstungen für die Plast- und Elastverarbeitung» ist von 1966 bis 1973 jährlich durchschnittlich um

7,7 % gestiegen (bei den «Maschinen und Ausrüstungen der chemischen Verfahrenstechnik» um 31,3 %). Trotz dieser Steigerungsrate blieb aber der Anteil der DDR am gesamten Import der Sowjetunion von derartigen Maschinen konstant bei 12 % stehen.[65]

Zweitens kommen Zulieferungsprodukte aus der *elektrotechnischen Industrie.* Elektrotechnik ist ein Schwerpunkt, der der DDR im Rahmen der Arbeitsteilung im RGW zugewiesen wurde. Die Verwendung von Produkten dieser Branche bei den Waffensystemen ist äußerst vielfältig und steigt bei zunehmender Komplexität der Waffensysteme, wie sich am Anteil der Kosten für die elektronische Ausrüstung an den Gesamtkosten ablesen läßt.[66] Der Export der DDR von Elektromaschinen in die Sowjetunion von 1966 bis 1973 ist durchschnittlich um 14,2 % pro Jahr gestviegen, wohingegen der Anteil am sowjetischen Import von «elektrotechnischen Ausrüstungen» von 23,6 % 1968 auf 19,7 % 1972 gefallen ist.[67]

Ähnliches gilt für den dritten Bereich, die *feinmechanische und optische Industrie,* die bei der «Entwicklung und Vervollkommnung moderner technischer Kampfmittel und Ausrüstungen eine stetig wachsende Rolle» spielt.[68]

Von den hier unterschiedenen fünf Sparten der Rüstungsindustrie der DDR hat also die DDR nur als Zulieferer für die Rüstungsindustrie der WVO-Partner und im Schiffsbau eine nennenswerte Bedeutung. Die anderen Bereiche dienen entweder der Selbstversorgung oder berühren – wie die kompensatorische Funktion von Erzeugnissen der Konsumgüterindustrie – nicht die Rüstungsproduktion der Bündnispartner direkt. Will man demnach den rüstungsindustriellen Beitrag der DDR innerhalb des Bündnisses untersuchen, so muß sich das Interesse auf die Entwicklung der ostdeutschen Zulieferindustrie konzentrieren.

Forster gibt zur Rüstungsproduktion in der DDR folgende Übersicht: «Betriebe, die ausschließlich für die Ausrüstung der NVA arbeiten, werden – im Auftrag des Ministeriums für Nationale Verteidigung – durch eine Vereinigung Volkseigener Betriebe, die VVB Unimag, geleitet. Ihr sind unterstellt:

- Die Peenewerft in Wolgast,
- einige Reparaturbetriebe,
- 2 Sprengstoffwerke
- 2 Munitionsfabriken».[69]

Der Verzicht auf eine breit entfaltete Rüstungsfertigung hat der Industrie der DDR die Möglichkeit gegeben, sich weitgehend organisch zu entwickeln. Dies hat dazu geführt, daß nicht rüstungsindustrieller Bedarf entscheidenden Einfluß auf die Wirtschaft der DDR nahm, sondern daß eher umgekehrt aufgrund ihrer entwickelten industriellen Kapazitäten die DDR in die rüstungsindustrielle Arbeitsteilung der WVO eingespannt wurde. Die gesteigerte Komplexität der Waffensysteme und die daraus resultierenden technischen Verlagerungen wiesen der DDR unter den Rüstungsindustrien der WVO eine immer wichtigere Rolle zu. In der DDR-Literatur wird diese Verbindung zwischen der Entwicklung von Industrie und Waffensystemen folgendermaßen beschrieben:

«In der Zeit nach 1960 war es weiterhin nicht erforderlich, eine spezielle Verteidigungsindustrie aufzubauen. Zur matieriell-technischen Sicherung der Streitkräfte erbrachte die DDR in wachsendem Maße Leistungen, die der Struktur und dem Profil ihrer Volkswirtschaft entsprachen. Sie leistete als entwickelter Industriestaat entsprechend ihren Möglichkeiten einen zunehmend wachsenden Beitrag zur Stärkung der Verteidigungskraft des Sozialismus».[70]

Diese Hineinnahme rüstungsindustrieller Aufgaben in die traditionelle Industrie der DDR und die Dominanz der traditionellen Industrie bei der Lösung militär-technischer Probleme zeigt die Einrichtung eines Komitees beim Verteidigungsministerium 1961 an, das die Verwendung neuester Entwicklungen im zivilen Sektor für den militärischen Gebrauch zu untersuchen hat.[71]

Hinweise auf die unter Umständen auch mit erheblichen Nachteilen verbundene Anpassung der DDR-Rüstung an gemeinsame Prinzipien der WVO liefert in drastischer Weise die Entwicklung der DDR-Flugzeugproduktion. Diese setzt in der zweiten Hälfte der fünfziger Jahre mit eindrucksvollen Projekten ein. Damals wurde das sowjetische Transportflugzeug Iljuschin Il-14M im Flugzeugwerk Dresden-Klotzsche unter Lizenz gebaut (die erste Maschine wurde im Mai 1956 fertig); angeblich sind die zehn Iljuschin-Maschinen der Luftstreitkräfte aus eigener Fertigung. In jener Phase wurden weitere Flugzeugwerke in der Umgebung Dresdens errichtet, eines in Niedersedlitz, ein weiteres in Dresden-Heide. Ein von Professor Bruno Baade geleitetes Entwicklungsteam beschäftigte sich in Pirna-Sonnenstein (ebenfalls in der Nähe Dresdens) mit der Konstruktion moderner Flugzeuge. Ein in Pirna entwickeltes Düsentriebwerk mit der Typenbezeichnung «O14» ging beim VEB Industriewerke Ludwigsfelde in Genshagen südlich von Berlin in Produktion.[72]

Bemerkenswertestes Produkt der DDR-Flugzeugbauer war das viermotorige Düsentransportflugzeug Typ 152, dessen Prototyp am 4. Dezember 1958 erstmals flog. Sechs Maschinen befanden sich in verschiedenen Stadien der Fertigung, als dieses Programm ebenso wie die gesamte Flugzeugproduktion in der DDR abrupt abgebrochen wurde; auch von dem geplanten Nachbau des sowjetischen Transportflugzeuges Tu-104 war nicht mehr die Rede. Die 20000 Beschäftigten der Flugzeugindustrie erhielten andere Aufgaben, die Fachrichtung Flugzeugbau an der Technischen Universität Dresden wurde schlagartig aufgelöst, und die Studenten mußten andere Fächer wählen.[73] Diese Entscheidung zum Abbruch der Flugzeugfertigung, welche aller planerischen und ökonomischen Vernunft (berücksichtigt man die Vorleistungen der DDR) Hohn spricht, ist nur verständlich, wenn man eine massive sowjetische Intervention gegen das Programm unterstellt. Da Dokumente über den Vorgang nicht veröffentlicht wurden, wird man hier jedoch auf Spekulationen angewiesen bleiben.

Weder für die Eigenversorgung noch beim Export scheint die DDR ihre bescheidene Rüstungsfertigung ausweiten zu wollen. Der Entwicklungstrend ist eher gegenläufig, besonders wenn man sich den Produktionsverzicht bei Flugzeugen und technologisch anspruchsvolleren Großwaffen vor Augen hält. Freilich hat diese Politik in den Augen mancher Interpreten auch positive Aspekte. Ein polnischer Autor vertritt sogar die Auffassung, daß der Ausfall von Rüstungsproduktion Ursache für den relativen Wohlstand der DDR im Vergleich mit anderen sozialistischen Ländern ist:

«Viele Jahre lang gab es fast keine Fertigung von gefechtsfähigen Waffen in Ostdeutschland, und dies ist vielleicht einer der Gründe, warum ostdeutsche Zivilgüter die besten im Sowjetblock gewesen sind».[74]

Dem stehen Aussagen entgegen, daß die Sowjetunion die Kapazitäten zur Rüstungsfertigung in anderen sozialistischen Ländern ausweitet. 1974 heißt es in einem Grundsatzartikel:

«In Erfüllung ihrer internationalistischen Pflicht hilft die UdSSR ihren Bündnispartnern, eine moderne Verteidigungsproduktion aufzubauen, bildet Fachleute aus und überläßt ihnen die erforderlichen technischen Dokumentationen.»[75]

Der weitere Kurs der DDR-Rüstungsproduktion muß somit offenbleiben, und Prognosen sind schier unmöglich.

Tab. 3: Rüstungshandel der DDR
– US $ –

Jahr	Exporte		Importe	
	a)	b)	a)	b)
1963	5.0	6.8	135.0	184.1
1964	6.0	8.1	155.0	208.1
1965	6.0	7.9	148.0	195.1
1966	5.0	6.4	164.0	210.3
1967	5.0	6.2	147.0	182.7
1968	6.0	7.2	126.0	150.5
1969	6.0	6.8	126.0	143.6
1970	6.0	6.5	126.0	136.1
1971	5.0	5.2	126.0-	130.3
1972	2.0	2.0	320.0	320.0
1973	1.0	1.0	105.0	105.0
1974	2.0	2.0	410.0	372.0

a) in Dollarparität zu laufenden Kursen
b) deflationiert, Basisjahr 1972

Quelle: U.S. Arms Control and Disarmament Agency, World Military Expenditures and Arms Trade 1963–1973, Washington, D.C. o. J. (1974), S. 91; für 1973 u. 1974 Daten aus der Vorveröffentlichung der ACDA-Dokumentation in: International Defense Business, Vol. 8, No. 584, 7. 6. 1976, S. 3013.

6. Die NVA und die Analyse des politischen Systems der DDR

Von Peter W. Schulze

Trotz einer Vielzahl wissenschaftlicher Bemühungen ist zu konstatieren, daß im Westen eine umfassende, theoretischen Ansprüchen hinreichend genügende Analyse des DDR-Systems noch aussteht. Dies ist nicht zuletzt darauf zurückzuführen, daß die theoretische Reflexion über die nachkapitalistischen Gesellschaftsordnungen,[1] zu denen die DDR zählt, involvierter Probleme der allgemeinen Theoriebildung wegen nicht erfolgreich war. Bei der Analyse der DDR und anderer osteuropäischer, im «Rat für Gegenseitige Wirtschaftshilfe» (RGW) zusammengeschlossener Staaten, ergeben sich zusätzliche Probleme. Die Niederlage des deutschen Faschismus und die allmähliche Konstitution einer neuen (volksdemokratischen) Staatlichkeit im sowjetisch okkupierten Teil Deutschlands kann kaum als Resultat revolutionärer Klassenaktion des deutschen Proletariats interpretiert werden. Selbst die von M. Tukhachevsky beabsichtigte Vermittlung einer marxistischen Theorie der bewaffneten Auseinandersetzung mit der revolutionären Klassenaktion des Proletariats zu einer weiter gefaßten Revolutionstheorie, wie sie in seinem Konzept der «Revolution von außen»[2] erscheint, verlangt andere gesellschaftliche Voraussetzungen, als sie nach 1945 in der Sowjetischen Besatzungszone vorzufinden waren.

Obwohl Tukhachevsky die «absolute Gleichwertigkeit» der «inneren» und «äußeren» Revolution zum Zweck der Befreiung des Proletariats unterstreicht[3] und die Wahrscheinlichkeit eines Krieges zwischen bürgerlichen und proletarischen Staaten aus dem imperialistischen Stadium des Kapitalismus ableitet, macht er einen «offensiven sozialistischen Krieg» von wesentlichen Voraussetzungen abhängig.

Gegenüber der «inneren» Revolution, die sich die politische und militärische Organisation ihrer Verteidigung langsam in einem «langanhaltenden Bürgerkrieg» schaffen muß, und die so in ständiger Gefahr steht, von konterrevolutionären Kräften erstickt zu werden, bietet die von «außen» initiierte und vorgetragene Revolution der stürzenden Klasse den Vorteil, ihr sofort ein Instrument der Verteidigung in die Hand zu geben. Die Rote Armee des sozialistischen Staates, die einen offensiven Krieg führt, muß aber, um der bürgerlichen Propaganda der «Selbstverteidigung» und der «imperialistischen Invasion» erfolgreich zu begegnen, entweder die Offensive mit der «inneren» Revolution abstimmen, oder aber sie muß im Verlauf des Krieges kontinuierlich lokale revolutionäre Kräfte um sich scharen, die als Kern der neuen Staatlichkeit und einer «Roten Armee» fungieren können und von den Massen des betreffenden Landes unterstützt werden. Findet eine solche Vorbereitung nicht statt, so bleibt ein Desaster (wie etwa der Vormarsch der Roten Armee auf Warschau 1920 und die nachfolgende schwere Niederlage) nicht aus, denn keine «sozialistische Revolution kann durch Gewalt auferlegt werden.»[4] Die unstatthafte Analogie zu bürgerlichen Revolutionen des 19. Jahrhunderts, nämlich der napoleonische Export bürgerlicher Revolutionsideen auf französischen Bajonetten, die keiner Teilnahme revolutionärer Massen bedurften, entwertet den theoretischen Ansatz Tukhachevskys, nicht aber seine Relevanz für die Analyse strategischer Probleme des konventionellen Krieges, wie sie im Zweiten Weltkrieg auftraten.[5] Die nach dem Zweiten Weltkrieg geschaffenen Volksdemokratien in Osteuropa waren Nebenprodukte der Stalinschen Version einer «Revolution von außen». Sie stellten in erster Linie eine Art Faustpfand oder «cordon sanitaire» gegen anglo-amerikanische Offensivtendenzen dar. Da die Offensive der siegreichen Roten Armee weder mit einer Emanzipation des deutschen Proletariats zusammenfällt noch die deutsche Arbeiterklasse agitatorisch auf ihre Befreiung vom Faschismus vorbereitet werden konnte, reproduziert die 1945 einsetzende gesellschaftliche Transformation der SBZ simpel die wesentlichen Strukturmerkmale der sowjetischen Gesellschaft.

Die hieraus und verschärft durch die Spaltung Deutschlands entstehenden Probleme bei der Konstitution eines eigenen Staates sind hinlänglich bekannt und haben entscheidend die repressive politische Form des gesellschaftlichen Systems der DDR mitgetragen und verlängert.

Das Problem der *allgemeinen* Theoriebildung, das auf den Übergang von der kapitalistischen zur sozialistischen Gesellschaftsformation abstellt (kategorial die nachkapitalistische Gesellschaft als Gesellschaftsformation in der Übergangsperiode zu definieren sucht) – von den besonderen Schwierigkeiten der *partikularen* Theorie für einzelne RGW-Länder einmal abgesehen –, wird entscheidend von diesem Zusammenhang geprägt. Der spezifisch ausgeformte Widerspruch zwischen der DDR-Führung und der Bevölkerung, die enormen Legitimationsprobleme der politischen Führung, die schärfer als in anderen RGW-Ländern (z. B. Polen, Ungarn oder Rumänien) anhaltende Gängelung der Bevölkerung, das Drängen nach außenpolitischer Anerkennung der DDR gegenüber kapitalistischen und Ländern der Dritten Welt, sowie schließlich die besondere Rolle der Sicherheitsorgane in der DDR können nicht ausschließlich aus den inneren Bewegungen etwa der Akkumulation (– so etwa ein orthodoxer marxistischer Ansatz –) und der eingeschlagenen gesellschaftlichen Umwälzung abgeleitet werden. Neben den gravierenden Widersprüchen der sozioökonomischen Entwicklung – an die Stelle der «Assoziation der unmittelbaren Produzenten» hat sich eine Herrschaftsstruktur gesetzt, die ökonomisch und gesellschaftlich die arbeitenden Massen von der Leitung und Lenkung der Gesellschaft ausschaltet und ihre Selbständigkeit auf akklamatorische Äußerungen reduziert – erweist sich, daß das aufgestülpte sowjetische Entwicklungsmodell ungeheure Legitimationsprobleme geschaffen hat. Einerseits wurde so der Konstitutionsprozeß der politischen Organe (Staat, Verwaltung, Exekutiv- und Sicherungskräfte) beschleunigt; andererseits wurde gleichzeitig die Schaffung der neuen gesellschaftlichen und ökonomischen Produktionsweise gehemmt, weil die permanente staatliche Legitimationskrise den latenten, aber zuweilen auch offenen politischen Widerstand der Bevölkerung mobilisierte.

Diese miteinander verwobenen verschiedenen Widerspruchsebenen bestimmen die einzelnen Strukturen der nachkapitalistischen Gesellschaftsformation der DDR (Ökonomie, Politik, Ideologie) ungleichmäßig. Beispielsweise ist in der Ideologie und Politik (besonders in der Außen- und Verteidigungspolitik) die staatliche Autonomie der DDR eingeschränkt.

Konflikte reflektieren hier mehr oder minder mittelbar die innere Entwicklung des Klassenkampfes (und können sogar eine spezifische Version der Tukhachevskyschen Revolution von außen produzieren, nämlich die «konzertierte Reaktion von außen», wie im Falle der ČSSR 1968). In erster Linie treten in diesem Bereich jedoch die unterschiedlichen Interessen der jeweiligen nationalen Herrschaftsträger einander gegenüber, dominiert von der Allianzführungsmacht Sowjetunion.

In den übrigen Bereichen (etwa der Ökonomie und der Innenpolitik) reflektiert die weitgehend autonome politische Praxis des DDR-Staates die eigenen gesellschaftlichen Widersprüche und potentiellen Konflikte. Allenfalls solche Widersprüche, die aus der unmittelbaren Konfrontation mit kapitalistischen Ländern – besonders der Bundesrepublik und solchen Problemkomplexen wie Wiedervereinigung, innerdeutscher Handel, Technologietransfer, Währungsparität und Handelsrestriktionen – resultieren, wirken hier direkt. Die kombinierten Effekte von medienvermittelter westlicher Ideologie und höherem materiellen Lebensstandard tangieren die Gehorsamsbereitschaft der DDR-Bevölkerung. Sie hindern jedoch auch die autonome Handlungsfähigkeit (autonom gegenüber der Allianzführungsmacht) der staatlichen Apparate.

Die nur knapp an dieser Stelle skizzierten theoretischen Probleme müssen mit der Realanalyse der DDR, mit ihrem Akkumulations- und gesellschaftlichen Transformationstypus, mit der Form politischer Herrschaft in bestimmten historischen Konjunkturen des inneren und äußeren Klassenkampfes, sowie mit der Analyse einzelner Herrschaftsagenten vermittelt werden. Sowohl die verschiedenen historisch-materialistischen als auch normativ-funktionalistische Theorieansätze haben bislang jedoch nur begrenzten Erklärungswert für die Funktionsweise und

Existenzform der nachkapitalistischen Gesellschaftsform der DDR gehabt.

Das Konzept der *Totalitarismusforschung* hat mit seiner starren Orientierung auf den Vergleich zwischen der Herrschaft des Nationalsozialismus und der Einparteienherrschaft in der DDR zwar Phänomene beschrieben, aber sie nicht auf ihre gesellschaftlichen, ökonomisch vermittelten Bedingungen hinterfragen können. Die subtiler vorgehende *Konvergenztheorie* hat die offene antikommunistische Intention der Totalitarismustheoreme zwar verworfen und die Strukturen der DDR und anderer RGW-Staaten objektiver zu analysieren versucht. Sie verwendet differenziertere Kategorien als die simplen Schemata der Totalitarismusforschung – ohne sich aber des Dilemmas bewußt zu werden, daß die verwendeten Begriffe und die darin eingegangenen Vorstellungen einen unterschiedlichen sozioökonomischen Bezugsort haben –; entsprechend können sie nur Gleichförmigkeiten auf der Oberfläche beider Gesellschaftssysteme untersuchen, nicht aber den Stellenwert einzelner Instanzen, Strukturen und Verhältnisse in der neuen Gesellschaftsformation angehen. Diese Kritik gilt auch für die moderneren empirischen und funktionalistischen Ansätze der Eliten- und Interessengruppenforschung, wie sie vor allem in den USA unter dem Eindruck behavioristischer Fragestellungen der Politikwissenschaft entwickelt wurden. In diesen Ansätzen erscheint zwar das Postulat, eine unterschiedliche Gesellschaftsordnung bei ihrem eigenen Anspruch zu packen. Trotz dieser Prämisse bleiben die Forschungsergebnisse «seriell» (Sartre) und werden für die Konstitution einer Theorie derartiger Gesellschaften nicht fruchtbar gemacht.

Die «Interessengruppentheorie» hat zwar die unzulässige Vorstellung monolithischer gesellschaftlicher Einheiten (Partei, Staat) aufgegeben und dagegen die Fraktionierungen innerhalb der gesellschaftlichen Klassen zum Gegenstand der Analyse gemacht. Ihr Ansatz reflektiert aber ebenfalls Vorstellungen, die kapitalistischen Gesellschaftsformationen zugrunde liegen; trotz akribischer empirischer Arbeit (in der etwa die soziale Zusammensetzung von staatlichen, politischen und ideologischen Trägergruppen, ihre Sozialisations- und Karrieremuster, der Wechsel ihrer Tätigkeiten und ihre Verbindung zur Partei dargestellt werden) bleiben systematische Fragen offen. Solche Fragen sind die nach der Besonderheit der Herrschaftssynthese in der DDR, nach dem Verhältnis von Politik und Ökonomie, oder auch, warum in der historisch spezifischen Situation die Herrschaftstechniken in der DDR diesen und keinen anderen Charakter haben. Im Effekt behält auch dieser Ansatz unbefragt die normative Position der Totalitarismusforschung bei und operiert pragmatisch.[6] Auf der Gegenseite befriedigen die unter den Sammelbegriffen «Theorie der Übergangsgesellschaft» und «Staatskapitalismus» vorgetragenen Erklärungsversuche bislang auch nicht.

Sicher ist zutreffend, daß sich die DDR seit ihrer Konstitution in einem Umwälzungsprozeß befindet, der – folgt man dem offiziell erklärten Selbstverständnis – augenblicklich ein Stadium des «entwickelten Sozialismus» durchläuft, vorgeblich auf dem Weg zum Kommunismus. Kritiker der ostdeutschen Gesellschaftsordnung interpretieren solche willkürlich verordneten Etappen eher als Versuche der DDR-Führung, prophylaktisch auf befürchtete Massenkritik zu antworten.

Nicht zufällig sind derartige Schritte im Anschluß an den 24. Parteitag der KPdSU 1971 im gesamten europäischen Bereich des RGW zu verzeichnen; sie reflektieren die Revolte der polnischen Werftarbeiter 1970/71. Die zukunftsweisende Beschreibungsformel vom «entwickelten sozialistischen Stadium der Gesellschaft» soll suggerieren, daß ein wissenschaftlich begründeter, planvoller Weg zum Kommunismus vorliege, daß die Partei im Sinne dieses Entwurfs als einzige Instanz des weiteren Fortschritts handele, und daß mit der neuen Etappe die Fehler und Irrtümer der alten vorbei sind, nicht wiederholt werden und überhaupt alles besser werde. Mit einem solchen Manöver stellt sich die politische Führung an die Spitze einer noch ungerichteten, zu ihrem politischen Bewußtsein nicht gelangten Kritik. Sie sucht Protesthaltungen in affirmative Hoffnungen umzubiegen; die in Aussicht gestellte materielle Besserstellung, verbunden mit der Orientierung auf neue Konsumhaltungen, stellt die Bemühungen der Partei, Massenloyalität zu festigen und potentielle Konfliktstoffe abzuschirmen, auf eine ökonomische Grundlage. Folgt man den Thesen dieser Kritik, so deutet der instrumentale Gebrauch von Beschreibungsformeln auf reale Herrschaftsverhältnisse. Der konstatierte soziale Wandel fördert keine emanzipatorischen Inhalte sozialistischer Verkehrs- und Lebensformen; er drängt vielmehr die Partizipation der Bürger auf entpolitisierte Einzelbereiche. Dieser Prozeß erscheint auf der Oberfläche als gesellschaftlicher Stagnationsprozeß, der die Verkrustung der politischen, administrativen, repressiven und ideologieproduzierenden Apparate manifest macht.

Das überaus hohe Maß an Zentralismus in der DDR, die enorme Aufblähung der Gewaltapparate, die drastische materielle Priviligierung von leitenden Gruppen in Wirtschaft und Politik, der Zwang zur affirmativen Betätigung der Bevölkerung in Wirtschaft und Gesellschaft sind kaum Kennzeichen, die allein aus dem Drohcharakter der kapitalistischen Systeme erklärt werden können; sie machen zudem die DDR als fortschrittliche Gesellschaftsordnung für westeuropäische Arbeiter kaum erstrebenswert. Eher umgekehrt bewirkt die «Deformiertheit» sozialistischer Praxis in der DDR, daß antikommunistische Ideologien in den Köpfen der westdeutschen Arbeiter weiter reproduziert werden und den Blick auf sozialistische Alternativen verstellen.

Die widersprüchliche Realität der DDR und anderer nachkapitalistischer Gesellschaftsordnungen hat weitaus mehr Fragen aufgeworfen, als die alten Textstellen bei Marx und Engels über die zukünftige Gesellschaftsform abdecken können. Auch die verschiedenen Bürokratietheoreme (Trotzki, Rizzi, Bettelheim) zur Analyse des Herrschaftssystems erwiesen sich für die Theoriebildung und Realanalyse als wenig ergiebig.[7]

Ihre Aussagen über den Herrschaftscharakter in diesen Gesellschaften schwanken zwischen konzeptionellen Begriffen wie «privilegierte Kaste», «Usurpatorenbürokratie», «Bonapartismus», «Bürokratischer Kollektivismus», «Technokratie» und «neuer Klasse» («rote Bourgeoisie», «Staatsbourgeoisie» etc.). All diesen Varianten ist gemeinsam, daß sie die Analyse der bestehenden Herrschaftsstruktur nach dem hervorstechendsten und dominanten Merkmal der neuen Ordnung ausrichten, dem Staat.

Weil sie aber die Existenzform des Staates und damit seiner Agenten – als Funktionsträger des staatlichen Eigentums – ökonomisch nicht vermitteln oder ableiten, sondern etweder als politische Erscheinung begreifen (Elite-, Kasten-, Schichttheoreme), oder aber mit Kategorien der Politischen Ökonomie des Kapitalismus zu fassen suchen (Theorem der Staatsbourgeoisie), bleibt die klassenanalytische Bestimmung unbefriedigend oder (in den Fällen, wo sie erfolgt) willkürlich. Sie basiert nicht auf der Analyse der sozioökonomischen Existenzform der DDR und ihrer spezifisch daraus bestimmten politischen Struktur.

Unserer Einschätzung nach sollte eine theoretische Bestimmung der Herrschaftsverhältnisse in der DDR, die den Bezugsrahmen für die Interpretation der Rolle der NVA als Sicherungs- und Integrationsinstrument gibt, die aber auch die NVA als relevanten Teil der Herrschaft anerkennt, von folgenden Überlegungen ausgehen:

1. Die DDR als Rumpfstück des kurzlebigen deutschen Zentralstaates, dessen administratives Zentrum, umgeben von agrarisch orientierten Regionen und sekundären Industriezonen, nach der Teilung von den wichtigsten Produktionszonen des ehemaligen Deutschen Reiches getrennt zu existieren hatte, teilte mit anderen osteuropäischen Staaten das Schicksal, ein politisches System und eine Sozial- und Wirtschaftsordnung überstülpt zu bekommen.

Die Legitimationslosigkeit des Systems, seine innere und äußere Labilität, machten einen enormen Gewaltapparat notwendig, der permanent auf die übrigen Strukturen (Ideologie und Ökonomie) einwirken mußte, damit diese, im Sinne der neuen politischen Qualität umgewälzt wurden. *Die Konstitution der DDR-Gesellschaft erfolgt von der politischen Struktur, d. h. vom Staat her.*

Die Dominanz des Politischen in jeder nachkapitalistischen Gesellschaftsformation wird im Falle der DDR noch dadurch verstärkt und überhöht, daß sie nicht Produkt eines genuinen revolutionären Prozesses ist, daß diese – obwohl die Bevölkerung nach Ende der NS-Herrschaft für die Vorzüge anderer Gesellschaftssysteme durchaus offen war – über keine Massenloyalität verfügte, ja diese erst repressiv herstellen mußte.

2. Einsatz und Verfügung über die Produktionsmittel werden über den Staat vermittelt. Die staatliche Praxis durchdringt alle Bereiche des gesellschaftlichen Lebens und reguliert sie. Die gesellschaftliche Lenkung und Leitung durch die dominante politische Instanz taucht die singulären Praktiken in einzelnen Bereichen der gesellschaftlichen Reproduktion in das «herrschende» Licht und läßt sie nicht mehr «rein» (als bloß ökonomische, als nur kulturelle etc.) erscheinen. Sie treten ausschließlich kombiniert auf.

Die Verbindung des Politischen mit allen übrigen Strukturen und Instanzen deutet den sozialistischen Kombinationstypus von Produzent und Produktionsmittel an, wie er prinzipiell durch freie Assoziationen der Arbeiter in der Produktion theoretisch bestimmt ist und in der wirklichen Erscheinung als Fabrikrat oder in der Sphäre gesellschaftlicher Reproduktion als unmittelbares Artikulationsorgan der werktätigen Massen auftreten würde. Eine solche hypothetische Form der gesellschaftlichen Synthesis implizierte, daß der bestehende Staat den Charakter ausbeuterischer Klassenherrschaft abgestreift hätte. Die Leitung und Kontrolle gesellschaftlicher Prozesse wäre nicht Aufgabe abgehobener Leitungsinstanzen (Verwaltung, Planung, Produktion, Sicherheit), sondern würde der direkten sozialen Partizipation und Verantwortung dieser Räte unterliegen.

Die besondere Entstehungsgeschichte der DDR hat einen solchen Kombinationstypus nicht hervortreten lassen. Die kombinierte Wirkung von «äußerer Revolution» ohne Massenbasis, von fehlender sozialistischer Intelligenz und befürchteter äußerer Bedrohung haben den repressiven «Vergesellschaftungsprozeß» scheinbar legitimiert und teilweise davon abgelenkt, daß sich darin lediglich mit bestimmten Besonderungen das sowjetische Transformationsmodell reproduzierte.

Die sowjetische Geschichte illustriert aber das Zusammenwirken beider Bedingungen zur Eliminierung der zunächst durchaus lebendigen freien Assoziationsformen im russischen Proletariat. Für die DDR war keine Möglichkeit einer eigenständigen sozialistischen Alternative gegeben. Die gesellschaftliche Umwälzung in der ökonomischen, politischen und ideologischen Struktur der DDR stand daher auch nicht in Gefahr zu denaturieren, zu verkrusten oder sich gegen die ursprüngliche, revolutionäre Intention zu kehren.

Da ein gesellschaftlicher Träger sozialistischer Politik nicht bestand, war die Vervollständigung der Herrschaftsapparate nicht Resultat eines historischen Prozesses, sondern dessen Apriori.

Die Liquidierung der demokratischen Inhalte der antifaschistischen Phase impliziert allenfalls die Auflösung der Dimitroffschen Volksfrontkonzeption als Vehikel des Klassenkompromisses. Darin kommt nur mittelbar die Konsolidierung der Herrschaft und die Abwesenheit proletarischer Praxis in der Politik der Staaten zum Ausdruck.

Der staatliche Konstitutionsprozeß in der DDR verläuft innerhalb der politischen Struktur. Er dringt von dort in die übrigen gesellschaftlichen Bereiche vor und durchläuft mehrere Stadien, in denen sich nach den Funktionen des Staatseigentums arbeitsteilig gegliederte Agentengruppen auf den Ebenen der gesellschaftlichen Reproduktion herausschälen.

Im Unterschied zu den Verhältnissen in der Sowjetunion setzt der Konstitutionsprozeß der neuen Herrschaften – sie umfaßt im wesentlichen zwei große Fraktionen, die sich wiederum in einzelne Abteilungen unterscheiden lassen – nicht die Liquidation anderer Ansätze und Konzepte voraus. Die Herrschaftskonstitution vollzieht sich vielmehr von Anfang an im Rahmen des sowjetischen Akkumulations- und Transformationsmodells unter dem Schutz der Roten Armee.

Trotz aller sekundären bürgerlichen Klassenmerkmale der neuen Herrschaft bleibt ihre eventuelle regressive Entwicklung zum Kapitalismus an der negativen Schranke des Staatseigentums stehen. Als Gesamtherrschaft vermag sie ihre besonderen Interessen nur annähernd durchzusetzen. Dies gelingt ihr, wenn sie diese Interessen als allgemeingesellschaftliche ausgeben und verwirklichen kann.[8] Damit steht die Herrschaft aber unter dem permanenten Druck, die materielle Lebenssituation der Arbeiter zu verbessern.

An der Erfüllung dieser Aufgabe hängt ihre Existenz, und in der ambivalenten Verfolgung ihrer eigenen Interessen macht sich der progressive Schein ihrer «historischen» Funktion fest.

Dem steht als gesellschaftlich nicht legitimierte Herrschaft ihre reaktionäre Funktion gegenüber. Sie ergibt sich auf Grund der spezifischen Dominanz des «Staates» (Politischen) in der Gesellschaft. Da jede Tätigkeit, selbst in den entferntesten Bereichen gesellschaftlicher Praxis, nicht mehr als einfache, gegenstandsbezogene Äußerung, sondern als politische kombinierte Praxis auftritt, steht die DDR-Führung unter der permanenten Anstrengung, jede mögliche Autonomisierung politischer, kultureller, ökonomischer Aktivitäten zu unterbinden.

Diese Konstruktion schließt alternative Kritikinstanzen außerhalb von Partei und Staat aus. Jeder Versuch, autonome Kritik zu initiieren, stößt auf das Leitungsmonopol der Herrschaft und kann nur administrativ oder instrumentell behandelt werden.

3. Bevor wir an die Analyse der Führungsgruppen auf der Grundlage dieser allgemein theoretischen Überlegungen gehen, ist es nötig, einige Aussagen zum Herrschaftscharakter in der Gesellschaftsformation der DDR vorauszuschicken.

Grundlage der Analyse ist die tendenzielle Dominanz des Politischen auf der Basis nationalisierten Eigentums. Den Apparaten der staatlichen

Ordnung und den politischen Organisationen kommt die Aufgabe zu, die Richtung der gesellschaftlichen Umwälzung festzulegen, die Eigentumsverhältnisse zu sichern und die bestehende Ordnung gegen Übergriffe von außen zu schützen.

Die nationalisierte Form von Eigentum an den Produktionsmitteln, dessen Sachverwalter die staatliche Gewalt ist, bestimmt als gesellschaftliches Gliederungskriterium die Stellung und Funktion einzelner Gruppen im System der gesellschaftlichen Reproduktion. Da sich die Produzenten nicht individuell und privat auf die Produktionsmittel beziehen (formale Gleichheit), sondern nur kollektiv und über den Staat, wird die *tatsächliche* Verfügung über das ökonomische Eigentum zum bestimmenden Verhältnis in der Gesellschaft.

Zur engeren Bestimmung von Herrschaft in der DDR kann man festhalten, daß die Agenten des staatlichen Eigentums (darunter fassen wir zunächst noch undifferenziert all jene Funktionsträger, die zur Erhaltung der gesellschaftlichen Produktion notwendig sind, die ein bestimmtes Maß an materieller und sozialer Privilegierung auszeichnet) die freie Assoziation der unmittelbaren Produzenten substituiert haben. Die Arbeiter sind ökonomisch in der Produktion und politisch in der gesellschaftlichen Sphäre von entscheidenden Einflußnahmen auf die Leitung ausgeschlossen. Ihre Partizipation beschränkt sich de facto auf nachträgliche Akklamation, auf ritualisierte Wahlprozesse und auf zusätzliche Arbeitsverpflichtungen im «sozialistischen Wettbewerb».

Die politische Verfassung einer Gesellschaft oder bestimmte Stadien, die sie durchläuft, lassen Rückschlüsse auf die verwendeten Herrschaftstechniken und auf die Dominanz einer bestimmten Fraktion (oder einer Allianz von verschiedenen Subfraktionen) der Führungsgruppe zu. Mit derartigen Schlußfolgerungen kann es gelingen, diejenigen hegemonialen Konstellationen ausfindig zu machen, die eine bestimmte Epoche oder einen Entwicklungsabschnitt der DDR bestimmt haben. An dieser Stelle müßte die genauere Untersuchung einsetzen (z. B. «Antifaschistische Periode», Phase vor den Wirtschaftsreformen und die Veränderungen innerhalb des «Neuen Ökonomischen Systems» in den sechziger Jahren).

4. Gemäß dem Konzept von Tukhachevsky über die «Revolution von außen» gelangt die Arbeiterklasse an militärische Spezialisten und verfügt sogar über ein Verteidigungsinstrument. In diesem Punkt unterscheidet sich die Geschichte der DDR beträchtlich von der der UdSSR. Während sich für alle gesellschaftlichen Bereiche der UdSSR im Verlauf des Bürgerkriegs das Problem der «Spezialisten» – da eine eigene proletarische Intelligenz nicht vorhanden war[9] – mit zunehmender Schärfe stellte, kann die DDR auf Teile der alten Intelligenz und auf ökonomische und militärische Kader zurückgreifen, die von der UdSSR gestellt werden.

Zwar gelingt es weder in der UdSSR noch in der DDR, die politischen und wirtschaftlichen Apparate des alten Systems vollständig zu liquidieren; eher dringen die Funktionsträger dieser Apparate in die kommunistischen Parteien ein und bilden mit Teilen der politischen Kader eine neue Herrschaftssynthese.[10] Aber es gelingt in der UdSSR, den militärischen Apparat des alten Systems zu destruieren. Die kombinierten Wirkungen von Antikriegsagitation der Bolschewiki und die Zersetzung der Bauernarmee durch spontane Landnahmen waren die Voraussetzung. In Deutschland wurde die Wehrmacht durch die Anti-Hitler-Koalition zerschlagen.

In beiden Fällen wäre es möglich gewesen, eine militärische Konzeption zu entwerfen und zu verwirklichen, die annähernd sozialistischen Formen (Rätestrukturen, Wählbarkeit der Vorgesetzten, keine hierarchische Gliederung, revolutionäre gegen repressive Disziplin) entsprochen hätte. In der UdSSR wurde gegen massiven Widerstand in der Partei[11] eine reguläre Armee in der herkömmlichen Form aufgebaut, weil eine proletarisch-militärische Konzeption nicht durchführbar war. Trotzkis Version einer Armee, deren Kern aus Arbeitern bestehen sollte, blieb Fiktion. –

Die besondere Form der Gestaltung des Gewaltapparates des neuen Sowjetsystems sollte für die gesellschaftliche Entwicklung der UdSSR gravierende Folgen haben; der Typus der Roten Armee prägte später auch andere Streitkräfte wie etwa die der DDR.

Das Offizierskorps der Roten Armee wurde zum großen Teil aus ehemaligen Offizieren des zaristischen Systems gebildet, denen politische Kommissare beigegeben wurden. Die Masse der Soldaten stellten die Bauern, während das proletarische Element lediglich 15–18 Prozent ausmachte. Die Armee verfügte weder über ein ausreichend politisches Klassenbewußtsein, noch kann man davon sprechen, daß sie in den proletarischen und bäuerlichen Massen verankert war.[12] Gegen eine proletarische Konzeption der Armee – Trotzkis Forderung – stand die soziale Zusammensetzung der Armee, die ein Spiegel der sozial-ökonomischen Rückständigkeit, der Zerstörung des Produktionspotentials, der Dominanz des bäuerlichen Klassenelementes, kurz der «Tendenzen der sowjetischen Gesellschaftsordnung»[13] war. Die Rekonstruktion des militärischen Apparats stand daher unter dem Zeichen absoluten Zwanges. «Keine andere gesellschaftliche Organisation mit Ausnahme der Armee hat sich berechtigt gehalten, sich die Bürger in einem solchen Maß unterzuordnen, sie in solchem Maß von allen Seiten durch ihren Willen zu umfassen, wie dies der Staat der proletarischen Diktatur tut und zu tun sich für berechtigt hält. Nur der Armee – . . . – wurde das Recht erteilt, von allem und jedem volle Unterordnung unter ihre Aufgaben, Ziele, Satzungen und Befehle zu fordern.»[14]

In diesem Sinne wehrte Trotzki alle Versuche einer Demokratisierung der Armee ab und stellt sich frontal gegen Soldatenräte, von denen er behauptet, daß ihre Anwendung in der Armee «unzulässig, ungeheuerlich, mörderisch» ist, daß sie Ausdruck eines «chaotischen Pseudodemokratismus» seien.[15]

Der autoritäre Charakter des Militärapparats in der UdSSR trug mit zur Ausschaltung von Basisaktivitäten der Arbeiter in der Produktion bei. Die notwendige Anwendung von Zwang als äußerlichem Zentralisierungsprinzip gegen die Masse der Bauern greift auf andere gesellschaftliche Bereiche über (Tendenz zur Militarisierung der Arbeit) und steht den Interessen der Arbeiter entgegen. Auf einer neuen industriellen und gesellschaftlichen Grundlage – etwa nach Beginn der Fünfjahrespläne – verändert sich die innere Struktur der Roten Armee wenig. Die hierarchisierenden Tendenzen verstärken sich und werden in Äußerlichkeiten (Rang-, Entlohnungs- und soziale Unterschiede) sichtbar. Die gespaltene militärische und politische Führungsstruktur der Roten Armee wird auch für die NVA bedeutungsvoll. Es ist bekannt, daß die DDR-Führung in der Frühphase der Entwicklung der NVA ohne Umschweife – so scheint es – auf Offiziere der ehemaligen Wehrmacht zurückgegriffen hat, ohne sich sonderlich um deren soziale Herkunft oder auch nur frühere Parteizugehörigkeit zu kümmern.

Zur Relevanz der Führungskader der NVA als spezifischem Teil der Herrschaftsstruktur in der DDR läßt sich sagen, daß sie längst nicht über die politische Präsenz verfügen, die die Militärbefehlshaber in den obersten Rängen des sowjetischen Herrschaftssystems innehaben. Neben der wirksamen Einbindung des DDR-Militärapparates in die Warschauer Vertrags-Organisation (WVO) fehlt ein wichtiger Bündnispartner: eine potente Rüstungsindustrie. Die militärischen Kader der NVA sind privilegierte Teilhaber der Herrschaft; diese ist sowohl an externe Bedingungen (Bedrohung aus dem Westen) als auch an die Entwicklung der internen Klassenauseinandersetzungen gebunden.

Aus der doppelten Überlagerung und Bindung der militärischen Führungsgruppe, nämlich an die politischen Instanzen (d. h. an die jeweilig fungierende hegemoniale Fraktion) im eigenen Staatsbereich und an die WVO (d. h. besonders an die Allianzführungsmacht UdSSR), kann von einer Verselbständigung dieser Gruppe in der DDR kaum gesprochen werden.

Ihr Einflußbereich auf die Bestimmung des innenpolitischen Klimas (zunehmende Repression gegen politisch oppositionelle Zirkel) oder auf die Außenpolitik (Stellungnahmen gegen die Entspannung) kann nur mit einer entsprechenden Haltung der politischen, staatlichen und parteilichen Instanzen einhergehen.

Autonome oder initiative Wirkungen auf die politische Praxis der DDR sind von den Militärs nicht zu erwarten. Diese Aussage betrifft allerdings nicht die Rolle der gesamten militärischen Macht innerhalb der Gesellschaft. In ihrer Funktion als Integrations- und Vereinheitlichungsinstrument gewinnt die NVA für die Loyalitätsfixierung der Bevölkerung nach dem Ende der staatlichen Konstitutionsphase (nach Auffassung des Autors in den frühen sechziger Jahren zu datieren) erheblich an Bedeutung. Sie wirkt ideologisch – durch die allgemeine Wehrpflicht – in die Bevölkerung und fördert herrschaftliche Interessen, weil sie Aktivitäten der Basis auf äußere Feindbilder ablenkt.

7. «Sozialistische Wehrerziehung» in der DDR

Von Heidrun Rodejohann-Recke

Ausgangspunkt der Untersuchung ist die Frage, wie die Intensivierung der Wehrerziehung in der DDR - besonders auch nach dem VIII. Parteitag der SED – zu erklären ist, die offensichtlich im Widerspruch zu den Entspannungsbemühungen in Europa steht.

Welchen Stellenwert nimmt die Wehrerziehung im Bildungs- und Erziehungssystem der DDR ein?

Im einheitlichen Bildungs- und Erziehungssystem der DDR spielt die politisch-ideologische Erziehung der (jungen) Menschen eine wichtige Rolle. Ähnlich wie in den westlichen Theorien zur Sozialisation wird in der sog. marxistisch-leninistischen Erziehungskonzeption Bildung und Erziehung als ein Prozeß aufgefaßt, in dem sowohl Kenntnisse als auch Einstellungen, Haltungen, Motivationen, Verhaltensweisen angeeignet werden.[1] In Abgrenzung von Sozialisationstheorien der Bundesrepublik wird die Persönlichkeitsentwicklung nicht nur als Prägung und Herausbildung von klassen- und schichtspezifischen Einstellungen und Verhaltensweisen, sondern auch als Prozeß der «systematischen Aneignung» (Neuner) der durch die gesellschaftliche Ideologie vermittelten Erkenntnisse und Erfahrungen verstanden,[2] der von den Erziehungsträgern in planvoller Arbeit zu untersützen ist. In der Definition von Neuner wird als Erziehung der Prozeß der zielgerichteten pädagogischen Einwirkung auf die «sozialistische» Persönlichkeit bestimmt, der «auf die Ausbildung von Grundüberzeugungen und komplexen Charakterqualitäten, also des sozialistischen Bewußtseins und Verhaltens in einem engeren Sinne, gerichtet ist».[3] Auf die Persönlichkeit bezogen bedeutet Erziehung «die Aneignung jener Elemente der menschlichen Kultur . . ., die für die Ausbildung des sozialistischen Bewußtseins und Verhaltens unmittelbar von Bedeutung sind, also der sozialistischen Ideologie und der gesellschaftlich-sozialen Anschauung, Traditionen und Erfahrungen».[4] Die Einwirkung auf den Menschen, besonders aber auf die Kinder und Jugendlichen findet in der Familie, den Kinder- und Jugendorganisationen, den allgemeinbildenden Schulen, den Hoch- und Fachschulen, den Betrieben und den Streitkräften statt. Der Erziehungsprozeß soll in Einheit von wissenschaftlicher Bildung und ideologischer Erziehung im gesamten Unterricht der Schulen/Hochschulen sowie in der außerunterrichtlichen und außerschulischen Bildungsarbeit durchgeführt werden. Aktuelle Schwerpunkte der Bildung und Erziehung sind nach einem Standardwerk zur «sozialistischen» Erziehung:[5]

1. die politisch-ideologische (weltanschauliche) Erziehung
2. die moralische Erziehung
3. die patriotische und internationalistische Erziehung, bzw. die Wehrerziehung
4. die Arbeitserziehung
5. die Kollektiverziehung in den Kinder- und Jugendorganisationen
6. die ästhetische und künstlerische Erziehung
7. die Organisation der Erziehungsarbeit.

Das Jugendgesetz der DDR vom Januar 1974[6] bildet den Endpunkt einer Entwicklung, die auf die Erziehung zur Verteidigungsbereitschaft sowie die vormilitärische Erziehung als Bestandteil der Bildung und Erziehung in allen gesellschaftlichen Institutionen zielt.

Bei der Beschreibung und Analyse der Ziele und Inhalte der Wehrerziehung ergeben sich methodische Schwierigkeiten, auf die kurz einzugehen ist. Es ist sehr schwierig, von den ideologischen Zielsetzungen der allseitigen Entwicklung «sozialistischer» Persönlichkeiten, dem «Soll-Bild» (Neuner), auf die tatsächlichen Erfolge der Wehrerziehung zu schließen, da jede systematischere empirische Überprüfung[7] dieser Frage angesichts der politischen Situation in der DDR ausgeschlossen erscheint. Um nur einen Punkt zu nennen, sei darauf verwiesen, daß selbst Dissertationen zur Wehrerziehung aus der DDR für die Ausleihe gesperrt sind – jedenfalls war das die Erfahrung bei der Vorbereitung dieser Arbeit.

Bei der Wehrerziehung handelt es sich ja um Forderungen nach in der Zukunft anzustrebenden Einstellungen, Überzeugungen, Charaktereigenschaften und Verhaltensweisen der «sozialistischen» Persönlichkeit gegenüber der militärischen Verteidigung. Diese ideologischen Aussagen besitzen aber insofern Realitätsgehalt, als damit die Absicht verbunden wird, die DDR-Bürger und besonders die Jugend «zu bestimmten Verhaltensweisen zu veranlassen, um bestimmte Klasseninteressen durchzusetzen. Die politische Sprache und die Agitation dienen also nicht in erster Linie der sprachlichen Formulierung wahrer Aussagen, sondern der Beeinflussung des Bewußseins der Menschen, an die sie sich wenden, und zwar mit dem Ziel, diese zu einer bestimmten Verhaltensweise zu veranlassen, bzw. die Wahrscheinlichkeit für solche Verhaltensweise zu vergrößern».[8] Daher nimmt die Wehrerziehung auch in der ideologischen Auseinandersetzung mit dem Klassengegner und in der ideologischen Offensive gegen die «Diversionsabsichten» der Bundesrepublik einen besonderen Stellenwert ein.

In den folgenden Ausführungen geht es neben einer Darstellung um das Aufzeigen von Widersprüchen zwischen den Maßnahmen des «sozialistischen» Staates im Bildungsbereich zur verstärkten Wehrerziehung der Kinder und Jugendlichen, der sog. marxistisch-leninistischen

Erziehungskonzeption zur allseitigen Persönlichkeitsentwicklung, und den Interessen und Bedürfnissen der «sozialistischen» Menschen. Inwiefern werden durch den verstärkten Ausbau des Systems der Wehrerziehung in den Kinder- und Jugendorganisationen, der Schule, der Hoch- und Fachschule und im Betrieb Widersprüche in der «entwickelten sozialistischen Gesellschaft» der DDR zwischen den Zielen des Sozialismus, den Erziehungs- und Bildungszielen, den Bedürfnissen der Kinder und Jugendlichen sowie den Anforderungen der Streitkräfte verschärft? Hierüber gibt es in der pädagogischen Literatur der Bundesrepublik nur spärliche, zumeist antikommunistisch gefärbte Informationen.[9] Mit der Beschreibung der historischen Entwicklung der Wehrerziehung, ihrer Ziele und Inhalte wird daher die Intention verbunden, sowohl zu einer sachlichen Information über das Thema als auch zu einer Bewertung der Funktion der Wehrerziehung im Rahmen der Bildungs- und Militärpolitik des «sozialistischen» Staates und der Partei beizutragen. Zum anderen soll in ideologiekritischer Absicht die Funktion der verstärkten Wehrerziehung in der «entwickelten sozialistischen Gesellschaft» der DDR erfragt werden.

1. Zur historischen Entwicklung bis 1971

Noch bevor die NVA im Jahre 1956 offiziell in Erscheinung trat,[10] wurde bereits 1952 mit der Gründung der «Gesellschaft für Sport und Technik» (GST) eine Massenorganisation geschaffen, die u. a. zur Vorbereitung künfiger DDR-Streitkräfte die wehrsportliche Ertüchtigung der Bevölkerung, besonders der Jugendlichen, und die Organisation der vormilitärischen Ausbildung in Zusammenarbeit mit der Freien Deutschen Jugend (FDJ) voranzutreiben hatte.[11] Lagen die Aufgaben der GST in den ersten Jahren vornehmlich im Bereich der Schaffung eines sowohl militärisch wie politisch-ideologisch qualifizierten Potentials an Männern, die zum Eintritt in die «Kasernierte Volkspolizei» (KVP) und die Kampfgruppen bereit und befähigt waren, so verlagerte sich der Schwerpunkt der Arbeit der GST nach Einführung der allgemeinen Wehrpflicht im Januar 1962. Die Aufgaben der GST erfaßten nun sowohl die vormilitärische Ausbildung der 14- bis 25-jährigen Jugendlichen, die wehrsportliche Massenarbeit und den Leistungssport[12], als auch die Vorbereitung auf den Dienst in Spezialeinheiten der NVA. Nach Ansicht der Initiatoren war die wehrpolitische Erziehung[13] und die wehrsportliche Ertüchtigung der Jugendlichen nur in enger Zusammenarbeit mit dem Jugendverband (FDJ) zu leisten.

Von 1962 an wurden bei den Räten der Bezirks- und Kreisleitungen der SED zur umfassenden Leitung und Kontrolle der Wehrerziehungsarbeit «Kommissionen für sozialistische Wehrerziehung» gebildet, denen neben zwei bis drei Vertretern der Bezirks- bzw. Kreisleitung je ein Vertreter der GST, der FDJ, des Deutschen Turn- und Sportbundes (DTSP), der SED-Bezirksleitung, der NVA, des Wehrkreiskommandos und des Rates des Bezirkes angehörten.[14] Hauptsächlich sollten diese Kommissionen durch die zuständigen Leitungen der SED Maßnahmen zur Wehrerziehung planen und koordinieren und über den erreichten Stand der Wehrerziehung Rechenschaft ablegen. Ort dieser Maßnahmen zur Förderung der Wehrerziehung waren neben den Massenorganisationen die staatlichen Institutionen, die Schulen, die Hochschulen und die Betriebe.[15] Zusätzlich betrieben die Kommissionen eine rege Öffentlichkeitsarbeit.

Eine Reihe von Gesetzen, Beschlüssen und Richtlinien staatlicher Institutionen hatte seit 1964 die Aufgabe, die Wehrbereitschaft der Bevölkerung, besonders die der Jugendlichen, zu erhöhen. Sie sollten die Intensivierung der politisch-ideologischen Erziehung und die verstärkte Einbeziehung aller Jugendlichen in die vormilitärische Ausbildung gewährleisten.[16] Dabei läßt sich die Tendenz beobachten, daß die Wehrerziehung, bis dahin vornehmlich von den gesellschaftlichen Massenorganisationen (Pionierorganisation, FDJ, Parteien, Gewerkschaften) und der GST sowie der NVA getragen, seit dem Ende der sechziger Jahre verstärkt in alle Bereiche des einheitlichen Bildungs- und Erziehungssystems integriert wurde. Dazu parallel lief der Versuch, die Wehrerziehung – mit dem Ziel der Wehrbereitschaft und Wehrfähigkeit aller Bürger der DDR – zu einem festen Bestandteil der politisch-ideologischen Erziehung zu machen. Diese Erziehungsbemühungen waren in allen gesellschaftlichen und staatlichen Institutionen, in den Massenorganisationen und in der Öffentlichkeitsarbeit durchzuführen.[17] Zutreffend faßte der zweite Bericht der Bundesregierung über die Lage der Jugend 1968 in einem Anhang die Entwicklung zusammen:

> «An die Stelle vereinzelter vormilitärischer Übungen während der Schul- und Lehrzeit und der – davon weitgehend getrennten – politisch-militärischen Ausbildung im Grundwehrdienst soll künftig eine ‹komplexe Wehrerziehung› treten, die alle Formen und Altersstufen umfaßt. Sie soll sich als ein ‹einheitlicher Prozeß› kontinuierlich von der Schulzeit über die Berufsbildung bis zum Wehrdienst erstrecken und in noch stärkerem Maße die Einheit von politischer Erziehung und militärischer Ausbildung gewährleisten.»[18]

Folgt man der Selbstdarstellung der DDR, wie sie Verteidigungsminister Heinz Hoffmann vor der Militärakademie «Friedrich Engels» am 10. Januar 1968 skizzierte, dann setzte diese Entwicklung zur Herausbildung eines «Systems der Landesverteidigung» 1961 ein:

«Vor allem seit 1961 hat unsere Parteiführung das gegenwärtige System der Landesverteidigung entsprechend den Bedingungen der Deutschen Demokratischen Republik konzipiert und gestaltet, und zwar als einen Komplex von vielfältigen, sich wechselseitig bedingenden oder ergänzenden Teilsystemen, in denen durch politische, ideologische, militärische, wirtschaftliche, staatlich-administrative und juristische Handlungen und Maßnahmen der zunehmenden imperialistischen Bedrohung begegnet und die Verteidigungsfähigkeit des Staates sowie aller seiner Bürger auf den erforderlichen Stand gebracht wird, um jede Art von Aggression gemeinsam mit den Koalitionspartnern zu zerschlagen.»[19]

Beginnend mit dem VI. Parteitag 1963, doch massiv seit dem VII. Parteitag 1967, wurden so die «staatlichen und gesellschaftlichen Organisationen und Einrichtungen zur sozialistischen Wehrerziehung der Bevölkerung, zur vormilitärischen Erziehung der Jugend und zur militärischen Ausbildung von Reservisten» als einer von fünf «Hauptbereichen» in das «System der Landesverteidigung» der DDR integriert; ein Prozeß, der fast ausschließlich durch die Partei- und Staatsführung erfolgte.[20] In seinem Beschluß vom 19. 6. 68 «Über die Aufgaben der sozialistischen Wehrerziehung bei der Gestaltung des entwickelten gesellschaftlichen Systems des Sozialismus»[21] legte das Sekretariat des ZK der SED die «höheren Aufgaben und die inhaltlichen Schwerpunkte der wehrerzieherischen Arbeit» fest und bestimmte die «Kompetenzen der verschiedenen gesellschaftlichen Bereiche für diese Arbeit».[22] Zahlreiche Gesetze und Richtlinien konkretisierten in der Folgezeit die seit 1968 verstärkten Bemühungen, die Wehrerziehung zu einem festen Bestandteil im Lehrplan der allgemeinbildenden Schulen, der Hochschulen und der Lehrerausbildung zu machen;[23] immer mehr erscheint die Wehrerziehung als durchgängiges Prinzip, welches alle Bereiche und Maßnahmen schulischer und außerschulischer Bildung und Erziehung durchdringen soll.[24] Hannelore Zetek vom Deutschen Institut für Berufsbildung faßte bereits 1968[25] zusammen:

«Aus der Einordnung der sozialistischen Wehrerziehung in den gesamten Erziehungs- und Bildungsprozeß ergibt sich,
- daß die sozialistische Wehrerziehung von allen zu leisten ist, die am Erziehungs- und Bildungsprozeß beteiligt sind, in Zusammenarbeit mit den sachkundigen Kräften der bewaffneten Organe und der zivilen Verteidigung;
- daß die sozialistische Wehrerziehung nicht auf eine bestimmte Zeit, ein bestimmtes Fach, einen engen Wirkungsbereich eingeschränkt werden darf.»

So sehr auch diese Entwicklungen als folgerichtiger Bestandteil der Entwicklung des «Systems der Landesverteidigung» dargestellt werden, welches wiederum Teil des Gesamtsystems des Sozialismus ist[26], so offensichtlich wurde die forcierte politische Bewußtseinsbildung in der DDR unter dem Primat der Wehrerziehung seit Mitte der sechziger Jahre nicht nur von dieser inneren Entwicklungslogik der DDR bestimmt.

Vielmehr – so lassen vielfältige Bezüge in der veröffentlichten Diskussion zu militärischen Problemen in der DDR vermuten – spielten die folgenden Faktoren eine wichtige Rolle in diesem Prozeß.

Nach Einführung der allgemeinen Wehrpflicht 1962 erwies es sich als notwendig, allgemein die Erziehung zur Verteidigungsbereitschaft der Bevölkerung und der männlichen Wehrpflichtigen zu verstärken, um eine ausreichende Wehrmotivation für den Wehrdienst oder anderer Bereiche der Landesverteidigung herzustellen. Vorher genügte augenscheinlich die über die wehrpolitische Arbeit der FDJ und GST vermittelte Wehrmotivation.

Die Erhöhung der Gefechtsbereitschaft und der Kampfkraft der Streitkräfte der DDR und des Warschauer Vertragsbündnisses, die mit der Notwendigkeit der Überlegenheit über einen mit Nuklearwaffen kämpfenden kapitalistischen Gegner begründet werden,[27] hatte Auswirkungen auf die erhöhten Anforderungen an die Aus- und Weiterbildung der Wehrpflichtigen und Berufssoldaten. Daraus resultiert das Interesse der Streitkräfte an Soldaten, die vor dem Eintritt in die NVA spezifisch militärische Qualifikationen – politisch-moralisches Bewußtsein, physische und technisch-naturwissenschaftliche Fähigkeiten und Fertigkeiten –[28] erworben haben.

Die seit Mitte der sechziger Jahre sich entfaltende Entspannungspolitik der Bundesrepublik Deutschland gegenüber den osteuropäischen Staaten brachte für die DDR Schwierigkeiten mit sich, das aus dem Kalten Krieg herrührende Feind-Bild – des «aggressiven Imperialismus» – aufrechtzuerhalten. Die Vermutung liegt nahe, daß nunmehr die verstärkte Wehrerziehung zur Induzierung eines Feindbildes bei den Kindern und Jugendlichen für unabdingbar erachtet wurde. Der der DDR eigentümliche Charakter des politischen Systems (zentrale, bürokratisierte Planung; dominant affirmative Betätigung der Bevölkerung) hat offensichtlich zusammen mit der übergroßen Bedeutung, die der militärisch-polizeilichen Absicherung der Entwicklung der DDR zukommt, Wehrerziehung, Wehrmotivation und Wehrbereitschaft seit Ende der sechziger Jahre immer mehr zu einem zentralen Steuerungsinstrument der Partei- und Staatsführung der DDR werden lassen. Jedenfalls drängt sich dieser Schluß angesichts der verfügbaren Informationen über diesen Bereich auf, wenngleich noch einmal deutlich gesagt werden muß, daß aufgrund fehlender empirischer Nachweise über den Erfolg dieser Bemühungen wenig Zuverlässiges bekannt ist.

Wie in den einzelnen gesellschaftlichen Massenorganisationen – hier der Pionierorganisation «Ernst Thälmann», der FDJ und der GST – sowie in allen Bereichen des Bildungs- und Erziehungssystems der DDR versucht wurde, die Wehrerziehung durchzusetzen und inhaltlich auszuführen, soll nun anhand wichtiger Maßnahmen bis 1971 beschrieben werden.

Junge Pioniere

In der Pionierorganisation «Ernst Thälmann», die 1968 wieder direkt der Leitung der FDJ unterstellt wurde, umfaßt die Wehrerziehung der Kinder verschiedene Formen der wehrpolitischen Erziehung und die Ausbildung wehrsportlicher und touristischer Fähigkeiten[29]. Bestimmende Inhalte der wehrpolitischen Erziehung sind der sozialistische Patriotismus und der proletarische Internationalismus, d. h. die Förderung der Achtung und Liebe zu den Soldaten der NVA und den Sowjetsoldaten, der Solidarität mit den nationalen Befreiungskämpfen, z. B. in Vietnam, und die Erziehung zur Verteidigungsbereitschaft gegen die imperialistischen Feinde.

«Eine wirksame Vorbereitung der Jugend auf die Landesverteidigung verlangt bereits im Vorschulalter und in der Pionierorganisation, die Kinder zur Liebe zur DDR und zur Nationalen Volksarmee zu erziehen. Die Kinder dieser Altersgruppe brauchen bereits einfache Vorstellungen über den friedenserhaltenden Charakter unserer Armee, über ‹gute› und ‹böse› Soldaten u. a. m.»[30]

Weitere Inhalte der Wehrerziehung sind die beim Spiel, Sport und auf Wanderungen zu vermittelnden revolutionären Traditionen der deutschen Arbeiterbewegung, das Herstellen von Kontakten zu Soldaten und Offizieren der NVA und der Sowjetarmee und die Organisation von wehrpolitischen und touristischen Veranstaltungen, an denen verschiedene gesellschaftliche Organisationen (Reservisten, GST, FDJ) zu beteiligen sind. Die seit 1968 regelmäßig organisierten Pioniermanöver «Schneeflocke» und «Freundschaft» sollen dazu dienen, «bei allen Kindern die Eigenschaften revolutionärer Kämpfer herauszubilden und zu festigen»[31]. Während des Pioniermanövers erleben die Kinder «die militärische Kameradschaft und revolutionäre Romantik, sie festigen ihren Willen zur bewußten Disziplin und zur Überwindung von Härten und Schwierigkeiten»[32]. Außerdem soll das Pioniermanöver der körperlichen Kräftigung und der Ausbildung solcher Eigenschaften wie Mut, Findigkeit, Ausdauer und Entschlußkraft dienen.

«Darum ist zu empfehlen, im Manöver an die Teilnehmer hohe, ihrem Entwicklungsstand angemessene körperliche Anforderungen zu stellen: Ausdauerläufe, Kraftübungen, Transport von angenommenen Verletzten über schwierige Geländeabschnitte, Bergungsarbeiten, Kriechen und Überwinden von Hindernissen u. a. Solche wehrsportlichen und touristischen Übungen können zugleich für die Entwicklung psychischer Qualitäten genutzt werden: Hangeln an einem Seil über einem Bach, Tiefsprünge, Erledigen eines Auftrages im Dunkeln sowie Führung einer Gruppe durch unbekanntes Gelände, fordern und fördern Mut, Geschicklichkeit, Initiative und Entschlußfreudigkeit»[33].

Schließlich soll das Manöver zu einem «echten Betätigungsfeld der Pioniere und ihrer Räte, Stäbe und Kommissionen werden»[34] und das gefühlsmäßige Erleben durch Lagerfeuerromantik, Singen und Manöverball stimulieren.

FDJ

Die Wehrerziehung als ein «notwendiger immanenter Bestandteil der sozialistischen Bildung und Erziehung»[35] wurde auch im Bereich des Jugendverbandes (FDJ), der seit 1952 in der Erziehung zur Verteidigungsbereitschaft einen Aufgabenschwerpunkt der politisch-ideologischen Erziehung der Jugend gebildet hatte,[36] inhaltlich weiterentwickelt.

Eine im Juni 1967 getroffene «Vereinbarung des Zentralrates der FDJ, des Ministeriums für Volksbildung und des Zentralvorstandes der GST für die Organisation und Durchführung der Hans-Beimler-Wettkämpfe der FDJ der 8. bis 10. Klassen an den 10-klassigen allgemeinbildenden polytechnischen Oberschulen» sollte die Jugendlichen dieses Alters auf die folgende vormilitärische Ausbildung durch die GST vorbereiten.[37] Die «Hans-Beimler-Wettkämpfe»[38] werden von den FDJ-Grundorganisationen[39] der allgemeinbildenden polytechnischen Oberschulen im Auftrag des Zentralrates der FDJ und in Zusammenarbeit mit dem Ministerium für Volksbildung sowie dem Zentralvorstand der GST durchgeführt. Dieser Wettbewerb besteht neben wehrpolitischen Veranstaltungen vor allem aus wehrsportlichen Einzel- und Mannschaftswettkämpfen für Jungen und Mädchen; so werden Einzelwettkämpfe im Luftgewehr- bzw. Kleinkaliber-Schießen gleichermaßen für Jungen und Mädchen durchgeführt, und ein Geländespiel wird von den FDJ-Leitungen der Schulen in enger Kooperation mit Einheiten der NVA und der GST vorbereitet. Den Abschluß des Geländespiels – so die Vereinbarung – sollte ein Treffen mit Vertetern der Arbeiterbewegung, verdienstvollen Persönlichkeiten der sozialistischen Gesellschaft und mit Soldaten der NVA sowie der Sowjetarmee bilden.[40] Schüler und FDJ-Mitglieder leisten einen Eid.[41]

Im Juli 1968 wurden die Ausschreibungen der «Hans-Beimler-Wettkämpfe» auf der Grundlage eines Beschlusses des Sekretariats des Zentralrates der FDJ überarbeitet. Die grundlegende Vereinbarung aus dem Jahre 1967 wurde zwar beibehalten, doch wurde eine wichtige Änderung des Textes durchgeführt: Die «Hans-Beimler-Wettkämpfe» wurden nun zum direkten Bestandteil des Schuljahresauftrages der FDJ erklärt. Darüber hinaus sollte in die wehrpolitische Erziehung der Jugend die Erziehung zum Traditionsbewußtsein, die Pflege der revolutionären Traditionen der deutschen und internationalen Arbeiterklasse, aufgenommen werden.[42] Alle anderen Durchführungsbestimmungen zu den wehrsportlichen Einzel- und Mannschaftskämpfen sind wesentlich unverändert geblieben.

Das VIII. Parlament der FDJ übertrug allen FDJ-Organisationen die Aufgabe, «die politisch-ideologische, geistige und physische Vorbereitung der Jugend auf den Wehrdienst mit hoher Qualität zu entwickeln».[43] Aufbauend auf Erfahrungen mit altersmäßig differenzierten wehrerzieherischen Maßnahmen von Arbeitsgruppen der FDJ, und an emotional wirksame wehrsportliche Aktionen gezielt anknüpfend, war «ein System der wehrpolitischen und wehrsportlichen Arbeit zu entwickeln, das in enger Zusammenarbeit mit der GST, mit Lehrern und Erziehern die kontinuierliche und differenzierte Wehrerziehung der Kinder und Jugendlichen umfaßt».[44] Die FDJ setzte in ihrer schulischen wehrpolitischen Arbeit folgende Akzente:

1. Die sozialistische Wehrerziehung an den Schulen ist durch die FDJ-Leitung «umfassender zu organisieren und straff zu führen».[45] Dies bedeutet, daß die Qualifizierung von jungen FDJ-Funktionären für die wehrerzieherische Arbeit an den Schulen zu verbessern war.
2. Der «Hans-Beimler-Wettkampf» umfaßt nicht nur wehrsportliche Elemente, sondern beinhaltet auch eine politisch-ideologische Erziehung der Jugend, die mit emotional wirkungsvollen Erlebnissen verbunden werden soll. Hauptaufgabe der FDJ an den Schulen ist es, «an der Seite der Lehrer und Erzieher klassenbewußte, allseitig gebildete und *wehrbereite* junge Staatsbürger zu erziehen».[46]
3. Mit den wehrpolitischen Wettkämpfen, die in exakter Ordnung und Disziplin auszuführen sind, sollen Elemente militärischer Disziplin (Antreten, Meldung, Wendung und Marsch)[47] Eingang in die Schule finden und einen positiven Einfluß auf die schulische Disziplin ausüben. Die Vorbehalte an den Schulen gegen die Übernahme militärischer Formen sind durch Überzeugungsarbeit mit Lehrern und Eltern abzubauen.

«Die FDJ-Leitungen benötigen in dieser Hinsicht besonders die Unterstützung der Erwachsenen, die unter anderem auch darin besteht, daß diese Grundformen des Auftretens und Bewegens eines jungen Menschen im gesamten Leben an der Schule durchgesetzt werden. Ein Sportunterricht ohne exakte Disziplin, ohne Antreteordnung, ohne Kommandos ist eines wesentlichen Teils seines Inhalts beraubt».[48]

Dieser Prozeß der Einführung militärischer Formen und Inhalte zur Wehrerziehung in den Schulen wurde mit der neuen «Richtlinie für die Organisation und Durchführung der ‹Hans-Beimler-Wettkämpfe› der FDJ in den 8. bis 10. Klassen der Oberschulen»[49] vom 16. 3. 1972 abgeschlossen, die die «Hans-Beimler-Wettkämpfe» zur «Hauptform der sozialistischen Wehrerziehung der FDJ in den 8. bis 10. Klassen der Oberschule»[50] macht, welche in jedem Schuljahr durchgeführt werden sollen.

GST

Mit der «Verordnung über die Gesellschaft für Sport und Technik» vom September 1968[51] wurde die Stellung der vormilitärischen Ausbildung im System der Wehrerziehung neu fixiert. Zusammen mit der FDJ, den «Kommissionen für sozialistische Wehrerziehung» und anderen gesellschaftlichen Organisationen wurde die GST zum Hauptträger der vormilitärischen Ausbildung der Jugendlichen und zum Träger des Wehrsports als Vorbereitung auf den Dienst in der NVA bestimmt. Zukünftig, so forderte der IV. Kongreß der GST, hat diese Massenorganisation die Aufgabe, alle Jugendlichen zur vormilitärischen Ausbildung zu erfassen. Zugleich sollte die GST als unabdingbare Voraussetzung für den Militärdienst einen einheitlichen körperlichen Leistungsstand der Jugendlichen und militärisch-technisches Wissen sicherstellen. Zusätzlich wurde besonders die Einheit von wehrmoralischer und wehrpolitischer Erziehung sowie vormilitärischer Ausbildung in Zusammenarbeit mit der FDJ, der NVA und den Reservistenkollektiven betont.[52] Das wichtigste Erziehungsziel der GST wurde die Ausbildung von «jungen, sozialistischen Kämpferpersönlichkeiten»,[53] die schon vor Eintritt in die Armee feste Einstellungen zur NVA herausgebildet haben. In den Worten von DDR-Verteidigungsminister Heinz Hoffmann:[54]

> «Die gesamte Arbeit der GST muß jedoch als ein komplexes System planmäßiger und kontinuierlicher vormilitärischer Erziehung und Bildung der Jugend im vorwehrpflichtigen Alter organisiert werden. Sie muß in noch stärkerem Maße als bisher einer systematischen ideologischen, militärfachlichen, militärtechnischen, psychischen und physischen Ausbildung aller männlicher Jugendlichen dienen, um ihnen die Voraussetzungen und eine gute Ausgangsbasis dafür zu geben, daß sie klassenbewußte, selbständig handelnde und gestählte Kämpfer der Nationalen Volksarmee und der anderen bewaffneten Organe werden.»

Die GST ist, ebenso wie die anderen Massenorganisationen, nach dem Prinzip des demokratischen Zentralismus in 14 Bezirksverbände, in Kreisverbände und Grundorganisationen gegliedert. Die Grundorganisationen werden nach den in der GST angebotenen Wehrsportarten in Sektionen aufgeteilt. Grundorganisationen und Sektionen der GST bestehen an Berufsschulen, erweiterten Oberschulen und in Betrieben der Industrie und Landwirtschaft.

Die vormilitärische Ausbildung in der GST erfolgt auf der Grundlage einheitlicher Ausbildungsprogramme:
- in der vormilitärischen Grundausbildung,
- in der vormilitärischen Ausbildung für die Laufbahnen der NVA,
- in den verschiedenen Wehrsportarten.

Die vormilitärische Grundausbildung umfaßt die wehrpolitische Erziehung, Gelände- und Schießausbildung, Körperertüchtigung, Exerzier-, Schutz- und Sanitätsausbildung[55]. Sie gilt als erfolgreich abgeschlossen, «wenn die Jugendlichen an allen wehrpolitischen Bildungsmaßnahmen und an 80 % der anderen Ausbildungsmaßnahmen teilgenommen haben, die Bedingungen für die Grundübung im Schießen und die ausgewählten Normen des Achtertests erfüllten, an der Abschlußübung teilgenommen haben und in ihrem Gesamtverhalten Disziplin und Ordnung zeigten»[56]. Nach erfolgreichem Abschluß der vormilitärischen Grundausbildung wird den Jugendlichen das Abzeichen «Für vormilitärische und technische Kenntnisse» Stufe I verliehen.

Die vormilitärische Ausbildung für die Laufbahnen der NVA (Motorisierte Schützen, Flugzeugführer, Fallschirmjäger, Militärkraftfahrer, Tastfunker, Fernschreiber, Matrosenspezialisten, Taucher)[57] schließt sich an die Grundausbildung an und dient der unmittelbaren Vorbereitung der Jugendlichen auf den Wehrdienst. Nach erfolgreichem Abschluß der Ausbildung wird den Jugendlichen das Abzeichen «Für vormilitärische und technische Kenntnisse» Stufe II verliehen.

Darüber hinaus ist der Wettkampf in den Wehrsportarten[58] ein fester Bestandteil der GST. Zu den Wehrsportarten gehören der militärische Mehrkampf, das Sportschießen, der Flugsport, Fallschirmsport, Motorsport, Nachrichtensport, Tauchsport, Seesport und Modellsport. Der Wehrsport umfaßt die sportliche Massenarbeit, den Wettkampf- und den Leistungssport. Die GST veranstaltet auf Kreis-, Bezirks- und Republikebene vielseitige Vergleichswettkämpfe, Meisterschaften und Wehrspartakiaden. In den einzelnen wehrsportlichen Disziplinen legen die Mitglieder Prüfungen ab und erwerben Leistungsabzeichen.

Allgemeinbildende Schule

Die Weiterentwicklung der Inhalte der politisch-ideologischen Erziehung (staatsbürgerliche Erziehung) der Jugend erhielt in der Begründung des Ministeriums für Volksbildung und des Zentralrates der FDJ einen wichtigen Stellenwert für die Phase der «entwickelten sozialistischen Gesellschaft» der DDR sowie für die auf dem Gebiet der Ideologie sich verschärfenden Auseinandersetzung zwischen dem «realen Sozialismus» und der Bundesrepublik. Mit der «Aufgabenstellung des Ministeriums für Volksbildung und des Zentralrats der FDJ ...»[59] wurde ein «grundlegendes Führungsdokument des sozialistischen Staates und des sozialistischen Jugendverbandes»[60] zur Verstärkung der politisch-ideologischen Erziehung der Schuljugend und zur Abwehr der ideologischen Diversion durch den Klassengegner geschaffen.

«Die westdeutschen Imperialisten versuchen, ihren ideologischen Einfluß vor allem auf die Jugend zu richten, indem sie auf deren politische Unerfahrenheit spekulieren. In der ideologischen Arbeit mit der Jugend geht es darum, ihr Wissen um die politischen und sozialen Zusammenhänge der Entwicklung in der Welt und in den beiden deutschen Staaten zu erhöhen, sie von der Gesetzmäßigkeit des Sieges des Sozialismus zu überzeugen, ihr sozialistisches Bewußtsein, staatsbürgerliches Denken und Handeln sowie ihre demokratische Aktivität weiter zu entwickeln».[61]

In diesem grundlegenden Dokument wurde die Wehrerziehung der Kinder und Jugendlichen zu einem festen Bestandteil der politisch-ideologischen Erziehung[62] erklärt. Ausgehend von den Richtlinien und Zielsetzungen der «Aufgabenstellung» sollte die Wehrerziehung die Ziele und Inhalte des gesamten Erziehungs- und Bildungsprozesses – von der Vorschulerziehung bis zur Berufsschule[63] – durchdringen. Mit der Einführung neuer Lehrpläne für alle Fächer, die zahlreiche Hinweise für die Erziehung zur Verteidigungsbereitschaft enthalten, wurde die Realisierung der Wehrerziehung als durchgängiges Erziehungsprinzip in den allgemeinen Schulen, den Berufsschulen, den erweiterten Oberschulen und Spezialschulen[64] in Angriff genommen. Außerdem fanden Ziele und Inhalte der Wehrerziehung, die der «Festigung des sozialistischen Wehrbewußtseins» der Lehrer und der «Befähigung zur planmäßigen Nutzung aller wehrerzieherischer Potenzen des Unterrichts» und der außerunterrichtlichen Tätigkeit»[65] dienen sollten, in der Lehrerausbildung Eingang.

Im folgenden werden die Ziele und Inhalte der politisch-ideologischen Erziehung, die zur Herausbildung von Charaktereigenschaften «sozialistischer» Persönlichkeiten und zur Herausbildung von ideologischen Grundüberzeugungen bei der Jugend für erforderlich gehalten werden, und die die wesentlichen Ziele der Wehrerziehung enthalten, näher beschrieben. Das allgemeine Ziel der staatsbürgerlichen Erziehung der Schuljugend bestimmte die «Aufgabenstellung»[66] folgendermaßen:

«Die staatsbürgerliche Erziehung der Schuljugend ist einheitlich und konsequent auf das Ziel zu richten, daß sich alle Mädchen und Jungen einen festen Klassenstandpunkt aneignen, daß sie ihre ganze Persönlichkeit, ihr Wissen und Können, ihr Denken, Fühlen, Wollen und Handeln für den Sozialismus, für die allseitige Stärkung der Deutschen Demokratischen Republik einsetzen und ein von Optimismus, Freude und Frohsinn erfülltes sozialistisches Leben führen.»

In Orientierung auf dieses Ziel wird deswegen die Herausbildung von besonderen «moralischen Eigenschaften der Kämpfer der Arbeiterklasse» und das Handeln «junger Revolutionäre»[67] gefordert. Darunter wird die Anerziehung folgender fester Charaktereigenschaften verstanden:[68]

- Taten für die DDR;
- Bemühung um hohe Bildung, Fleiß und diszipliniertes Verhalten;
- Liebe zur Arbeit;
- Treue zu den sozialistischen Idealen und und Streben nach Eigenschaften des sozialistischen Menschen wie Standhaftigkeit, Mut und Bescheidenheit;
- Anerkennung der Freundschaft mit der Sowjetunion und Haß gegen Feinde des Volkes[69];
- Einsatzbereitschaft für die Vollendung und den Schutz des Sozialismus[70];
- systematische Herausbildung von ideologischen Grundüberzeugungen bei allen Mädchen und Jungen.

Die danach präzisierten ideologischen Grundüberzeugungen[71] des jungen «sozialistischen» Staatsbürgers, die «im Zentrum der Erziehung zu einem festen marxistisch-leninistischen Klassenstandpunkt»[72] stehen, enthalten u.a. auch wesentliche Ziele der Wehrerziehung:[73]

- «die Überzeugung von der historischen Mission der Arbeiterklasse unter der Führung der marxistisch-leninistischen Partei und ihrer führenden Rolle und wachsenden Verantwortung im revolutionären Kampf bei der Gestaltung der entwickelten sozialistischen Gesellschaft;
- die Überzeugung vom objektiven Charakter der Entwicklung in Natur und Gesellschaft und von der Fähigkeit der Menschen, diese Gesetzmäßigkeiten zu erkennen und in bewußter, verändernder Tätigkeit anzuwenden;
- die Überzeugung von der Gewißheit, daß die Zukunft der ganzen Menschheit der Sozialismus ist, daß wir in der DDR zu den Siegern der Geschichte gehören und daß der Sozialismus auch in Westdeutschland siegen wird;
- die Überzeugung von der historischen Aufgabe der DDR und der Verantwortung der Jugend bei der Gestaltung des entwickelten gesellschaftlichen Systems des Sozialismus, bei der Meisterung der wissenschaftlich-technischen Revolution und bei der Verteidigung der Deutschen Demokratischen Republik und der sozialistischen Staatengemeinschaft;
- die Überzeugung von der entscheidenden Rolle der ruhmreichen Sowjetunion und der sozialistischen Staatengemeinschaft in der weltweiten Auseinandersetzung zwischen Sozialismus und Imperialismus;
- die Überzeugung, daß Demokratie, Freiheit und Menschlichkeit nur dort gesichert wird, wo das werktätige Volk unter Führung der Arbeiterklasse und ihrer Partei die politische Macht ausübt;
- die Überzeugung, daß die Jugend ihres eigenen Glückes Schmied ist, indem sie die Rechte und Pflichten gegenüber der sozialistischen Gesellschaft bewußt wahrnimmt, sich fest in die sozialistische Menschengemeinschaft einordnet, Verantwortung für das Ganze trägt und ein kulturvolles Leben führt.»

Es wird gefordert, daß diese grundlegenden Überzeugungen, die das politische und moralische Verhalten des «sozialistischen» Staatsbürgers prägen[74] sollen, unter planmäßiger und einheitlicher Leitung des Erziehungs- und Bildungsprozesses herausgebildet werden. So wurde die Wehrerziehung zu einer Hauptaufgabe der «sozialistischen» Schule erklärt, die in enger Zusammenarbeit mit der außerschulischen Erziehungsarbeit in der Kinder- und Jugendorganisation realisiert werden sollte. Folgende Definition der Wehrerziehung galt als Richtlinie für die weitere politisch-ideologischen Erziehung der Schüler:[75]

«Die sozialistische Wehrerziehung der Schüler ist fester Bestandteil der klassenmäßigen Erziehung. Sie muß unter Beachtung einer interessanten, erlebnisreichen und emotional wirkenden Tätigkeit differenziert nach den verschiedenen Altersgruppen der Jugend und der Kinder gestaltet werden. Es geht darum, bei den Schülern die Bereitschaft zu wecken, jederzeit die DDR, den Sozialismus zu verteidigen.

Den Schülern sind militärische und technische Grundkenntnisse, Fähigkeiten und Fertigkeiten zu vermitteln. Ihre körperliche Leistungsfähigkeit ist zu fördern und ihnen sind solche Eigenschaften wie Ausdauer, Mut, Disziplin und Ordnung anzuerziehen. Die vielfältigen Beziehungen zwischen FDJ- und Pionierkollektiven, Grundorganisationen der GST und Einheiten der bewaffneten Organe der DDR und der Sowjetarmee sind weiter zu entwickeln.»

Berufsausbildung

Für die Berufsausbildung wurden im Rahmen der Wehrerziehung seit 1967/68 spezifische Aufgaben entwickelt, die im Beschluß der Volkskammer der DDR vom 11. Juni 1968 zur Reform der Berufsausbildung[76] und in einer Schrift des Deutschen Instituts für Berufsausbildung[77] ihren Niederschlag fanden. Diese wehrerzieherischen Aufgaben der Berufsausbildung wurden mit der «Vereinbarung zwischen dem Staatlichen Amt für Berufsausbildung, dem Zentralvorstand der Gesellschaft für Sport und Technik, dem Präsidium des DRK in der DDR und dem Zentralrat der FDJ zur Weiterentwicklung der sozialistischen Wehrerziehung der Lehrlinge in den Betrieben, Kombinaten, Genossenschaften und Einrichtungen der DDR»[78] näher festgelegt.

Die aus dem Prozeß der «wissenschaftlich-technischen Revolution» resultierenden Veränderungen des modernen Produktionsprozesses und des Militärwesens wirkten sich auf eine inhaltliche Neugestaltung besonders der Berufsausbildung aus,[79] indem neben der Verbesserung der beruflich-technischen Ausbildung der Lehrlinge auch höhere Anforderungen an ihre politisch-ideologische Erziehung und ihre Fähigkeiten und Kenntnisse im Rahmen der Landesverteidigung gestellt wurden. Dieser Komplex von für den modernen Produktionsprozeß notwendigen Kenntnissen, Fähigkeiten und Verhaltensweisen soll günstige Voraussetzungen für eine effektivere Nutzung der Berufsausbildung, für die militärische Ausbildung in der NVA und die Ausbildung zur Zivilverteidigung bieten.[80] Die inhaltlichen Anforderungen an die Lehrlinge, die sich aus der Einbeziehung der Wehrerziehung in die Berufsausbildung ergeben, werden von Zetek[81] folgendermaßen umrissen:

«Verteidigung des sozialistischen Vaterlandes – umfassend aufgefaßt – erfordert sowohl die ideologische und physische Vorbereitung der wehrfähigen Lehrlinge auf ihren künftigen Dienst in der Nationalen Volksarmee als auch die Vorbereitung aller Lehrlinge – männlicher wie weiblicher – auf die Erfüllung von Aufgaben, die sich aus zivilen Verteidigungsmaßnahmen ergeben. Die umfassende Vorbereitung der weiblichen Lehrlinge hat hierbei besondere Bedeutung, weil es im Verteidigungsfalle von der Fähigkeit und Bereitschaft der Frauen und Mädchen entscheidend abhängt, wie die Aufgaben der zivilen Verteidigung gelöst werden.»

Bei der Realisierung der Wehrerziehung in der Berufsausbildung beteiligen sich sowohl die Betriebe als auch die verschiedenen gesellschaftlichen Organisationen. Neben den spezifisch für die vormilitärische Ausbildung zuständigen Organisationen der GST, FDJ und Einheiten der NVA werden auch andere gesellschaftliche Organisationen wie das DRK, der Brandschutz und die Zivilverteidigungsorganisation herangezogen.

Folgende Schwerpunkte der wehrerzieherischen Arbeit wurden für die folgenden Jahre in den Berufsschulen und den Betrieben festgelegt:[82]

- eine gründliche vormilitärische Ausbildung entsprechend dem Ausbildungsprogramm der GST;
- die Anerziehung einer hohen Disziplin;
- die Gewinnung von Soldaten auf Zeit sowie Berufssoldaten.

Universitäten, Hoch- und Fachschulen

Ausgehend von der «Direktive des Ministeriums für Hoch- und Fachschulwesen für die sozialistische Wehrerziehung an den Universitäten, Hoch- und Fachschulen der DDR» von 1970[83] wurde die Wehrerziehung zu einem festen Bestandteil des Studiums an den Hoch- und Fachschulen erklärt. Die Wehrerziehung an den Hochschulen soll in den kommenden Jahren weiter ausgebaut werden, wie es die «Direktive des Ministers für Hoch- und Fachschulwesen für das Studienjahr 1972/73 an den Universitäten und Hochschulen» vorsieht. Die Direktive richtet sich auf die Verwirklichung von bestimmten Aufgaben, «wie die militärpolitische Bildung und patriotische Erziehung der Studenten im Grund- und Fachstudium, die militärische Ausbildung und die Ausbildung auf dem Gebiet der Zivilverteidigung, die wehrsportliche Arbeit im Hochschulsport sowie in den Sektionen der GST»[84]. Die militärische Ausbildung bzw. die Zivilverteidigungsausbildung der männlichen und weiblichen Hoch- und Fachschüler ist Teil ihres Studiums. Alle wehrdiensttauglichen männlichen Studenten der Universitäten und Hochschulen sind in die militärische Ausbildung einbezogen, deren Hauptveranstaltung ein vierwöchiger Lehrgang in einem von der NVA organisierten Ausbildungslager ist. Sie unterliegen ähnlichen körperlichen Belastungen wie im Grundwehrdienst[85]. Die weiblichen und wehrdienstuntauglichen männlichen Studenten der Universitäten sowie die Studenten der Fachschulen werden für eine Funktion in der Zivilverteidigung ausgebildet. Ihre spezifische physische Leistungsfähigkeit wird bei der Körperertüchtigung im vierwöchigen Ausbildungslager und auch im Komplex «wehrsportliche Übungen» des Lehrplans an den Hoch- und Fachschulen berücksichtigt.

Die Lehrerstudenten haben im Rahmen ihrer (vor-)militärischen Ausbildung einen besonderen Beitrag zu leisten. Die Vorbereitung auf ihre zukünftige wehrerzieherische Tätigkeit an den allgemeinbildenden polytechnischen Oberschulen beruht auf der Einheit der Erziehung zur Wehrbereitschaft und Wehrfähigkeit. Die Lehrerstudenten werden einmal durch eine spezifisch militärische Ausbildung für ihre zukünftige Erziehungsarbeit auf dem Gebiet der Wehrerziehung qualifiziert. Die männlichen Studenten, die vor Beginn ihres Studiums ihren Dienst in der NVA absolviert haben, werden im Lehrgang für militärische Ausbildung auf die Reserveoffiziersausbildung vorbereitet. Die weiblichen Studenten erhalten im Rahmen des Lehrganges Zivilverteidigung eine vormilitärische Ausbildung[86].

Zum anderen umfaßt die Vorbereitung der Lehrerstudenten im Studium folgende Seiten[87]:

- «Bei den Studenten ist durch die gesamte Ausbildung im Verlauf der vier Studienjahre . . . die Bereitschaft herauszubilden und zu festigen, in ihrer späteren Tätigkeit als Fachlehrer und Klassenleiter wehrerzieherisch zu wirken und ihre Schüler im Unterricht und in der außerunterrichtlichen Tätigkeit zur Wehrbereitschaft und Wehrfähigkeit zu erziehen.
- Die Studenten sind darüber hinaus im Prozeß der gesamten Ausbildung zu befähigen, die wehrerzieherischen Potenzen in ihrer späteren Tätigkeit als Fachlehrer, Klassenleiter und Pioniergruppenleiter aufzudecken und bewuß zu nutzen. Sie müssen eine Vielzahl spezifischer Formen der sozialistischen Wehrerziehung kennen, um die vormilitärische und Zivilverteidigungsausbildung an der Schule meistern zu können».

2. Ziele und Inhalte der Wehrerziehung seit 1971

Die seit 1968 in Richtlinien und Vereinbarungen in allen Bereichen des einheitlichen Bildungs- und Erziehungssystems der DDR verstärkte Wehrerziehung der Kinder und Jugendlichen erfuhr durch die Beschlüsse des VII. Pädagogischen Kongresses, des VIII. Parteitages der SED und durch den «Offenen Brief des Kollegiums des Ministeriums für Volksbildung an alle Pädagogen der DDR» von 1971 ihre inhaltliche Bestätigung und eine enorme Ausweitung. Die Erziehung zur Verteidigungsbereitschaft und -fähigkeit aller Bürger[88] – auf dem VIII. Parteitag formuliertes allgemeines Ziel der Wehrerziehung – wurde richtungweisend für die Verwirklichung des Bildungs- und Erziehungsauftrages der «sozialistischen» Schule. Zu den Grundaufgaben des Perspektivplans der pädagogischen Forschung für die Jahre 1971–1975 gehörten wie bisher die Realisierung des Lehrplanwerks und der «Aufgabenstellung»[89] sowie die Umsetzung der im «Maßnahmeplan des Ministeriums für Volksbildung»[90] gestellten Grundaufgaben an die pädagogische Forschung[91]. Das angesichts der «inneren Entwicklung des Sozialismus und aus den Erfordernissen des verschärften Klassenkampfes mit dem Imperialismus»[92] für notwendig gehaltene Ziel, bei der Jugend einen festen Klassenstandpunkt herauszubilden, bewirkte zugleich eine Intensivierung der Wehrerziehung der Kinder und Jugendlichen im Bildungs- und Erziehungsprozeß.

«In der sozialistischen Gesellschaft bilden die allseitige Bildung und Erziehung unserer Jugend und die Wehrerziehung eine Einheit. Die Wehrerziehung dient dem Schutz und der Sicherheit der sozialistischen Staaten. Sie ist darauf gerichtet, die Jugend ideologisch, psychisch, physisch und fachlich auf den Wehrdienst bzw. auf die Erfüllung von Aufgaben in anderen Bereichen der Landesverteidigung einschließlich der Zivilverteidigung vorzubereiten. Die Entwicklung der Fähigkeit und Bereitschaft der Schuljugend, das sozialistische Vaterland, die sozialistische Staatengemeinschaft zu stärken und zu verteidigen, sind daher echte Anliegen unserer Schule.»[93]

So wurde aufgrund von Vereinbarungen des Ministeriums für Volksbildung mit dem Ministerium für Nationale Verteidigung 1971 ein «Maßnahmeplan»[94] zur Verwirklichung weiterer Vorhaben im Bereich der Wehrerziehung für die Jahre 1971–73 verabschiedet und «für alle Leiter der dem Ministerium für Volksbildung direkt unterstellten Einrichtungen sowie für die Abteilungen Volksbildung der Räte der Bezirke und Kreise und den ihnen unterstellten Einrichtungen auf dem Gebiet der sozialistischen Wehrerziehung zur verbindlichen Grundlage erklärt»[95]. Die Weiterbildung der Lehrer, Erzieher und Schulfunktionäre in der Wehrerziehung soll für den schulischen wie für den außerschulischen Bereich durch die Abteilung Weiterbildung des Ministeriums für Volksbildung und des Zentralinstituts für Weiterbildung auf Lehrgängen «insbesondere im Kurssystem für alle Teilnehmer zu Grundfragen des Marxismus-Leninismus über die Lehre von Krieg und Armee, der Militärpolitik der Partei, der Landesverteidigung und der sozialistischen Wehrerziehung»[96] durchgeführt werden. Dabei ist «besonders mit dem Ministerium für Nationale Verteidigung, der Militärakademie ‹Friedrich Engels›, der Polithochschule der NVA, dem Deutschen Institut für Militärgeschichte, den Offiziershochschulen und Unteroffiziersschulen sowie mit anderen Einrichtungen der Armee zusammenzuarbeiten»[97]

Außerdem sollen auf der Grundlage des Perspektivplanes der pädagogischen Forschung 1971–1975 Materialien zur Wehrerziehung für Lehrer und Erzieher erarbeitet werden, wie eine vorläufige «Handreichung zur sozialistischen Wehrerziehung» und als Weiterentwicklung der «Handreichung», ein «Handbuch zur sozialistischen Wehrerziehung». – In Zusammenarbeit mit dem Ministerium für Nationale Verteidigung waren von der Pädagogischen Zentralbibliothek der Akademie der Pädagogischen Wissenschaften Empfehlungen an die Schüler- und Lehrerbibliotheken aller Schulen, Heime und Lehrerbildungseinrichtungen zur Aufnahme von Militärliteratur auszugeben und der Bezug von bestimmten Militärzeitschriften sicherzustellen. Die Schulräte und Direktoren wurden in Zusammenarbeit mit den Wehrkommandos der NVA beauftragt, im gesamten fakultativen Unterricht militärpolitische und militärtechnische Probleme aufzunehmen. Ein Lehrgang «Grundfragen der Militärpolitik und des bewaffneten Schutzes der DDR» sollte in allen Schulen vorbereitet und durchgeführt werden. Längerfristig wurde geplant, daß diese Themen von Offizieren der NVA und den Mitgliedern der Sektion Militärpolitik der wissenschaftlichen Gesellschaft der Urania übernommen werden.

Auch die Verantwortungsfrage wurde geklärt:

«Die Schulräte und Leiter der Lehrerbildungseinrichtungen sind für die Anleitung, Kontrolle und Befähigung der Lehrer, Erzieher und Schulfunktionäre zur Gestaltung der sozialistischen Wehrerziehung in ihrem Bereich voll verantwortlich»[98]. Direktoren der Schulen und Leiter der Lehrerausbildungseinrichtungen haben in enger Zusammenarbeit mit den Wehrkommandos der NVA die Arbeit der gedienten Reservisten zu unterstützen, deren besondere Aufgabe die militärpolitische Arbeit und vormilitärische Ausbildung der Jugend und der Lehrer und Erzieher ist. Ferner sollen die Direktoren und Leiter «entsprechend den örtlichen Bedingungen die bestehenden Patenschaftsbeziehungen zu Einheiten und Einrichtungen der NVA, des Ministeriums des Inneren, bzw. der Kampfgruppen der Arbeiterklasse ausbauen und weiter (...) entwikkeln»[99]. Soweit zu den organisatorisch-planerischen Vorgaben zur Intensivierung der Wehrerziehung in der DDR seit Beginn der siebziger Jahre.

Nun werden die allgemeinen Ziele der Wehrerziehung zum einen von den Erfordernissen des Systems der Landesverteidigung, zum anderen von den Zielsetzungen der Entwicklung allseitiger «sozialistischer» Persönlichkeiten im Bildungs- und Erziehungsprozeß der DDR-Gesellschaft bestimmt. Dabei erweist es sich als notwendig, die Interessen und Vorstellungen der zukünftigen Staatsbürger[100] zu beachten und in die Analyse der Bedingungen des Bildungs- und Erziehungsprozesses mit einzubeziehen. Denn es ist zu fragen, ob sich nicht in den Konzeptionen zur «sozialistischen Wehrerziehung» Widersprüche zwischen den vom Staat vorgegebenen Inhalten der Erziehung zur Wehrbereitschaft und Wehrfähigkeit, den Zielsetzungen der «sozialistischen» Persönlichkeitstheorie und den Interessen und Vorstellungen der zu erziehenden Jugendlichen ergeben.

Die militärische Führung der NVA leitet aus ihrem Interesse an erhöhter Kampfkraft und Gefechtsbereitschaft der Streitkräfte die Notwendigkeit der wechselseitigen Durchdringung von Landesverteidigung und allen anderen Bereichen der DDR-Gesellschaft ab. Mit dem Hinweis auf den gesamtgesellschaftlichen Charakter des Systems der Landesverteidigung fordert sie allgemein von der gesamten Bevölkerung eine Verstärkung der Verteidigungsbereitschaft:

«Deshalb gilt es, bei allen Bürgern – ob alt oder jung, ob Mann oder Frau – in weit umfassenderem Maße auch solche Denk- und Verhaltensweisen auszuprägen, die an den Erfordernissen der Landesverteidigung im Frieden wie in einem möglichen Krieg orientiert sind. Das unterstreicht die Notwendigkeit, die militärpolitische Arbeit und die sozialistische Wehrerziehung unter der gesamten Bevölkerung, besonders aber unter der Jugend, wirksamer zu machen – sie in den Gesamtprozeß der ideologischen Arbeit derart zu verschmelzen, daß überall dort, wo erzogen und gebildet wird, produziert und geforscht, geplant und projektiert wird, grundsätzlich auch der zuverlässige militärische Schutz unserer Heimat und unseres Staatenbündnisses in Rechnung gestellt und mit garantiert wird.»[101]

So hat auch das einheitliche Bildungs- und Erziehungssystem einige für die Verbesserung des Ausbildungsstandes der Streitkräfte notwendige Vorleistungen zu sichern[102]. Diese bestehen darin, die zukünftigen Staatsbürger nicht nur für den Wehrdienst in der NVA zu motivieren, sondern ihnen schon vor dem Wehrdienst die für das Militär erforderlichen spezifischen Kenntnisse, Fähigkeiten und Fertigkeiten[103] zu vermitteln. Dazu Verteidigungsminister Hoffmann[104]:

«Auch die Vorleistungen, die unser einheitliches sozialistisches Bildungssystem für die Sicherstellung der sozialistischen Landesverteidigung zu erbringen hat, gewinnen in den nächsten Jahren zunehmend an Bedeutung. Und zwar nicht nur deshalb, weil unsere Streitkräfte junge Menschen brauchen, die bereits mit einem festen sozialistischen Klassenstandpunkt ihren Wehrdienst antreten, sondern vor allem auch auf Grund der in allen Teilstreitkräften andauernden Einführung modernisierter und verbesserter Waffen- und Sicherstellungssysteme. Zu ihrer Wartung und Bedienung brauchen wir eine ständig wachsende Zahl von Soldaten, Unteroffizieren und Offizieren, die über eine gute Allgemeinbildung und fundierte naturwissenschaftlich-technische Kenntnisse verfügen.»

Zum anderen wird das Ziel der Wehrerziehung aus der Forderung nach Allseitigkeit der «sozialistischen» Persönlichkeit abgeleitet. Nach marxistisch-leninistischer Auffassung wird die Allseitigkeit der Persönlichkeitsbildung – ihr notwendiges Wissen, Können, Bewußtseins- und Verhaltensqualitäten – von den gesellschaftlichen Erfordernissen und zukünftigen Aufgaben im Rahmen der Gestaltung der «sozialistischen» Gesellschaft bestimmt. Solche «zukunftsbestimmenden» Persönlichkeitsqualitäten sind: ein «feste(r) sozialistische(r) Klassenstandpunkt, tiefe, politisch und weltanschaulich begründete Einsicht in die gesellschaftlichen Zusammenhänge, Verantwortungsbewußtsein für das Ganze, umfassende Allgemeinbildung, hohes fachliches Wissen und Können, Gemeinschaftsgeist, Organisiertheit und Disziplin, geistige(r) Reichtum und vielseitige Interessiertheit».[105] Als ein gesellschaftlich notwendiges Erfordernis der Persönlichkeitsentwicklung wird daher auch und nunmehr mit Vorrang die Wehrerziehung angesehen.[106]

Schließlich ergibt sich nach den Vorstellungen der Verantwortlichen eine Notwendigkeit für die Erziehung zur Verteidigungsbereitschaft aus der Übereinstimmung zwischen den Interessen der SED und des «sozialistischen» Staates sowie den Interessen der sozialen Klassen und Schichten der DDR-Gesellschaft. Diese angebliche Interessenübereinstimmung in Fragen der Militärpolitik bildet nicht nur die Basis für die Landesverteidigung, sondern auch die «entscheidende Triebkraft»[107] für die Entwicklung der «sozialistischen» Persönlichkeit und der Menschengemeinschaft. So gelingt es, die Anforderungen an die Verteidigungsbereitschaft mit den herauszubildenden Persönlichkeitseigenschaften – zumindestens in der Theorie – in Übereinstimmung zu bringen. In der Definition von Birkner[108] spiegelt sich diese geforderte Identität von Verteidigungsbereitschaft und Einstellungen der «sozialistischen» Persönlichkeit folgendermaßen wider:

> «Die Verteidigungsbereitschaft ist ein Wesenszug der sozialistischen Persönlichkeit; sie ist ein Komplex wehrpolitischer und -moralischer Überzeugungen, die auf Einsichten in die marxistisch-leninistische Lehre vom Krieg und von den Streitkräften und in der Militärpolitik der Arbeiterklasse und ihrer Partei sowie auf bestimmten geistigen Fähigkeiten beruhen, Einstellungen und Haltungen zur Landesverteidigung bestimmen und als sozialistisches Wehrmotiv handlungswirksam werden.»

Seit 1971 wurden – orientiert an den Beschlüssen der Partei und des Staates – neue Konzeptionen zur «sozialistischen Wehrerziehung»[109] ausgearbeitet. Die Inhalte der Wehrerziehung, die die Grundlage für die systematische Erziehung zur Wehrbereitschaft und Wehrfähigkeit bilden, sollten nunmehr vor allem zum Bestandteil der Allgemeinbildung an den Schulen der DDR – d. h. Teil der politisch-ideologischen Erziehung – gemacht werden. Birkner[110] hatte die unzureichende pädagogische Fundierung der Wehrerziehung als Teil der «sozialistischen» Allgemeinbildung kritisiert und auf die Gefahr hingewiesen, daß daher Elemente einer Spezialbildung – der spezifisch militärischen Ausbildung – in die Allgemeinbildung eindringen könnten. Deshalb forderte er weitere Arbeiten zur inhaltlichen Bestimmung der Wehrerziehung an den Schulen. Auch müßten die Arbeiten zur militärpatriotischen Erziehung der Jugend in der Sowjetunion und zur Wehrerziehung der Jugend in den anderen «sozialistischen» Staaten in der theoretischen Auseinandersetzung stärker berücksichtigt werden.

Nach dem VII. Pädagogischen Kongreß und dem VIII. Parteitag der SED wurde ein einheitliche Begriffsbestimmung der Wehrerziehung der Schuljugend durchgesetzt, wonach unter der «sozialistischen Wehrerziehung» die Einheit der Erziehung zur Wehrbereitschaft und Wehrfähigkeit verstanden wird. Der Inhalt der Erziehung zur Wehrbereitschaft und Wehrfähigkeit wird von Birkner[111] nunmehr wie folgt beschrieben:

«Die junge Generation muß davon überzeugt werden, daß es nicht nur darauf ankommt, für die sozialistische Heimat zu lernen und zu arbeiten, sondern daß es zu den Rechten und Pflichten des sozialistischen Staatsbürgers gehört, die sozialistischen Errungenschaften gegen jeden Feind zuverlässig zu schützen und in einem unserem Volk und der sozialistischen Staatengemeinschaft aufgezwungenen Krieg den Aggressor auf seinem Territorium zu vernichten. Die spezielle Aufgabe ist nur lösbar, wenn besondere Anstrengungen zur Entwicklung einer hohen Wehrbereitschaft und -fähigkeit unternommen werden. Bei der sozialistischen Wehrerziehung der Schüler geht es sowohl um die Erziehung zur Verteidigungsbereitschaft als auch um die Vermittlung militärischer und technischer Grundkenntnisse, Fähigkeiten und Fertigkeiten sowie die Förderung der körperlichen Leistungsfähigkeit und die Anerziehung von bestimmten Charaktereigenschaften.»

Erste Ansätze zu einer ausführlichen Darstellung der Inhalte der Wehrerziehung wurden mit einem Bericht von S. Birkner[112] vorgelegt. Mit der «Handreichung zur sozialistischen Wehrerziehung»[113] wurde ein Werk geschaffen, das einmal der Spezifizierung der im Lehrplanwerk der «sozialistischen» Schule enthaltenen Grundpositionen der politisch-ideologischen Erziehung unter dem Aspekt der Wehrerziehung, zum anderen der «weiteren qualifizierten Durchführung der sozialistischen Wehrerziehung»[114] dienen soll. Die Kriterien zur Bestimmung der Inhalte der Wehrbereitschaft und -fähigkeit wurden den auf der zentralen Direktorenkonferenz von 1973 gemachten Aussagen zur Zielsetzung der allseitigen Persönlichkeitsentwicklung[115] entnommen. Bei der Analyse der Inhalte der Wehrerziehung ist diesem Werk zufolge darauf zu achten, daß sich die im Prozeß der Erziehung und Bildung anzueignenden Inhalte der Wehrerziehung auf die Gesamtentwicklung der Persönlichkeit[116], auf ihre Kenntnisse, Einstellungen, Haltungen, Motivationen und Verhaltensweisen[117] beziehen. Die Inhalte der *Wehrbereitschaft*[118] umfassen wehrpolitische und wehrmoralische Überzeugungen und Motive, die Herausbildung eines «klassenmäßig» geprägten Bildes von Freund und Feind, das Traditionsbewußtsein; die Inhalte der *Wehrfähigkeit*[119] beziehen sich auf vormilitärisches Wissen und Können, auf besondere physische und psychische Qualitäten und die Beherrschung der Grundformen militärischer Ordnung und Disziplin.

Bei der Planung und Leitung des einheitlichen Bildungs- und Erziehungsprozesses spielen sowohl die in der «Aufgabenstellung ... zur weiteren Entwicklung der staatsbürgerlichen Erziehung der Schuljugend der DDR» von 1969 festgelegten ideologischen Grundüberzeugungen[120] als auch die Inhalte der Wehrerziehung[121] eine wichtige Rolle. Die für die Bestimmung der übergreifenden Zielkategorien[122] des einheitlichen Bildungs- und Erziehungsprozesses für notwendig erachteten politischen und moralischen Grundüberzeugungen und Charaktereigenschaften des jungen Staatsbürgers bilden die ideologische Basis für die Herausbildung des spezifischen Wehrbewußtseins und der Wehrmoral. Sie beinhalten die Überzeugung[123] von der historischen Mission der Arbeiterklasse, der Sieghaftigkeit des Sozialismus und der unvermeidlichen Niederlage des Imperialismus, der historischen Bedeutung der DDR bei der Entwicklung des Sozialismus und der Erfüllung ihrer Verteidigungsaufgaben, der neuen Qualität der Zusammenarbeit der osteuropäischen Staatengemeinschaft, sowie dem proletarischen Internationalismus mit der Sowjetunion als führender sozialistischer Macht an der Spitze im Kampf der Völker für Frieden, Demokratie und Sozialismus.

Durch die *Herausbildung der wehrpolitischen und wehrmoralischen Überzeugungen* wird die volle Identifizierung des jungen Staatsbürgers mit den Sicherheits- und Verteidigungsinteressen des «sozialistischen» Staates beabsichtigt. Sie zielt letzten Endes auf eine nicht aufzuhebende Interessenübereinstimmung des Individuums[124] mit den Erfordernissen der Militärpolitik des Staates und der Partei. In der «Handreichung» wird dieser Erziehungsakt zur Herausbildung wehrpolitischer und -moralischer Überzeugungen so beschrieben[125]:

«Die Herausbildung der Überzeugung von der Verteidigungswürdigkeit der sozialistischen Staatengemeinschaft ist ein Prozeß, der sowohl das Wissen als auch das Erleben der gesellschaftlichen Verhältnisse einschließt ... Es gilt, bei unserer Jugend die Überzeugung vom fortschrittlichen, menschlichen und zutiefst moralischen Wesen unserer sozialistischen gesellschaftlichen Verhältnisse herauszubilden. In diesem Erziehungsprozeß ist die Einheit von Rationalem und Emotionalem zu verwirklichen. Die Verteidigungswürdigkeit des Sozialismus erfordert ideologische Klarheit und bewußtes Handeln. In diesem Prozeß üben besonders unsere sozialistische Schule, der Jugendverband und das Elternhaus einen entscheidenden Einfluß aus. Hier wird das Fundament für eine weitere Festigung des Wehrbewußtseins und der Wehrmoral gelegt, hier beginnt die ideologische Fundierung von Wehrbereitschaft und Wehrbefähigung, die in der GST und den bewaffneten Kräften einschließlich der Zivilverteidigung ihre notwendige Ergänzung und Weiterführung findet. Alle an der Erziehung beteiligten Kräfte haben den Auftrag, bewußte Staatsbürger zu erziehen, deren Gesamtverhalten von der Verteidigungswürdigkeit des Sozialismus bestimmt ist.»

Das spezifische *Wehrbewußtsein* basiert auf dem Verständnis politischer Grundfragen und militärwissenschaftlichen Kenntnissen. Es beinhaltet «grundlegendes Wissen und Können aus der marxistisch-leninistischen Lehre vom Krieg und von den Streitkräften über Vergangenheit und Gegenwart der Militärpolitik der Arbeiterklasse und ihrer Partei sowie über die sozialistische Militärkoalition»[126]. Daher ist es nicht ausschließlich auf Grundfragen des Dienstes in der NVA oder der Teilnahme an der vormilitärischen Ausbildung und der Sanitätsausbildung gerichtet[127].

Die spezifische *Wehrmoral*[128] «umfaßt angeeignete Normen, Einstellungen und Überzeugungen, in denen die sittliche Haltung und moralische Auffassung zur sozialistischen Landesverteidigung, zur Verteidigung der sozialistischen Staatengemeinschaft zum Ausdruck kommt. Sie drückt sich in der Einstellung zum Dienst in den bewaffneten Kräften und in allen Leistungen für die sozialistische Landesverteidigung aus und bringt den Willen zum Sieg über den Aggressor als Kampfmoral zum Ausdruck»[129]. Die Definition der «sozialistischen Wehrmoral» in einem Nachschlagewerk zur Jugendpolitik spiegelt die erhöhten Anstrengungen bei der Legitimierung der im Jugendgesetz vom Januar 1974 enthaltenen Forderungen an alle Jugendlichen der DDR zur Übernahme des Dienstes in der NVA als «Recht» und als «Ehrenpflicht» wider[130]:

«In einer bewaffneten Klassenauseinandersetzung ist die überlegene Moral, die Überzeugung von der Gerechtigkeit des geführten Kampfes, von ausschlaggebender Bedeutung ... Hohe moralische Qualitäten entstehen im revolutionären Kampf für die nationale und soziale Befreiung, die zu den entscheidenden Triebkräften in bewaffneten Auseinandersetzungen um die Durchsetzung des gesellschaftlichen Fortschritts werden, was viele revolutionäre Erhebungen und nationale Befreiungskämpfe beweisen. Die s. W. ist Bestandteil der überlegenen militärischen Potenzen des Sozialismus in der Gegenwart. In der s. W. sind die wehrmoralischen Auffassungen der revolutionären und fortschrittlichen Kräfte der Vergangenheit enthalten; die Anschauungen und Traditionen der Wehrmoral des Proletariats werden in ihr kontinuierlich fortgeführt. Als Bestandteil der sozialistischen Moral stellt die s. W. eine qualitativ neue Triebkraft für das Handeln der Werktätigen der sozialistischen Gesellschaft in bewaffneten Auseinandersetzungen mit imperialistischen Aggressoren u. a. reaktionären Kräften in unserer Epoche dar. Sie ist Ausdruck der Grundidee der sozialistischen Moral, der Arbeit für die sozialistische Gesellschaft und der Sorge um ihren zuverlässigen Schutz; sie fußt auf der Gewißheit, daß starke sozialistische Streitkräfte den Frieden sichern. Deshalb ist der Dienst in den sozialistischen Streitkräften ehrenvolle und geachtete Pflicht der Jugend.»

Ein weiterer Schwerpunkt der politisch-ideologischen Erziehung und damit auch der Wehrerziehung ist die Herausbildung eines durch den Klassengegensatz von Sozialismus und Imperialismus ausgeprägten *Freund-Feind-Bildes* auf der Basis der Einheit von Rationalem und Emotionalem. Das Freund-Feind-Bild beinhaltet nach marxistisch-leninistischer Auffassung eindeutige, durch die verschärften Klassenauseinandersetzungen zwischen Sozialismus und Imperialismus und aus der Rolle des wachsenden politischen Bewußtseins und der Ideologie für die DDR-Gesellschaft[131] begründeten Vorstellungen vom Freund und vom Feind. Das ideologische Freund-Feind-Bild «ist besonders eine rational gesteuerte und emotional geprägte Einstellung und Verhaltensweise, die von Freundschaft gegenüber den Verbündeten unseres sozialistischen Vaterlandes und von Haß gegenüber allen Feinden des Sozialismus geprägt ist»[132]. Die Erzeugung des Freund-Feind-Bildes bei allen Jugendlichen soll zur Festigung ihres Wehrmotivs beitragen, indem es inhaltlich durch das Bild vom Waffenbruder und vom militärischen Gegner[133] spezifiziert wird.

Aus den Beschlüssen des VIII. Parteitages und dem Beschluß des Politbüros des ZK der SED über die Aufgaben der Agitation und Propaganda vom 7. November 1972 ergaben sich weitere Richtlinien für die pädagogische Arbeit, die Erziehung zum proletarischen Internationalismus stärker zu betonen. Die Notwendigkeit, eine neue Qualität der politisch-ideologischen Bildung und Erziehung[134] zu erreichen, wird mit politischen Zielsetzungen begründet: der festen Freundschaft mit der Sowjetunion, der zunehmenden Integration der «sozialistischen» Staatengemeinschaft in wirtschaftlicher und militärischer Hinsicht und dem Prozeß der Abgrenzung zur Bundesrepublik. Diese Richtlinien der Erziehungsarbeit zielen daher auf die Behandlung von sozialistischem Patriotismus und proletarischem Internationalismus als Einheit und in der Auseinandersetzung mit dem Imperialismus.

Die Vermittlung der ersten Erziehungsaufgabe, nämlich der Einheit von sozialistischem Patriotismus und proletarischem Internationalismus, wird in der «sozialistischen» Schule folgendermaßen gesehen: Bei den Vorstellungen vom sozialistischen Patriotismus handelt es sich um die Herausbildung eines spezifischen DDR-Vaterlandsbewußtseins in Abgrenzung zu Vorstellungen von der «Einheit der deutschen Nation»[135]. Das Vaterlandsbewußtsein und die Vaterlandsliebe werden einmal durch die revolutionären Traditionen des deutschen Volkes und zum anderen durch das Bewußtsein der Zugehörigkeit zur «sozialistischen» Staatengemeinschaft historisch-politisch erweitert.

«Es ist für die Pädagogen der DDR eine große Aufgabe, der Jugend die Ideen des Patriotismus, der Heimat- und Vaterlandsliebe konsequent klassenmäßig nahezubringen, d. h. ein Gefühl und Bewußtsein tiefer Verbundenheit mit dem ersten deutschen Arbeiter- und Bauernstaat auszubilden, der alle progressiven nationalen Traditionen repräsentiert und fortführt, der fest und unverrückbar in die sozialistische Staatengemeinschaft eingefügt ist, dort und nur dort seine historische Mission erfüllen und die Bedingungen seiner Höherentwicklung finden kann.»[136]

Die Hauptaufgabe des proletarischen Internationalismus besteht darin, «die Jugend zu der Fähigkeit und Bereitschaft zu erziehen, über die eigenen Staatsgrenzen hinauszudenken, sich für den Sozialismus als Ganzes verantwortlich zu fühlen, (sich) für seine weitere Vervollkommnung durch die eigene Arbeit ebenso wie für seine bewaffnete Verteidigung gegen jeden feindlichen Anschlag»[137] einzusetzen.

Die Erziehung zur Verteidigungsbereitschaft im Rahmen des Warschauer Bündnisses ist für die jungen Staatsbürger der DDR nicht unproblematisch. Denn es geht darum, wie bei den Jugendlichen eine Wehrmotivation ausgebildet werden kann, die die Bereitschaft einschließt, «den Sozialismus in seiner Gesamtheit zu jeder Zeit, unter allen Bedingungen und an jedem beliebigen Ort zu schützen und zu verteidigen»[138]. Seit kurzem wird die internationalistische Seite der Erziehung zur Wehrbereitschaft und Wehrfähigkeit im Zusammenhang mit der Herausbildung des Bildes vom Waffenbruder stärker betont[139]. So formuliert Birkner den Inhalt der Erziehung zur Waffenbrüderschaft als Aufgabe der «sozialistischen» Schule[140]:

«Herausbildung des Freund-Bildes heißt für die sozialistische Wehrerziehung Entwicklung des klassenmäßigen Bildes vom Waffenbruder. Dieses Bild und die Überzeugung von der allseitigen Überlegenheit der sozialistischen Militärkoalition wecken das Gefühl des Geborgenseins in der sozialistischen Bruderfamilie, aber auch der Mitverantwortung für deren militärische Stärkung. Erziehung zur Waffenbrüderschaft ist so auch Anliegen der sozialistischen Schule.»

Obwohl der Außenpolitik der SPD/FDP-Regierung mit dem Abschluß der Verträge von Moskau und Warschau ein «größerer Realismus»[141] zugestanden wird, wird das Feind-Bild vom «aggressiven» Wesen des Imperialismus unverändert beibehalten. Das Festhalten am unversöhnlichen Gegensatz zwischen Sozialismus und Imperialismus, «der besonders scharf im Verhältnis der imperialistischen BRD und der sozialistischen DDR zutage tritt»[142], habe seine Ursache einmal in der unmittelbaren Konfrontation der beiden deutschen Staaten, zum anderen in der gleichbleibenden Aggressionsbereitschaft der Bundeswehr und den vielfältigen Absichten der ideologischen Diversion. In der Erziehungsarbeit wird sowohl auf gewisse realistische Züge des auszuprägenden Feind-Bildes als auch auf die Erziehung zum Haß Wert gelegt[143]. Die *Erziehung zum Haß* auf den Klassenfeind[144] – gegen den Imperialismus als System – ist im Erziehungs- und Bildungsprozeß ein fester Bestandteil der Wehrmotivation. «Die Schüler sollen den Imperialismus, vor allem die westdeutschen Imperialisten – unter welcher Maske sie ihre Absichten auch immer verbergen mögen – durchschauen lernen, leidenschaftlich hassen sowie bereit und fähig sein, den Sozialismus gegen alle Anschläge zu schützen»[145]. Es wird behauptet, daß dieser Haß auf den Klassenfeind eine andere ethisch-moralische Grundlage[146] besitzt als derjenige der Imperialisten, da er von den Ideen und Moralauffassungen des Sozialismus getragen sei. Somit wird jegliche Form von Haß auf den Imperialismus als System gerechtfertigt, da er sich aus dem Klassengegensatz zwischen Sozialismus und Imperialismus und der Forderung nach dem Sieg über den Klassenfeind ableiten läßt.

«Die Erziehung zum Haß steht demzufolge nicht im Widerspruch zu den edlen Zielen des Sozialismus. Haß ist die notwendige Konsequenz aus dem Befreiungskampf der

Arbeiterbewegung und aus der Tatsache, daß die Errungenschaften der sozialistischen Staatengemeinschaft heute noch durch den Imperialismus aktiv bedroht werden. Dadurch wird zugleich das Freund-Verhältnis deutlicher, nicht als Geste, sondern als objektiv notwendige Forderung des Klassenkampfes und des Sieges über den Feind. Nicht subjektive Auffassungen und Vorstellungen, sondern konkrete gesellschaftliche Bedingungen bestimmen das Freund-Feind-Verhältnis.»[147]

Um die beabsichtigten Haßgefühle gegenüber dem Imperialismus als System bei den Jugendlichen hervorbringen zu können, wird das Feind-Bild, das Bild vom militärischen Gegner, durch einzelne Personen[148], z. B. «imperialistische Generale und Offiziere», verdeutlicht[149]:

«Herausbildung des Feind-Bildes heißt für die sozialistische Wehrerziehung die Entwicklung des klassenmäßigen Bildes vom militärischen Gegner. Die Stabilisierung dieses Bildes begründet den Haß gegenüber dem Klassenfeind und festigt zugleich den Willen, den Feind zu durchschauen und ihm überall und jederzeit wachsam und mutig entgegenzutreten. Erziehung zum Haß gegenüber den Söldnern imperialistischer Armeen ist so auch Anliegen der sozialistischen Schule.»

Ein anderer Schwerpunkt der Wehrerziehung ist die Weckung von *Traditionsbewußtsein*[150] durch das Anknüpfen an militärische Traditionen der deutschen Geschichte und der internationalen und deutschen Arbeiterbewegung. Die Beschäftigung mit den revolutionären militärischen Vorbildern soll die Wehrmotivation stabilisieren. Dazu Werner Hübner[151]:

«Im Rahmen des generellen Auftrages, sich die Traditionen des revolutionären Kampfes zum Vorbild zu nehmen, wirken besonders die mit der Waffe geführten Klassenauseinandersetzungen bei der Entwicklung einer hohen sozialistischen Wehrmoral für die Verteidigung der sozialistischen Errungenschaften. Das Eindringen in diese Kampftraditionen der Arbeiterklasse, nationale und internationale, ist motivbildend für die Handlung des jungen Menschen zum bewaffneten Schutz der DDR.»

Mit der Pflege des Traditionsbewußtseins verbindet sich die Erziehungsabsicht, daß die Jugendlichen lernen, sich bedingungslos der militärischen Disziplin und Ordnung unterzuordnen[152]. So soll eine weitere Möglichkeit zur Erzeugung von Wehrmoral und zur Identifizierung mit den militärischen Leistungen der DDR geschaffen werden, zumal es unter den Bedingungen der friedlichen Koexistenz zwischen Staaten mit unterschiedlicher Gesellschaftsordnung zunehmend schwieriger erscheint, an die Opferbereitschaft der Jugendlichen für die Sache des Sozialismus zu appellieren.

In der «Handreichung zur sozialistischen Wehrerziehung» werden neben den Inhalten der Wehrbereitschaft auch die der Wehrfähigkeit ausführlich beschrieben[153]:

«Die Wehrbefähigung ist ein Prozeß der Aneignung eines hohen soliden Wissens und Könnens sowie spezieller Kenntnisse, Fähigkeiten und Gewohnheiten, die der Landesverteidigung einschließlich der Zivilverteidigung dienen, die für den militärischen Schutz, zur Abwehr einer Aggression, zur Führung des bewaffneten Kampfes und für den Schutz vor gegnerischen Einwirkungen benötigt werden. Zu ihr gehören politische, wissenschaftlich-technische und militärische Kenntnisse, Fähigkeiten und Fertigkeiten sowie ein militärisch richtiges Verhalten und die Anerziehung einer bewußten Disziplin . . .

Auf der Grundlage einer hohen sozialistischen Allgemeinbildung dienen der Wehrbefähigung besonders die Hans-Beimler-Wettkämpfe, die militärpolitischen und -technischen Arbeitsgemeinschaften, der Wehrsport in den Sektionen der GST, die vormilitärische und militärische Ausbildung, die Sanitäts- und Zivilverteidigungsausbildung, die Mitwirkung in den Kampfgruppen der Arbeiterklasse und der Wehrdienst bzw. der Wehrersatzdienst in den bewaffneten Organen der DDR.»

Die Inhalte der Wehrfähigkeit sind an den Anforderungen des «Achtertests»[154] der NVA orientiert, der das Üben besonders von Dauerleistungen, der Bewegungsschnelligkeit, der Sprungkraft, der Wurfkraft und des Schwimmens fordert. Die spezifische vormilitärische Ausbildung zur Erhöhung der körperlichen Leistungsfähigkeit und zum Einüben militärischer Bewegungsfertigkeiten wird mit den Oberschülern, Lehrlingen und Studenten in besonderen Veranstaltungen der GST betrieben.

Die «Revolution im Militärwesen»[155], stellt höhere Anforderungen an das *Wissen und Können* der Jugendlichen auf den für die Streitkräfte erforderlichen technischen, mathematischen und naturwissenschaftlichen Gebieten. Um als zukünftiger Soldat die modernen Waffen und die moderne Technik beherrschen zu können, sind breite Kenntnisse der Militärtechnik notwendig[156]. – Zur Wehrfähigkeit gehört schließlich auch die *Beherrschung der Grundformen militärischer Disziplin und Ordnung,* die von den Kindern und Jugendlichen während ihrer schulischen und beruflichen Ausbildung gefordert wird[157]. Verteidigungsminister Hoffmann betont den Beitrag, den die Schule und die vormilitärische Ausbildung bei der Erziehung zur bewußten Disziplin leisten können, indem Kinder und Jugendliche «nicht nur zu klugen, aufgeschlossenen Mädchen und Jungen (erzogen werden), sondern auch zu Menschen, denen diszipliniertes Verhalten zu einer Arbeits-, Lern- und Lebensgewohnheit geworden ist».[158] Diejenigen Jugendlichen werden kaum Anpassungsschwierigkeiten in der NVA haben, die durch die Schule, das Elternhaus und den Betrieb an Disziplin und Ordnung gewöhnt wurden. Die Erfolge des zukünftigen Soldaten bei der politischen und militärischen Ausbildung und im Kampf hängen von der Disziplin im Gruppen- und Kampfkollektiv ab. Folgende Persönlichkeitseigenschaften werden daher neuerdings hoch bewertet:

«Eiserne Lerndisziplin, diszipliniertes und kameradschaftliches Verhalten gegenüber Mitschülern, Gehorsam gegenüber den Lehrern, Achtung vor dem Älteren und Klügeren, Fähigkeiten sich unterzuordnen, natürlich auch Körperbeherrschung und persönliche Selbstdisziplin sind überhaupt Eigenschaften, die sich in unserer Armee hoch auszahlen.»[159]

3. Praktische Konsequenzen für das Erziehungs- und Bildungswesen

Die verstärkte Herausbildung von Wehrmotivation und Wehrfähigkeit wird Inhalt der Bildungs- und Erziehungsarbeit in allen Stufen des einheitlichen Bildungssystems sowie in der Massenorganisationen (Pionierorganisation, FDJ, GST).

«Diese Aufgabe zu verwirklichen setzt voraus, daß die sozialistische Wehrerziehung von den Erziehern (im weiteren Sinne), von der Familie über die Vorschuleinrichtungen, die Schulen und Universitäten, die Parteien und Massenorganisationen, den Staatsapparat bis hin zu den Betrieben ohne Ausnahme als ein notwendiger immanenter Bestandteil der sozialistischen Erziehung und Bildung verstanden und in der täglichen Arbeit durchgesetzt wird.»[160]

Auch die Mädchen werden stärker in die Wehrerziehung an den Schulen sowie im Jugendverband und in der GST einbezogen, denn ihre positive Einstellung zur Landesverteidigung soll sich auf das Verhalten der wehrpflichtigen jungen Männer auswirken.[161] Die Mädchen beteiligen sich ebenso wie die Jungen an den «Hans-Beimler-Wettkämpfen», «und sie erwerben in der Abiturstufe vormilitärisches bzw. medizinisches Wissen und Können. Sie sollen in der Zivilverteidigung der DDR, im Deutschen Roten Kreuz der DDR oder in der Gesellschaft für Sport und Technik ihren Beitrag zur militärischen Stärkung der sozialistischen Heimat leisten»[162]. Kriterien für eine wirkungsvolle organisatorische Umsetzung der Wehrerziehung sind, daß sie von allen Erziehungsträgern als untrennbarer Bestandteil der Bildung und Erziehung allseitig entwickelter Persönlichkeiten verstanden wird und daß die Einheit von schulischer und außerschulischer Tätigkeit gewährleistet wird.

Die Wehrerziehung als Bestandteil der *Vorschulerziehung und Erziehung der Unterstufenschüler* sieht nach dem «Rahmenplan für die Bildung und Erziehung im Schulhort» von 1972 für den Lernbereich «Einführung in das gesellschaftlich-politische Leben» den Kontakt zu Angehörigen der Nationalen Volksarmee, der Volkspolizei, Kampfgruppen, das Vertrautmachen mit ihren verschiedenen Aufgaben, das Kennenlernen von militärischen Dienstgraden, Uniformen und Traditionen vor[163].

«Durch persönliche Kontakte zu Genossen der NVA, der deutschen Volkspolizei und der Kampfgruppen wird das Verständnis für die notwendige Verteidigungsbereitschaft angebahnt. Durch enge Beziehungen zu sowjetischen Kindern, Soldaten und Bürgern, mit Hilfe von Erzählungen, Berichten, Bildern u. a. aus dem Leben und Schaffen der sowjetischen Menschen sollen die Gefühle der Freundschaft zur Sowjetunion entwikkelt und die Einsicht geweckt werden, daß unser sozialistisches Vaterland starke und zuverlässige Freunde besitzt»[164]).

Zu bestimmten Gedenktagen wie «Tag der Sowjetarmee» und «Tag der Nationalen Volksarmee» sollen erlebnisreiche Gruppenveranstaltungen durchgeführt werden, in denen die Kinder freundschaftliche Beziehungen zu den Soldaten der Armeen des Warschauer Vertrages aufnehmen.

«Bei Gesprächen sollen die Kinder erfahren, welchen verantwortungsvollen Dienst unsere Soldaten leisten und welche Charaktereigenschaften sie haben müssen. Wenn Soldaten Gäste ihrer Gruppe sind, können die Kinder mit ihnen marschieren üben und ihnen im Spiel nacheifern. In Verbindung zu den anderen Tätigkeitsbereichen sollten Buchlesungen, Bildbetrachtungen, Arbeit mit Modellbogen – Fahrzeuge, Flugzeuge, Schiffe u. a. –, Spiele mit militärischem Spielzeug, Filme und Besuche im militärpolitischen Kabinett des Kreises neue Kenntnisse über unsere Nationale Volksarmee und ihre Waffenbrüder der anderen sozialistischen Armeen – vor allem der Sowjetarmee – vermitteln. Das Besichtigen von Einrichtungen der NVA und von Stätten des revolutionären Kampfes der Arbeiterklasse ist stets geeignet, die Kinder mit Traditionen unserer revolutionären Entwicklung vertraut zu machen und sie zu der Erkenntnis zu führen, daß der Sozialismus geschützt werden muß.

Die Kinder sollten an Feiertagen den Aufmarsch der Ehrenwachen beobachten und in der Auswertung ihre Erlebnisse zeichnen sowie Arbeiter- und Kampflieder (Marschlieder) lernen»[165].

Der Lernbereich «sportlich-touristische Betätigung» enthält Empfehlungen, wie Disziplin, Körperbeherrschung, Mut und bestimmte Kenntnisse und Fertigkeiten im Geländespiel zu entwickeln sind:

«Bei den Geländeübungen und -spielen erwerben die Kinder einfache touristische und militärische Kenntnisse und Fertigkeiten und lernen, sie im Gelände anzuwenden. Damit wird ein erster Beitrag zur sozialistischen Wehrerziehung geleistet. Die Kinder werden angeregt, unseren Soldaten in der Disziplin, im Verhalten und in der Einsatzbereitschaft nachzueifern. Solche sozialistischen Persönlichkeitseigenschaften wie Verläßlichkeit, bewußte Disziplin, Selbstüberwindung werden damit angebahnt. Bei den Kindern wird der Wunsch geweckt, später in den Reihen der Nationalen Volksarmee ihren Ehrendienst abzuleisten.

Geländeübungen: Die Kinder erwerben folgende touristische und militärische Kenntnisse und Fertigkeiten: Verhalten im Gelände, Verständigung durch Zeichensprache, Tarnen, Bewegen im Gelände, Kriechen, geducktes Vorwärtsgehen, schnelles Überwinden von Wegen und freien Stellen, Bau eines Regenschutzdaches, eines kleinen Schutzwalles, Orientieren im Gelände nach markanten Punkten, nach einfachen Wegskizzen, nach der Sonne»[166].

Inhalte der Wehrerziehung sollen in *allen Unterrichtsfächern* der allgemeinbildenden polytechnischen Oberschulen und der erweiterten Oberschulen Eingang finden. Hinweise zur Verwirklichung der Wehrerziehung in den Unterrichtsfächern finden sich in den Lehrplänen der jeweiligen Unterrichtsstufen und Klassen und besonders in der «Handreichung zur sozialistischen Wehrerziehung». In der «Handreichung» werden ausführlich die Möglichkeiten zur Behandlung der Wehrerziehung in den einzelnen Unterrichtsfächern, wie in den gesellschaftswissenschaftlichen, den mathematischen, naturwissenschaftlichen und polytechnischen Fächern, dem Sportunterricht, dem Deutsch- und Fremdsprachenunterricht und in den musischen und künstlerischen Fächern beschrieben. Besondere Möglichkeiten für die Wehrerziehung bietet der Unterricht in den gesellschaftswissenschaftlichen Fächern, «weil der Inhalt des Unterrichts in den Fächern Staatsbürgerkunde und Geschichte bestimmte Elemente der marxistisch-leninistischen Lehre vom Krieg und von den Streitkräften einschließt»[167]. «Die mathematische, naturwissenschaftliche und polytechnische Bildung und Erziehung in der sozialistischen Schule wird immer mehr zu einer notwendigen Bedingung für die Meisterung der Revolution im Militärwesen, insbesondere der modernen Militärtechnik»[168]. Auch der Deutsch- und Russisch-Unterricht kann in besonderer Weise für die Wehrerziehung genutzt werden, indem bei der Auswahl der Literatur und der Texte die Inhalte der Wehrerziehung, wie die Erziehung zum sozialistischen Internationalismus und Patriotismus, die Herausbildung eines klassenmäßigen Freund-Feind-Bildes, die Identifikation mit revolutionären Vorbildern bzw. Helden berücksichtigt werden. Die Wehrerziehung soll auch aus dem Inhalt der «sozialistischen» Musikkultur hervorgehen. Sie «vollzieht sich in der musikalischen Erziehung und Bildung zur Liebe zur sozialistischen Heimat und zum sozialistischen Internationalismus, zur Begeisterung für die großen revolutionären Musikwerke und Musikpersönlichkeiten in Vergangenheit und Gegenwart, fördert das Bedürfnis nach musikalischer Selbsttätigkeit bei der parteilichen und ausdrucksstarken Interpretation und Rezeption des revolutionären Arbeiterliedes, des Jugend-, Kampf- und Soldatenliedes, sie führt zum Verständnis der aktivierenden Rolle des antifaschistischen und antimilitaristischen Massenliedes und hilft bei der Stärkung des Willens zur kämpferischen Mitarbeit beim Aufbau der sozialistischen Gesellschaft»[169].

Sei dem 1. September 1973 wurde ein *Rahmenprogramm «Wehrausbildung»* für Arbeitsgemeinschaften der 9. und 10. Klassen an den allgemeinbildenden Schulen verbindlich eingeführt. Es soll durch die Vermittlung von militärpolitischen und vormilitärischen Kenntnissen, Fähigkeiten und Fertigkeiten der systematischen Entwicklung der Wehrbereitschaft und -fähigkeit dienen. Darüber hinaus besteht die Aufgabe der Arbeitsgemeinschaften darin, die wehrsportliche Tätigkeit der FDJ, insbesondere die Durchführung der «Hans-Beimler-Wettkämpfe», zu unterstützen. – Die «Handreichung» gibt für die Tätigkeit in den Arbeitsgemeinschaften folgende Ziele an:[170]

«Die Tätigkeit in diesen Arbeitsgemeinschaften kann eine wichtige Form der Verbindung der Schule mit dem Leben in der NVA und anderen bewaffneten Kräften werden ... Sie wird es den Jugendlichen ermöglichen, vormilitärische und technische Kenntnisse, Fähigkeiten und Fertigkeiten zu erwerben und eine Möglichkeit bieten, das Jugendgesetz mit Leben zu erfüllen. Erste Erfahrungen bestätigen, daß in diesen Arbeitsgemeinschaften besonders solche Charaktereigenschaften wie Kollektivgeist, Mut, Initiative, Härte, Ausdauer, Disziplin und kameradschaftliches Verhalten entwickelt und gefestigt werden. Die Arbeitsgemeinschaften sollen dazu beitragen, junge Menschen zu erziehen, die als Patrioten und Internationalisten denken und handeln und den Sozialismus gegen alle Feinde zuverlässig schützen».

Im Mittelpunkt der Betätigung in den Arbeitsgemeinschaften stehen die Schieß- und Geländeausbildung sowie Fragen der Schutz- und Sanitätsausbildung. Spezifische Ordnungsübungen, die in die Ausbildungskomplexe eingefügt sind, werden als Voraussetzung für eine erfolgreiche Ausbildung im Gelände und auf dem Schießstand angesehen.[171] Für die Durchführung des Ausbildungsprogramms sind hundert Stunden vorgesehen, von denen sechzig Stunden auf das 9. und vierzig Stunden auf das 10. Schuljahr angesetzt sind. Es wird empfohlen, die Ausbildung jede zweite Woche mit vier zusammenhängenden Stunden an einem Nachmittag zu betreiben. Die Arbeitsgemeinschaften sollen als Ausbildungszüge organisiert werden, in denen die Mädchen und Jungen getrennt in Gruppen erfaßt werden. In Absprache mit der FDJ-Grundorganisation der Schule sollen geeignete Schüler als Gruppenführer eingesetzt werden.

Folgende militärpolitische Literatur gilt als Grundlage für die vormilitärische Ausbildung: das «Handbuch Militärisches Grundwissen», das «Handbuch für Motorisierte Schützen», die Reihe «Politik und Landesverteidigung», das Lesematerial für die Klassen 7 bis 12 «Sozialismus – Frieden – militärischer Schutz» und die Schriftenreihe «Schützen und Helfen».

An den Schulen nicht vorhandene Ausbildungsmaterialien wie Schutzmasken und Kleinkaliber-Maschinenpistolen können von der GST oder anderen Einrichtungen zur zeitweiligen Nutzung ausgeliehen werden. Der Besuch und die Nutzung von Traditionszimmern, militärpolitischen Kabinetten, von Sport- und Übungsgeländen sowie von Wettkampfeinrichtungen der GST und des Deutschen Roten Kreuzes wird empfohlen. Außerdem wird die Zusammenarbeit mit den Wehrkommandos der NVA, den Pateneinheiten der Streitkräfte und der Volkspolizei, mit den Hundertschaften der Kampfgruppen, Reservistenkollektiven, der GST, dem DRK und den Stäben der Zivilverteidigung unterstützt.

Für Schüler der Abiturstufe wurde der *fakultative Lehrgang*[172] «Grundfragen der Militärpolitik und des bewaffneten Schutzes der DDR» eingerichtet. Er ist darauf gerichtet, «sich allseitig und bewußt auf den aktiven Wehrdienst bzw. auf die Mitwirkung in den Organen der Zivilverteidigung vorzubereiten. Darüber hinaus kann der Lehrgang zur Entscheidung der Schüler für das Erlernen eines militärischen Berufes beitragen»[173]. Für die Gestaltung des Lehrganges wird die Anwendung bestimmter Methoden empfohlen:[174]

- die seminaristische Behandlung der Themen,
- der wirkungsvolle Einsatz von Anschauungsmitteln (Besuch militärpolitischer Kabinette und des Armeemuseums),
- eine forschende Tätigkeit (Einzel- oder Kollektivarbeit über militärische Traditionen der internationalen und deutschen Arbeiterbewegung),
- Öffentlichkeitsarbeit (Bericht in Wandzeitungen der Schule oder des Patenbetriebs der Schule, Beiträge für die Bezirkspresse u. a.).

Nach einer «Vereinbarung zur Durchführung der vormilitärischen Ausbildung und der Sanitätsausbildung an den EOS und Spezialschulen der DDR»[175] vom 12. Februar 1973, die zwischen dem Ministerium für Volksbildung, dem Ministerium für Gesundheitswesen, dem Zentralrat der FDJ, dem Zentralvorstand der GST und dem Präsidium des DRK abgeschlossen wurde, erfolgt die vormilitärische Ausbildung und die Sanitätsausbildung der Schüler und Schülerinnen der 11. Klassen in einem zwölftägigen Lehrgang während der Sommerferien. Zur Vorbereitung auf die Ausbildung wird in Zusammenarbeit von Schule, FDJ, GST und dem DRK an den erweiterten Oberschulen und Spezialschulen ein *«Tag der Bereitschaft»* durchgeführt, der außerhalb des Unterrichts, jedoch als obligatorische Schulveranstaltung stattfindet, Ziel des «Tages der Bereitschaft» ist die Abnahme eines Appells, bei dem die Schüler ihre Verteidigungsbereitschaft bekunden, und die Vermittlung bestimmter Informationen zur bevorstehenden Ausbildung in den GST-Lagern[176].

Mit der neuen «Richtlinie für die Organisierung und Durchführung der *‹Hans-Beimler-Wettkämpfe› der FDJ* in den 8. bis 10. Klassen der Oberschulen» von 1972 wird das System der altersmäßig abgestuften Wehrerziehung durch die FDJ weiter ausgebaut. Die Richtlinie enthält Bestimmungen, wonach die «Hans-Beimler-Wettkämpfe» der allgemeinbildenden polytechnischen Oberschulen die Hauptform der Wehrerziehung der Jugendlichen in den Klassen 8 bis 10 sind. In der «Richtlinie» wird auch das Ziel der Wettkämpfe angegeben[177]:

> «Das Hauptanliegen der Wettkämpfe besteht in der Herausbildung klassenmäßiger Denk- und Verhaltensweisen für die Verteidigung der DDR und der sozialistischen Staatengemeinschaft. Das muß seinen Ausdruck finden in der bewußten Aneignung solider militärischer Kenntnisse, Fähigkeiten und Fertigkeiten sowie in dem Entschluß der besten FDJler, den Offiziersberuf zu ergreifen, als Berufssoldat oder Soldaten auf Zeit zu dienen. Diese Aufgabe zu lösen, verlangt von den FDJ-Leitungen, ihre Verantwortung für die sozialistische Wehrerziehung zu erhöhen und besonders eng mit den Pädagogen zusammenzuarbeiten.»

In der Richtlinie werden die wehrsportlichen Elemente des Wettkampfes zur Vorbereitung der Jugendlichen auf die vormilitärische Ausbildung durch die GST betont. Zum ersten Mal werden auch an die Mädchen höhere wehrsportliche Anforderungen gestellt. Die Mädchen nehmen unter veränderten Wettkampfbedingungen an allen Disziplinen des Wettkampfes teil[178]. Die «Hans-Beimler-Wettkämpfe» umfassen nunmehr wehrpolitische Maßnahmen (Kampfmeeting zur Eröffnung der Wettkämpfe[179], wehrpolitische Veranstaltungen, militärpolitische Rundtischgespräche, Buchbesprechungen), wehrsportliche Kämpfe (Kraftsportwettkampf, Geländelauf, wehrsportlicher Mehrkampf) und den «Marsch der Bewährung» über 10 Kilometer. Zum Abschluß erfolgt die Auszeichnung der besten Schüler und Schülerinnen der Klassen und der besten FDJ-Organisation der Schule durch die FDJ-Leitungen. Die besten Wettkämpfer der Schulen können an den Kreiswehrspartakiaden der GST teilnehmen[180].

Das System der Sicherung der DDR und die Konzeption ihrer Streitkräfte wirken sich so auf eine verstärkte Ausprägung militärischer Qualifikationen der Bürger schon in Friedenszeiten in der Weise aus, daß die Anforderungen an das Bildungs- und Erziehungssystem, diese Einstellungen und Verhaltensweisen schon frühzeitig bei den Kindern und Jugendlichen auszubilden, stark zugenommen haben. Die Ausprägung von Wehrmotivation, Wehrbereitschaft und Wehrfähigkeit in der Schule und in den Massenorganisationen (FDJ, GST) zielt auf die Ausformung und Stabilisierung von für den Dienst in den Streitkräften erforderlichen Einstellungen und Verhaltensweisen wie Wehrbewußtsein, Vaterlandsliebe, Haß gegen die Klassenfeinde, Diszipliniertheit, Leistungsbereitschaft und -vermögen, Opferbereitschaft und Siegesgewißheit. Nach einem Handbuch zur moralisch-politischen und psychologischen Vorbereitung der Soldaten in der Sowjetarmee[181], das ebenso für die Ausbildung in der NVA gilt, sollen diese Charaktereigenschaften der «sozialistischen» Persönlichkeit bei allen Soldaten herausgebildet werden. Somit werden die Ziele der Erziehung zur allseitig entwickelten «sozialistischen» Persönlichkeit für die Erziehung zur «sozialistischen Soldatenpersönlichkeit» instrumentalisiert. Dieser Zielsetzung, der «frühzeitigen Herausbildung von sozialistischen Soldatenpersönlichkeiten»[182], ist auch die gesamte vormilitärische Ausbildung verpflichtet. Die Wehrerziehung ist nicht nur fester Bestandteil des Bildungs- und Erziehungssystems, sie soll auch mit allen Elementen dieses Systems direkt verbunden werden: «... mit der Herausbildung der marxistisch-leninistischen Weltanschauung, mit der Erziehung zur Arbeit, zu sittlichem, patriotischem, internationalistischem Verhalten, der allseitigen Entwicklung der Persönlichkeit, der Überwindung der Überreste des Kapitalismus im Bewußtsein und Verhalten der Menschen und der Entlarvung der bürgerlichen Ideologie»[183]. Die Durchdringung des Unterrichts, besonders der politisch-ideologischen Erziehung, mit Elementen der Wehrerziehung wie auch die besonderen Einrichtungen im außerunterrichtlichen Bereich (Manöverspiele, «Hans-Beimler-Wettkämpfe», «Tag der Bereitschaft») und die politische Motivierung für militärische Berufe bewirken so eine systematische Militarisierung des Bildungswesens der DDR.

8. NVA und Innere Sicherheit
Von Burckhard M. Blanke

Das extreme Sicherheitsbedürfnis der politischen Führung der DDR findet seinen Ausdruck in der Vielzahl der militärischen und paramilitärischen Organisationen, die zum Schutze und zur Sicherung des Staates und der Gesellschaftsordnung in der SBZ/DDR aufgebaut und inzwischen zu einem umfassenden «System» verknüpft wurden. Autoren aus der Bundesrepublik werten diese Maßnahmen zur Perfektionierung des «Systems der sozialistischen Landesverteidigung» in der DDR allerdings eher als Ausdruck aggressiver Wehrideologie im Sinne einer sozialrevolutionären «Befreiermission» der DDR und der NVA[1] denn als Mittel zur Absicherung des gesellschaftspolitischen Status quo in der DDR. Der Aspekt in der inneren Funktion der Streitkräfte zur Sicherung der «sozialistischen Errungenschaften» vor der Konterrevolution tritt zwar im Verlauf der Stabilisierung des Gesellschaftssystems in der DDR nach parteioffizieller Meinung zugunsten der «internationalistischen Verantwortung» im Bündnis mehr und mehr zurück.[2]

Die Gesamtheit der Maßnahmen zur inneren Sicherheit wird durch diese Veränderung der Aufgabenstellung der «bewaffneten Organe» jedoch nicht eingeschränkt. Da ein Angriff auf die «sozialistischen Errungenschaften», insbesondere auf das Regierungssystem der DDR, nur als Angriff des außerhalb des sozialistischen Lagers befindlichen Klassenfeindes verstanden würde (siehe die Einschätzung der Entwicklung in der ČSSR 1968 als von außen gesteuerte «Schleichende Konterrevolution»), gilt die Förderung jeder Maßnahmen der Staatssicherheitsdienste, der Polizei, der VP-Bereitschaften, der Kampfgruppen und der Wehrerziehungsorgane ebenso als Beitrag zur Stärkung der Verteidigungskraft wie die direkte Förderung der NVA.

Damit ist eine strikte Aufgabenteilung zwischen NVA und den übrigen bewaffneten Organen von vornherein nicht vorgesehen. Die tatsächliche Vermischung militärischer und polizeilicher Aufgaben der bewaffneten Organe und der damit verbundene besondere Charakter der Militärorganisation in der DDR wird mit der «konsequenten Anwendung der Lehren des Marxismus-Leninismus» theoretisch zu begründen versucht. Dazu werden immer wieder sozialistische «Klassiker»[3] der Militärtheorie ebenso wie die für die DDR-Militärpolitik verbindlichen sowjetischen zeitgenössischen militärtheoretischen Lehren zitiert.[4]

Der Militärpolitik der SED wird bescheinigt, daß sie «in konsequenter Anwendung der militärpolitischen und militärtheoretischen Lehren des

Marxismus-Leninismus» stets in die gesamte Politik der Partei und ihrer Strategie und Taktik eingeordnet worden ist, daß sie aber zugleich «den konkret-historischen Bedingungen des Klassenkampfes gegen den Imperialismus»[5] angepaßt wurde und wird. Die Anpassung der Militärtheorie an die konkret-historischen Bedingungen der innergesellschaftlichen Entwicklung und des Klassenkampfes hat dazu geführt, daß die Rolle der Streitkräfte in den Staaten des «realen Sozialismus» eine den klassischen sozialistischen Militärtheorien fundamental widersprechende Einschätzung erfahren hat. Noch 1964 betonte Verteidigungsminister Armeegeneral Heinz Hoffmann in einer Vorlesung an der Parteihochschule «Karl Marx» beim Zentralkomitee der SED, daß nach den Lehren des Marxismus-Leninismus die sozialistischen Streitkräfte im Unterschied zu den Streitkräften der imperialistischen Staaten nicht generell der wichtigste Teil im Staatsapparat seien. Vielmehr bilde der Wirtschaftsapparat den wichtigsten Bestandteil des sozialistischen Staates, während die Streitkräfte, zumindest in Friedenszeiten, hinter diesem rangierten:

«Auch darin offenbart sich, daß sich die Existenz sozialistischer Streitkräfte nicht aus den Gesetzmäßigkeiten der sozialistischen Produktionsweise ergibt. Sie wird ausschließlich durch die von den imperialistischen Staaten und ihrer Militärmacht ausgehenden ständigen Bedrohung des Weltfriedens . . . bedingt.»[6]

Diese Einschätzung der Rolle der Streitkräfte in der sozialistischen Gesellschaft deckte sich mit der marxistisch-leninistischen Theorie, die davon ausgeht, daß das Militär als Teil der Staatsmacht mit der sozialistischen Gesellschaft prinzipiell unvereinbar ist, daß vielmehr mit zunehmender Entwicklung vom Sozialismus zum Kommunismus hin der Staat und damit auch das Militär abstirbt.[7] Die Aufrechterhaltung militärischer Kräfte wurde danach also nur aus den Bedingungen des Klassenkampfes und der äußeren Bedrohung erklärt und gerechtfertigt.

Indessen werden heute den sozialistischen Streitkräften nicht allein Aufgaben zur Verteidigung der Revolution und der sozialistischen Errungenschaften nach außen, sondern auch eine Reihe von Aufgaben im Innern zugedacht, die sie als Entwicklungsaggregat und Erziehungsinstitut der sozialistischen Gesellschaft auf dem Wege zum Kommunismus ausweisen. Angesichts der fortschreitenden «Revolution im Militärwesen» und der neuen Rolle des Militärs zur Formierung der sozialistischen Gesellschaft im Staatssozialismus als Schule der staatsbürgerlichen Erziehung wurde die Theorie von der Nichtvereinbarkeit von Militär und Sozialismus zugunsten der These, daß mit fortschreitender gesellschaftlicher Entwicklung zum Sozialismus und Kommunismus hin der sozialistische Staat immer stärker und damit auch das Militär immer stärker würde, aufgegeben.[8] Der VII. Parteitag der SED 1967 definierte danach die Landesverteidigung als untrennbaren Bestandteil des Gesamtsystems der sozialistischen Gesellschaft und zu seinem Wesensinhalt gehörend.[9]

Diese Einschätzung der Streitkräfte als Wesensbestandteil der Gesellschaftsordnung in den Staaten des «realen Sozialismus» beruht auf der Annahme, daß die Stärkung der militärischen Machtmittel eine «objektive Notwendigkeit» für den erfolgreichen Aufbau des Sozialismus und Kommunismus darstellt und sich gleichermaßen aus den Gesetzmäßigkeiten der innergesellschaftlichen Entwicklung als auch aus den Besonderheiten des internationalen Klassenkampfes ergibt.[10] Die Streitkräfte des Warschauer Bündnisses erhalten somit den Rang konstitutiver Elemente der Gesellschaftssysteme ihrer Länder. Der Staat bedarf seiner Machtinstrumente, der sozialistischen Streitkräfte, nicht mehr allein zur Sicherung nach außen und innen, sondern auch zur unmittelbaren Entwicklung der sozialistischen Gesellschaft. Das Militär als «Wesensbestandteil» des «realen Sozialismus» erhält hierdurch eine neue Qualität seiner inneren Funktion.

Idee und Praxis der Volksbewaffnung in der DDR

Die Nationale Volksarmee ist in der DDR nicht der einzige Waffenträger. Neben ihr erfüllen eine Reihe von paramilitärischen und polizeilichen Organisationen als bewaffnete Organe verschiedene Aufgaben der territorialen Verteidigung und der inneren Sicherheit. Zu diesen zählen die dem Ministerium für Nationale Verteidigung unterstellten Grenztruppen, militärische Formationen der Deutschen Volkspolizei (DVP), der Bereitschaftspolizei, Sonderverbände des Staatssicherheitsdienstes und vor allen Dingen die Betriebskampfgruppen, die sogenannten Kampfgruppen der Arbeiterklasse. Dieses Nebeneinander von regulärer stehender Armee und Milizorganisation orientiert sich eng an den Traditionen der Idee der Volksbewaffnung in der Sowjetunion und im Deutschland der Weimarer Republik einerseits und reflektiert andererseits die spezifischen Bedingungen der Staatswerdung und der Sicherheitsproblematik der DDR.

Die historische Entwicklung der Streitkräfte in der Sowjetunion verlief anders als dies von Marx, Engels und auch Lenin für die Militärorganisation des siegreichen Proletariats gedacht worden war. Nach ihnen bedurfte die sozialistische Gesellschaft nicht mehr eines stehenden Heeres. Vielmehr sollte dieses durch die allgemeine Bewaffnung des Volkes im Zuge der fortschreitenden Revolution abgelöst und durch eine sozialistische Miliz ersetzt werden. Man ging davon aus, daß die bewaffneten Volksmassen, die die sozialistische Revolution vollbracht hatten, ihrer Stärke nach und von ihrer moralistischen Qualität her den stehenden Heeren bürgerlicher oder vorbürgerlicher Staaten überlegen seien.

Die Forderung nach der allgemeinen Bewaffnung des Volkes anstelle eines stehenden Heeres fand als Grundsatz der militärischen Organisation des siegreichen Proletariats Eingang in die Programmatik der kommunistischen Partei. Lenin schrieb 1905:

«Schaffen wir das stehende Heer völlig ab. Soll sich die Armee mit dem bewaffneten Volk verschmelzen; sollen die Soldaten ihre militärischen Kenntnisse ins Volk tragen, soll die Kaserne verschwinden und durch die freie Militärschule ersetzt werden. Keine Macht der Welt wird einen Anschlag auf das freie Rußland wagen, wenn auf der Wacht dieser Freiheit das bewaffnete Volk stehen wird . . .»[11].

Angesichts der Entwicklung und der Bedingungen des Bürgerkrieges in Rußland aber wurde gegen den Widerstand der «Militäropposition» in den Führungsgremien der kommunistischen Partei das ursprünglich für die Roten Garden geltende Freiwilligenprinzip aufgegeben und die «Rote Armee der Arbeiter und Bauern» zu einer regulären Kaderarmee auf der Basis der allgemeinen Wehrpflicht ausgebaut. Diese Militärorganisation, unter dem Kriegskommissar Frunse in den 20er Jahren zeitweilig durch ein territoriales Milizsystem ergänzt und unterstützt, wurde für die UdSSR und alle anderen sozialistischen Staaten zur Grundlage des militärischen Aufbaus.[12]

Trotz dieser eindeutigen und unerschütterlichen Position der regulären Wehrpflichtarmee in den Staaten des «realen Sozialismus» und anders als in der Sowjetunion, wo die historische Entwicklung dagegen stand, hatten sich in Polen, in Ungarn, in Bulgarien, in der Tschechoslowakei und in der DDR in den Betrieben sogenannte Arbeitermilizen gebildet, die, aus bewährten Parteimitgliedern zusammengesetzt, unmittelbar dem Befehl der jeweiligen kommunistischen Partei unterstellt waren. Die 1952 in der DDR zuerst gebildeten und dann 1955 zu einer territorialen Miliz umorganisierten, früher SED-Betriebskampfgruppen, jetzt «Kampfgruppen der Arbeiterklasse» genannten paramilitärischen Verbände sind die reduzierte organisatorische Erscheinungsform der marxistisch-leninistischen Idee der allgemeinen Volksbewaffnung und der bewaffneten Arbeiterklasse in der DDR. Sie wurzeln in den Traditionen der proletarischen Kampfverbände der deutschen Arbeiterklasse in der Weimarer Republik und der «Thälmann-Brigade» während des spanischen Bürgerkrieges.[13] Das System der sozialistischen Landesverteidigung der DDR hat mit diesen Kampfgruppen ein Element erhalten, das neben der NVA und den übrigen bewaffneten Organen zunächst Aufgaben zum Schutz im Innern, neuerdings aber auch durch die direkte Unterstützung der NVA bei Kampfhandlungen zum Schutz nach außen, wahrnehmen soll.

Die innere Schutzfunktion der Kampfgruppen, nämlich die Sicherung der Loyalität der Betriebsangehörigen gegenüber der Partei- und Staatsführung, bleibt jedoch angesichts der historischen Erfahrungen und der

Entwicklung der Kampfgruppeneinheiten in der DDR zweifelhaft. Aus Gründen der Kampfkraftsteigerung und Einsatzbereitschaft können die Kampfgruppen in den Betrieben, LPG's und Behörden z. B. nicht allein aus «erprobten und gestählten» Kommunisten bestehen. Sie bedürfen ebenso wie die NVA und die anderen bewaffneten Organe der DDR jener spezifischen Loyalitätserzeugungs- und -sicherungsmaßnahmen, wie «politisch-ideologische Bildung und Erziehung», «Kaderpolitik», SSD-Spitzel-System und Überwachung durch das System der Partei- und Politorganisationen.

Klassenprinzip und Einheit von Volk und Armee in der DDR

Die SED hat seit dem VII. Parteitag durch eine Fülle von Beschlüssen und Bestimmungen immer wieder deutlich gemacht, daß die NVA nunmehr ein Wesensbestandteil des Gesellschaftssystems der DDR sei. Die bewaffneten Organe sind danach nicht durch die «konkret-historischen» Bedingungen des Klassenkampfes aufgezwungene Einrichtungen, sondern organisch mit der Gesellschaft verbundene und für ihre innere Entwicklung notwendige Funktionsträger. Sie gewinnen damit nicht nur als Erziehungsträger, als «Schule des Sozialismus»[14] an Bedeutung:

> «Als militärisches Instrument der Arbeiter- und Bauernmacht zur Verteidigung des Sozialismus ist die Nationale Volksarmee der DDR . . . ein Abbild der sozialistischen Gesellschaftsordnung und verkörpert in sich deren spezifische Merkmale.»[15]

Die NVA stellt sich darüber hinaus als Vorbild für die sozialistische Gesellschaft dar; ihre soziale Funktion soll in den Vordergrund treten. Damit wird die herkömmliche Bedeutung des Begriffes der inneren Funktion sozialistischer Streitkräfte erheblich verändert. Die Armee wird zu einem untrennbaren Bestandteil des gesellschaftlichen Gesamtsystems des Sozialismus; die wachsende Einheit von Volk und Armee wird als gesetzmäßig angesehen. Dem trägt die Entwicklung der NVA von der Freiwilligenarmee zur Wehrpflichtarmee, von der «Klassenarmee» zur «Volksarmee» Rechnung.

Denn in dem Maße, in dem alle Klassen und Schichten der DDR-Gesellschaft auf die Positionen der Arbeiterklasse übergehen und mit ihr und ihrer Partei eine Einheit bilden, verliert die NVA ihren ursprünglichen Klassencharakter und wird im Sinne des Wortes zu einer Armee des ganzen Volkes, zur Volksarmee.[16]

In der DDR wurde zwar die vom VII. Parteitag der SED angenommene Formel Walter Ulbrichts vom Verschwinden der Klassengesellschaft zugunsten einer «sozialistischen Menschengemeinschaft» auf dem VIII. Parteitag revidiert. Die Einschätzung jedoch, daß mit der weiteren Festigung des Büdnisses der Arbeiterklasse mit den anderen werktätigen Schichten und Klassen in der DDR die «politisch-moralische Einheit des Volkes»[17] wächst, begünstigt deshalb die Vorstellung, daß im Prozeß der Heranbildung und Formung der neuen sozialistischen Gesellschaft auch die Landesverteidigung, und hier besonders die NVA, zur «Sache des ganzen Volkes»[18] wird.

Die Einheit von Volk und Armee wird durch einen derartigen Prozeß der «Vergesellschaftung» als gesetzmäßig angesehen. Denn in dem Maße, in dem die bewaffneten Organe als der sichtbarste Ausdruck der sozialistischen Staatsmacht durch die Bevölkerung akzeptiert und integriert werden, geht auch die Identifizierung der Gesellschaft mit der Gesellschaftsordnung in der DDR einher. Die SED mißt deshalb dem Dienst in den Streitkräften ebenso wie der Wehrerziehung und dem Dienst in den übrigen bewaffneten Organen größte Bedeutung als systemstabilisierende Elemente bei. Indem also neben der Arbeiterklasse auch andere Klassen und Schichten der DDR-Bevölkerung das sozialistische Gesellschaftssystem akzeptieren, tragen sie zur «Vergesellschaftung» der Landesverteidigung bei. Die «Einheit von Volk und Armee», deren Führung durch die SED wiederum als konstitutives Element ihres Klassencharakters angesehen wird, ermöglicht hierbei die «dialektische» Einheit von Klassenarmee–Volksarmee.

Wie sehr dabei die SED bemüht ist, die Armee als Ausdruck ihrer politischen Ziele, ja geradezu als gesellschaftliches Modell vorzuführen, beweisen die vielfältigen Anstrengungen, den Klassencharakter und damit die Vorbildlichkeit der NVA hervorzuheben, sei es durch die Betonung der Klassenherkunft der Soldaten, sei es durch die Demonstration ihrer besonderen Loyalität dem Staat gegenüber, oder sei es durch Verweis auf die Besonderheit der sozialistischen Beziehungen zwischen Unterstellten und Vorgesetzten im «Kampfkollektiv».

Die SED war bemüht, bereits beim Vorläufer der Nationalen Volksarmee, der Kasernierten Volkspolizei (KVP), Klassenherkunft und «Klassenstandpunkt» der Soldaten im Sinne der Partei durch eine gezielte Kaderpolitik und durch die Bevorzugung von Freiwilligen aus der Arbeiterklasse zu bestimmen.

Tabelle I zeigt, daß der Anteil der «proletarischen Offiziere» bei aller Ungenauigkeit der Definition «soziale Herkunft: Arbeiterklasse», nach SED-Angaben bis 1963 geringfügig anwächst, und inzwischen aufgrund der erhöhten Anforderungen (Abitur) und der wachsenden Klasse der «Intelligenz» konstant bleibt, bzw. relativ abnimmt.

Tab. I: Anteil der aus der «Arbeiterklasse» stammenden Offiziere im Offizierskorps der KVP/NVA (in Prozent) (Abweichung in Klammern)

KVP	NVA						
1955	1956	1957	1961/62	1963	1965	1971	1974
80,8 (80)	86 (73)	81,9	81,7 (85)	82,7	82,2	79	83

Quelle: s. Anmerkung 19

Unabhängig von der «Klassenherkunft» entwickelt sich der «Klassenstandpunkt», d. h. konkret die SED-Mitgliedschaft der Offiziere.

Tab. II: Anteil der Mitglieder und Kandidaten der SED im Offizierskorps der KVP/NVA (in Prozent)

KVP	NVA						
1955	1956	1957	1961/62	1963	1965	1971	1974
74	80	86	95,8	96,3	95	98	99

Quelle: s. Anmerkung 19

Bemerkenswert ist in der Tat, daß die SED die Parteimitgliederzahl der Offiziere innerhalb von knapp 7 Jahren um über 20 % erhöhen konnte. In jenen Jahren (1956–1963) gelang es der Partei, in der NVA jährlich durchschnittlich etwa 6000 neue Mitglieder und Kandidaten zu gewinnen.

Der Anstieg der SED-Mitgliederzahl im NVA-Offizierskorps in den Jahren 1956 bis 1963 wurde vor allem dadurch gefördert, daß man bewährte und loyale Funktionäre aus Partei- und Staatsämtern in die leitenden Dienststellungen der NVA delegierte.[20] Heute, im 20. Jahr ihres Bestehens, kann man davon ausgehen, daß sämtliche Offiziere der NVA Mitglieder bzw. Kandidaten der Sozialistischen Einheitspartei Deutschlands sind. Damit wird demonstriert, daß die NVA als Klassenarmee und Volksarmee unmittelbar der politischen Führung zugeordnet ist.

Hohe Militärs gehören dieser teilweise sogar an. Anfang 1973 wurde Verteidigungsminister Hoffmann, ohne Kandidat gewesen zu sein, in das

Politbüro der SED aufgenommen. Die Ehrung des Verteidigungsministers sowie des Ministers für Staatssicherheit, Generaloberst Mielke, und des Ministers des Innern, Generaloberst Dickel, mit dem höchsten Orden der DDR («Held der DDR») demonstriert die Einschätzung der politischen Führung, daß die Sicherheitsorgane der DDR nicht nur zum Schutze der «sozialistischen Errungenschaften» notwendig seien, sondern selbst einen wesentlichen Teil dieser Errungenschaften darstellen.

Nun kann nicht daraus mit Sicherheit gefolgert werden, daß der Einfluß der Militärs auf die politische Führung wächst. Immerhin läßt sich aber aus der wachsenden Bedeutung, die dem Militär in der DDR beigemessen wird, schließen, daß die politische Führung den Streitkräften als innenpolitischer Stabilisator sowohl kurzfristig als Repressionsinstrument als auch langfristig als Erziehungs- und Integrationsinstrument eine zentrale «staatstragende» Rolle in der DDR zubilligt und dies durch eine militärfreundliche Haltung deutlich macht.[21]

Die innere Funktion sozialistischer Streitkräfte und die Rolle der NVA bei der Sicherung der sozialistischen Errungenschaften im Innern

Zum Selbstverständnis der NVA als sozialistische Armee gehört zunächst die Einschätzung ihrer Rolle als integrierte Büdnisarmee in der Warschauer Verteidigungskoalition. Im Rahmen dieser Rolle hat die NVA gemäß dem Beschluß des VIII. Parteitages der SED die «militärische Hauptaufgabe, ... die Staatsgrenzen, den Luftraum und das Küstenvorfeld der DDR sowie der verbündeten sozialistischen Staaten gemeinsam mit der Sowjetarmee und anderen Bruderarmeen des Warschauer Vertrages zuverlässig zu schützen.»[22] Damit trägt die NVA die Verantwortung dafür, daß sowohl «... friedliche Bedingungen für den sozialistischen Aufbau»[23] in der DDR bestehen als auch die «... weltweite Offensive des Sozialismus in der Klassenauseinandersetzung mit dem Imperialismus militärisch ab(ge)sicher(t)»[24] wird.

Um dieser Verantwortung gerecht zu werden, hat die NVA zwei «Grundaufgaben» zu lösen. Die eine Grundaufgabe besteht in dem noch engeren Zusammenwirken der bewaffneten Kräfte der DDR mit der Sowjetarmee und den anderen Armeen des Büdnisses, die andere gilt «... der noch wirksameren Verflechtung der Landesverteidigung mit allen anderen Bereichen (der) sozialistischen Gesellschaft.»[25] Die zweite Grundaufgabe enthält mit der Forderung der Integration der Landesverteidigung in das Gesamtsystem der Gesellschaft indessen einen Anspruch, der über die herkömmlichen Aufgaben der NVA und der übrigen bewaffneten Kräfte der DDR hinausweist. Zwar muß die NVA als Bündnisarmee ihren Beitrag zur Sicherung der DDR nach außen liefern und zur «Erfüllung der historischen Mission der Arbeiterklasse» dazu beitragen, daß die gestürzte Ausbeuterklasse im Innern niedergehalten wird:

«Eine wesentliche, wenn auch nicht die wichtigste Funktion der sozialistischen Armeen besteht also darin, als besondere Repressionsgewalt des von der Arbeiterklasse geführten werktätigen Volkes gegen eine kleine Minderheit gestürzter Ausbeuter tätig zu sein.»[26]

Die innere Funktion der NVA erschöpft sich aber nicht nur in der «Niederhaltung antisozialistischer Kräfte». Vielmehr ist die NVA umfassend in Zusammenarbeit mit den übrigen bewaffneten Organen der DDR (Polizeitruppen, Arbeitermilizen) für die Aufrechterhaltung und Wiederherstellung der inneren Sicherheit verantwortlich.

Darüber hinaus hat die NVA in ihrem Selbstverständnis weitere Funktionen im Innern, die sie als spezifisch sozialistische Armee ausweisen sollen:

«Unsere Armeen, die immanente Bestandteile der sozialistischen Gesellschaft sind, leisten vor allem auch unmittelbare sozialistische Aufbauarbeit.»[27]

Indem sie nämlich ihren Angehörigen und denen anderer bewaffneter Kräfte der DDR-Landesverteidigung unmittelbar und über die «sozialistische Wehrerziehung» weiten Teilen der DDR-Bevölkerung mittelbar politische, militärische und militärtechnische Kenntnisse, Fähigkeiten und Fertigkeiten vermittelt und im Prozeß des Wehrdienstes «... wichtige Wesenszüge der sozialistischen Persönlichkeit entwikkelt»[28], leistet die NVA «einen spezifischen Beitrag zur Persönlichkeitsentwicklung des sozialistischen Menschen in der DDR».[29]

Das Vorbild der Roten Armee als Integrationsinstrument eines Vielvölkerstaates, wie ihn die Sowjetunion darstellt, gilt nicht so sehr für die NVA. Ihre Funktion als gesellschaftliches Integrationsinstrument bezieht sich eher auf die Rolle als Loyalitätserzeuger bei den verschiedenen gesellschaftlichen Klassen und Schichten der DDR. Die «unmittelbare sozialistische Aufbauarbeit» wird dabei zuallererst in den Aufgaben gesehen, die die Wehrpflichtarmee im Rahmen des sozialistischen Bildungssystems erfüllt. Die Beiträge ökonomischer, sozialer und ideologischer Art für die Entwicklung des «realen Sozialismus», die das Militär liefert, enthalten inzwischen einen so hohen Stellenwert, daß die militärische Tätigkeit selbst – im Widerspruch zu den «Klassikern» – als produktive Arbeit eingeschätzt wird.[30]

Innere Sicherheit und gesetzliche Grundlagen

Der Einsatz der NVA und der übrigen bewaffneten Organe in der DDR wird durch eine umfangreiche Notstandsgesetzgebung geregelt. Anders als im Grundgesetz der Bundesrepublik sind die Bedingungen und Aufgaben der Streitkräfte in der Verfassung der DDR nicht im einzelnen bestimmt. In den Artikeln 7, 8, 23, 49, 52 und 73 werden neben allgemeinen Aussagen zur Verteidigung der DDR die staatlichen Organe lediglich ermächtigt, Einzelregelungen für Maßnahmen beim inneren und äußeren Notstand zu treffen.[31] Grundlegende und umfassende Regelungen enthalten das «Verteidigungsgesetz» der DDR[32], das «Gesetz über die Bildung des Nationalen Verteidigungsrates der DDR»[33] und das «Zivilverteidigungsgesetz»[34]. Im «Volkspolizeigesetz»[35] werden der Deutschen Volkspolizei Aufgaben bei der Landesverteidigung und der Nationalen Volksarmee und den Verbänden des Ministeriums für Staatssicherheit polizeiliche Aufgaben im Innern zugewiesen. Besondere Notstandsregelungen im Zusammenhang mit den in der DDR stationierten sowjetischen Truppen (GSSD) enthält auch der Stationierungsvertrag zwischen der DDR und der UdSSR vom 12. März 1973.[36]

Mit einer Reihe von (zum Teil nicht veröffentlichten) Verordnungen werden darüber hinaus die Aufgaben und das Zusammenwirken aller Elemente der sozialistischen Landesverteidigung im einzelnen bestimmt. Oberstes Koordinierungsorgan für alle Maßnahmen auf dem Gebiete der Landesverteidigung ist der Nationale Verteidigungsrat. Unter dem Vorsitz von Erich Honecker, der am 24. 6. 1971 Walter Ulbricht auf diesem Posten ablöste, vereinigt er in sich die politische und militärische Führung aller bewaffneten Kräfte und die Leiter wichtiger Staatsorgane. Seine Zusammensetzung ist nicht genau bekannt: die Anzahl der Mitglieder beträgt mindestens 12.[37] Dem Nationalen Verteidigungsrat sind im Falle des Notstandes die NVA und alle übrigen Organe der Landesverteidigung, einschließlich der Zivilverteidigung und des Roten Kreuzes, unterstellt. Die einheitliche Leitung des gesamten Systems der sozialistischen Landesverteidigung und der übrigen staatlichen Organe in der DDR im Falle des Notstandes soll durch sogenannte operative «Einsatzleitungen», die in allen Bezirken und Kreisen der DDR eingerichtet sind, gewährleistet werden.

Das Verteidigungsgesetz von 1961

Das Verteidigungsgesetz stellt die Notstandsverfassung der DDR dar. In ihm werden die Grundsätze aufgestellt, nach denen im Falle des äußeren und inneren Notstands die Rechte der Bürger eingeschränkt und materielle und persönliche Leistungen für die Landesverteidigung erbracht werden müssen. Das Gesetz bildet nicht nur die Grundlage für die umfassende Dienstbarmachung der Wirtschaft und Verwaltung für Zwecke der Landesverteidigung, sondern es ermöglicht auch aufgrund seiner Regelungen für die Vorbereitung dieser Maßnahmen die Entwicklung der einzelnen Elemente der Landesverteidigung zu einem umfassenden und komplexen System.

Nach dem Verteidigungsgesetz können die Nationale Volksarmee, die Deutsche Volkspolizei und die übrigen bewaffneten Kräfte ebenso wie die Streitkräfte der Verbündetenstaaten bei Manövern und zur Vorbereitung ihrer Verteidigungsaufgaben bereits in Friedenszeiten Leistungen aus dem zivilen Bereich in Anspruch nehmen. Einzelheiten dazu regelt die «Verordnung über die Inanspruchnahme von Leistungen im Interesse der Verteidigung und des Schutzes der Deutschen Demokratischen Republik» vom 16. 8. 1963 und eine Entschädigungsverordnung zum Verteidigungsgesetz vom 16. 8. 1963.[38]

Das Zivilverteidigungsgesetz von 1970

Das «Zivilverteidigungsgesetz» vom 16. 9. 1970, das das «Luftschutzgesetz» vom 11. 2. 1958 ablöste, regelt auf der Grundlage der einschlägigen Verfassungsbestimmungen und des Verteidigungsgesetzes die Organisation, die Zuständigkeiten und die Durchführung aller Maßnahmen des Luftschutzes, des zivilen Bevölkerungsschutzes und des Katastrophenschutzes. Die Zivilverteidigung ist nach diesem Gesetz ein untrennbarer Bestandteil der Landesverteidigung und zugleich ein System staatlicher und gesellschaftlicher Maßnahmen auf allen Gebieten des staatlichen, wirtschaftlichen und gesellschaftlichen Lebens. Hauptaufgabe der Zivilverteidigung ist der Schutz der Bevölkerung, der Volkswirtschaft, der Infrastruktur und der kulturellen Werte vor den Folgen militärischer Handlungen, insbesondere vor den Wirkungen von Massenvernichtungsmitteln, die Aufrechterhaltung der inneren Ordnung und die Bekämpfung von Katastrophen.[39]

Das Gesetz sieht vor, daß der Vorsitzende des Ministerrates die Führung der Zivilverteidigung übernimmt. Diese ist an den Minister des Innern, Generaloberst Dickel, delegiert worden. Da der Minister des Innern zugleich Chef der Deutschen Volkspartei ist, ergibt sich hier eine einheitliche Befehlsgewalt über den Einsatz bewaffneter Kräfte im Innern und die Sicherstellungsmaßnahmen der Zivilverteidigung. Denn die ihm unterstellten Leiter der Zivilverteidigung, die zugleich Vorsitzende der Bezirks-, Kreis- und Gemeinderäte sind, haben nach dem Gesetz die Ermächtigung, alle erforderlichen Maßnahmen zur Verwirklichung der Aufgaben der Zivilverteidigung und des Katastrophenschutzes anzuordnen und allen staatlichen zivilen Einrichtungen und Bürgern Weisungen zu erteilen. Die Bürger haben die Pflicht, «aktiv an der Vorbereitung und Durchführung der Maßnahmen der Zivilverteidigung mitzuwirken»[40]. Durch die Möglichkeit, alle nicht wehrfähigen und wehrdienenden Bürger zur Ausbildung und zu Übungen der Zivilverteidigung und zur Durchführung von Rettungs- und Hilfeleistungsmaßnahmen zu verpflichten, werden so Möglichkeiten geschaffen, die Bedürfnisse der Landesverteidigung großen Teilen der DDR-Bevölkerung nahezubringen.

Das «System der sozialistischen Landesverteidigung» der DDR

Von einer Zusammenfassung aller militärischen und zweckdienlichen Einrichtungen zu einem Gesamtsystem der Landesverteidigung wird in der DDR nach dem VI. Parteitag der SED 1963 gesprochen. Gemäß der Aufgabenstellung dieses Parteitages widmete man der NVA, den übrigen bewaffneten Organen und den entsprechenden Erziehungs- und Sicherstellungseinrichtungen in der DDR erhöhte Aufmerksamkeit. Der VII. Parteitag der SED 1967 entwickelte den Systembegriff für die sozialistische Gesellschaft weiter und stellte nunmehr die Aufgabe, das «System der Landesverteidigung als integrierten Bestandteil des entwickelten gesellschaftlichen Systems des Sozialismus zu schaffen.»[41] Dabei wurde das Gesamtsystem der Landesverteidigung als politisch einheitlich konzipierte und rechtlich fixierte Aufgabenstellung für alle staatlichen, wirtschaftlichen und gesellschaftlichen Organe und Einrichtungen auf den Verteidigungsfall, die ideelle und materielle Vorbereitung der gesamten Bevölkerung auf einen möglichen Krieg verstanden. Da die gesetzlichen Bestimmungen keine Unterscheidung zwischen äußerem und innerem Notstand machen[42], gelten diese Vorbereitungen nicht nur für den Fall eines äußeren Angriffs, sondern auch für die Abwehr innerer Gefahren. Das System der sozialistischen Landesverteidigung dient deshalb dem organisierten bewaffneten Schutz der DDR nach innen und außen; es ist ein integrierter Teil der sozialistischen Gesellschaft der DDR und «Gegenstand, Inhalt, Aufgabe, Ziel und Verkörperung der Militärpolitik der SED»[43].

Tabelle III zeigt die wesentlichen Elemente im System der sozialistischen Landesverteidigung und ihre Zuordnung zur politischen Führung.

Das „System der sozialistischen Landesverteidigung“ in der DDR
Tabelle III

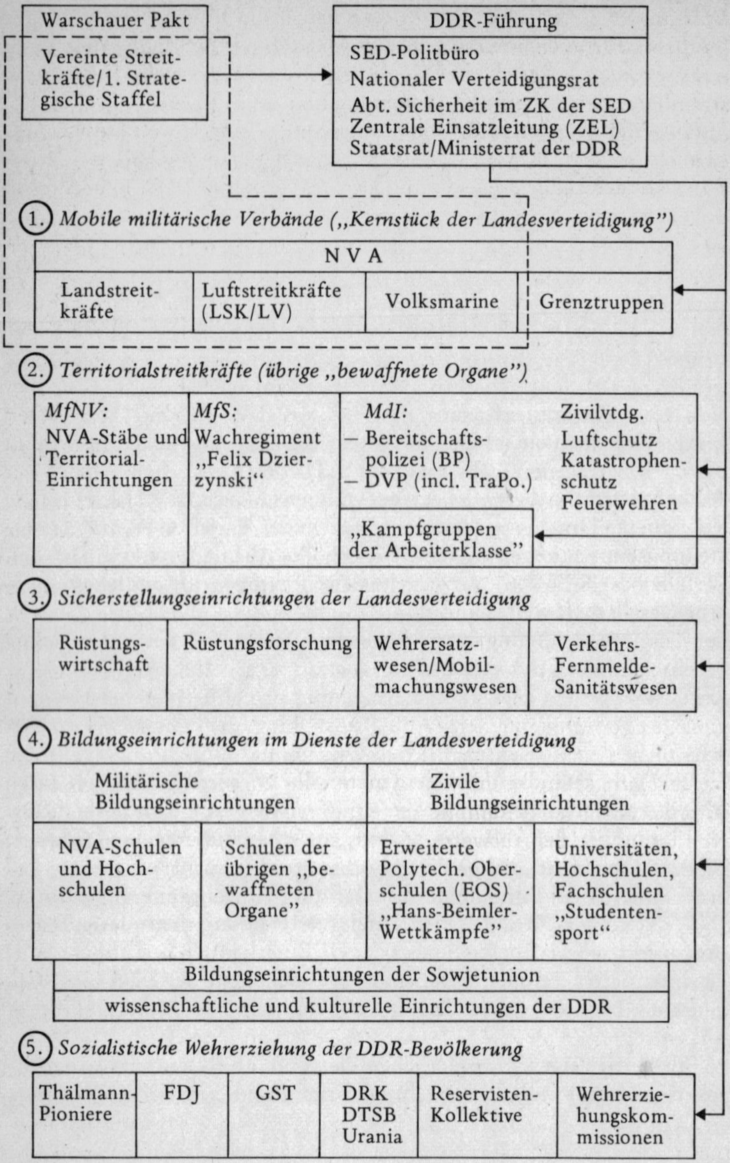

Zusammengestellt nach Quellen der DDR-Literatur, insbesondere:
Heinz Hoffmann: Sozialistische Landesverteidigung Bd. II, Berlin (O) 1971, S. 715 ff

Die NVA als «Kernstück der sozialistischen Landesverteidigung»

Im System der sozialistischen Landesverteidigung der DDR nehmen die mobilen militärischen Verbände der Nationalen Volksarmee, die Landstreitkräfte, die Luftstreitkräfte (LSK/LV) und die Volksmarine eine zentrale Rolle ein. Die NVA ist «die Hauptkraft, der Kern (der) Landesverteidigung».[44] Die Maßnahmen aller übrigen Elemente der sozialistischen Landesverteidigung sind auf die Erhöhung der Kampfkraft und die Erfüllung der Aufgaben der NVA im Bündnis gerichtet. Die Entwicklung der NVA zum Kernstück des zunehmend als einheitlich und komplex begriffenen Teilsystems Landesverteidigung innerhalb des Gesamtsystems DDR wurde nach der Einführung der allgemeinen Wehrpflicht im Januar 1962 besonders von den erweiterten Aufgaben im Bündnis bestimmt. Die NVA, der 1961 die «Deutsche Grenzpolizei» eingegliedert worden war[45], konzentriert ihre Aktivitäten auf den Schutz der Grenzen, der Hoheitsgewässer und des Luftraums der DDR sowie das Zusammenwirken mit den sowjetischen Streitkräften und den Streitkräften der anderen Staaten des Warschauer Bündnisses. Sämtliche mobilen Verbände der NVA sind den vereinten Streitkräften des Warschauer Bündnisses assigniert. Diese Eingliederung und die seit 1962 im Zuge der «Revolution im Militärwesen» einsetzenden Ausrüstung mit modernen Waffen spiegeln ebenso wie die zunehmende Integration der DDR in das Warschauer Bündnis, der steigende Anteil und das wachsende Gewicht von DDR-Truppen und Stäben bei gemeinsamen Manövern und Kommandostabübungen der vereinten Streitkräfte des Warschauer Vertrages, die Steigerung des Kampfwertes der NVA und die Vervollständigung des gesamten Systems der DDR-Landesverteidigung wider.

Seit die NVA regelmäßig an Manövern und Aktionen der Warschauer Bündnisstreitkräfte teilnimmt, wird ihr im Vergleich zu den anderen Allianzarmeen hohe Kampfkraft und guter Ausbildungsstand bescheinigt. Bereits bei der Auswertung des Manövers «Quartett» vom September 1963 lobte der damalige Oberkommandierende der Vereinten Streitkräfte und spätere Verteidigungsminister der Sowjetunion, Marschall A. A. Gretschko, das Ausbildungsniveau der am Manöver beteiligten NVA-Verbände.[46]

In der Reihe der gemeinsamen Manöver bildete das Manöver «Waffenbrüderschaft», das vom 12.–18. Oktober 1970 auf dem Territorium der DDR stattfand, einen Höhepunkt der Darstellung der NVA als Bündnisarmee und als Kern des komplexen Systems der Landesverteidigung in der DDR. Unter der Leitung von Armeegeneral Hoffmann übten erstmals Truppen und Stäbe aller Teilstreitkräfte der sieben Bündnisarmeen in einer Gesamtstärke von ca. 80000 Mann koordinierte militärische Aktionen.[47] Erstmals nahmen dabei neben der NVA auch andere

Elemente der DDR-Landesverteidigung, wie Volkspolizei-Bereitschaften und Kampfgruppen der Arbeiterklasse in größerem Umfange, unmittelbar an einem Manöver der vereinten Streitkräfte teil. Das Manöver zeigte auch, daß die ursprünglich der NVA zugewiesene Aufgabe der Sicherung im Innern nunmehr in Form einer Funktionsteilung den territorial gebundenen Kräften der Landesverteidigung zufällt. Diese haben die Aufgabe, die Truppenbewegungen der NVA und der verbündeten Armeen zu sichern, den Schutz der Zivilbevölkerung zu gewährleisten und gegen eingeschleuste «Saboteure, Agenten und bewaffnete Banden»[48] zu kämpfen.

Nach dem Manöver «Waffenbrüderschaft» konnte Politbüromitglied Paul Verner befriedigt feststellen, daß alle beteiligten Kräfte der NVA die Note gut und sehr gut erhalten hatten. «Die Nationale Volksarmee wurde damit ihrer gewachsenen Verantwortung gegenüber der sozialistischen Verteidigungskoalition gerecht.»[49]

Die «Kampfgruppen der Arbeiterklasse»

Ein wesentliches Element des Systems der sozialistischen Landesverteidigung stellen die paramilitärischen Verbände der «Kampfgruppen der Arbeiterklasse» dar. Gerechtfertigt mit den Theorien von der «bewaffneten Arbeiterklasse», gestützt auf die Traditionen verschiedener kommunistischer bewaffneter Organisationen in der Weimarer Republik, besonders des «Roten Frontkämpferbundes» und anknüpfend an das Vorbild der tschechoslowakischen Arbeitermilizen, die im Februar 1948 an der kommunistischen Machtübernahme beteiligt waren, entwickelten sich die 1952 als «Arbeiterwehren» gegründeten Kampfgruppen zu einer territorialen Truppe.[50] Die Kampfgruppen, von manchen Autoren als «Bürgerkriegsarmee» oder als «spezielle Bürgerkriegstruppe der Partei» bezeichnet[51], haben «nicht nur Objektsicherungsaufgaben, sondern sie dienen auch im Zusammenwirken mit anderen bewaffneten Organen der DDR zur Zerschlagung feindlicher Kräftegruppen.»[51] Diese Funktion, unter dem Eindruck des Juni-Aufstandes 1953 den «Betriebskampfgruppen der SED» zunächst zugewiesen, gehört bis heute zu ihren wesentlichen Aufgaben. Auf dem VIII. Parteitag der SED betonte Erich Honecker:

«Die stete Wachsamkeit aller bewaffneten Kräfte muß auf die sich verändernden immer gefährlicheren Methoden des Klassenkampfes des Imperialismus und auf die verschiedenen Varianten gerichtet werden, die der Feind zur Entfesselung und Führung einer Aggression entwickelt. Gerade deshalb widmen wir der Festigung der Kampfgruppen der Arbeiterklasse große Aufmerksamkeit. Sie erhöhen durch hervorragende Leistung den Kampfwert und die Gefechtsbereitschaft ihrer Einheiten. Sie verkörpern auf besondere Weise, daß die produzierende und Macht ausübende Arbeiterklasse ihre Macht auch militärisch organisiert und so den Früchten ihrer revolutionären Tätigkeit Bestand verleiht.»[53]

In den Kampfgruppen, die über die Abteilung K im Ministerium des Innern und die dem Ministerium nachgeordneten Volkspolizeibehörden sowie die SED-Bezirks- und Kreisleitungen von der «Abteilung Sicherheit beim Zentralkomitee» und der «Kommission für nationale Sicherheit» des Politbüros des Zentralkomitees geführt werden, sind ca. 350000[54] «Kämpfer» organisiert. In den Betrieben, den landwirtschaftlichen Produktionsgenossenschaften und den staatlichen Verwaltungen bestehen Kampfgruppen-Hundertschaften, die in etwa 150 Kampfgruppen-Bataillone zusammengefaßt sind. Neben den allgemeinen leichten Kampfgruppen-Bataillonen, die aus je 3–5 Hundertschaften zusammengesetzt sind, bestehen Kampfgruppen-Bataillone der Bezirksreserve (sogenannte motorisierte Bataillone), die auch, in einer sogenannten schweren Hundertschaft, mit Pak-Geschützen, mittleren Granatwerfern und schweren Maschinengewehren ausgerüstet sind.

Die Ausbildung, insbesondere die Gefechtsausbildung, wird nach militärischen Ausbildungsrichtlinien der NVA[55] von Offizieren und Unteroffizieren der Deutschen Volkspolizei durchgeführt. Sie umfaßt eine Grundausbildung von 132 Stunden an 16 Wochenenden außerhalb der Arbeitszeit. Die Ausbildung der Hundertschaft- und Zugführer erfolgt an der zentralen Kampfgruppenschule «Ernst Thälmann» in Schmerwitz, die Ausbildung der Offiziere an der Lehranstalt «Hans Beimler» in Watrin.

Ebenso wie in der NVA gilt auch für die Kampfgruppen der Arbeiterklasse die Forderung nach ständiger Erhöhung der Gefechtsbereitschaft. Um diese zu erreichen und um damit die Einsatzaufgaben, nämlich die Unterdrückung von Aufständen, die Aufrechterhaltung von Ruhe und Ordnung im Innern, den Schutz der Bevölkerung und wichtiger Gebäude und Infrastruktureinrichtungen, die Sicherung der Operationsfreiheit der Streitkräfte und vor allem die direkte taktische Unterstützung der NVA, erfüllen zu können, wird die Qualifizierung der Kommandeure und Stäbe aller Ebenen der Kampfgruppen ständig verbessert. Auf der jährlichen Konferenz der Kommandeure der Berliner Kampfgruppen am 26. September 1975 versicherte Armeegeneral Hoffmann, daß die bisherige Unterstützung der Kampfgruppen durch die NVA und die Grenztruppen der DDR vor allem bei der Ausbildung der Kommandeure und Stäbe aller Ebenen der Kampfgruppen verstärkt werden soll.[56] Die «gefechtsnahe, komplexe Ausbildung» der Kampfgruppen-Bataillone wird unmittelbar durch verantwortliche Offiziere der Bezirksbehörden der Deutschen Volkspolizei und der Volkspolizeikreisämter organisiert, vorbereitet und durchgeführt. Die politisch-ideologische Bildung erfolgt nach den gleichen Prinzipien und Methoden, wie in der NVA.[57] Mit Hilfe von «Patenschaftsverträgen» zwischen motorisierten Kampfgruppen-Bataillonen und Einheiten der NVA-Grenztruppen sowie standardisierter Ausrüstung wird eine möglichst gefechtsnahe Ausbildung dieser Kampfgruppeneinheiten sichergestellt. Zugleich erhalten die motorisierten Teile der Kampfgruppen diejenige militärtaktische Ausbildung, die es ihnen erlaubt, «im Verteidigungsfalle eine bedeutende Kraft zur Sicherung der Armee und der Bevölkerung vor gegnerischen Kommando- und Luftlandetrupps»[58] zu sein.

Die übrigen «bewaffneten Organe»

Neben den Kampfgruppen obliegt es den Organen des Ministeriums für Staatssicherheit und der Deutschen Volkspolizei, im Rahmen des Systems der sozialistischen Landesverteidigung die öffentliche Ordnung und Sicherheit aufrechtzuerhalten, die Staats- und Gesellschaftsordnung der DDR gegen die «Machenschaften des Imperialismus und seiner Agenturen» zuverlässig zu schützen sowie die Aktionsfreiheit der NVA und der Bündnisarmeen auf dem Territorium der DDR zu sichern. Die «Bereitschaften der Volkspolizei», die als «Waffengefährten in grünen Uniformen» der NVA gelten, müssen jederzeit in der Lage sein, «Handlungen gegnerischer Kräfte im eigenen Hinterland zu vereiteln und selbst polizeitaktische Handlungen zur Zerschlagung subersiver Kräfte des Gegners durchzuführen.»[59]

Ende 1954 aus den Wachverbänden des Ministerium für Staatssicherheit hervorgegangen, hatten sie zunächst die Bezeichnung «Innere Truppen» getragen, die am 1. Oktober 1956 in «Deutsche Bereitschaftspolizei» und nunmehr in «Bereitschaften der Volkspolizei» geändert wurden. Die militärisch ausgebildeten und mit Infanteriewaffen ausgerüsteten Volkspolizeibereitschaften sind in 21 Verbände in Bataillonsstärke gegliedert und umfassen etwa 16000 (24000) Mann.[59] Sie gelten als die politisch zuverlässigsten Truppen der DDR-Landesverteidigung. Die Bereitschaftspolizei ist ebenso wie die Transportpolizei, deren Einheiten auf 8500 Mann geschätzt werden, und die auf dem Gelände der «Deutschen Reichsbahn» tätig sind, dem Minister des Innern, Generaloberst Dickel, unterstellt. Sie arbeiten eng mit den übrigen Sicherheitsorganen des Innenministeriums, insbesondere mit der Deutschen Volkspolizei, zusammen.

Die Deutsche Volkspolizei, unter der Hauptverwaltung Deutsche Volkspolizei (HVDVP) im MdI organisiert, besitzt in ihrem Dienstzweig Schutzpolizei insbesondere beim «Betriebsschutz» Organe, die in das System der sozialistischen Landesverteidigung eingefügt sind.[61] Nachdem die Kasernierte Volkspolizei 1956 in der Nationalen Volksarmee aufgegangen war und 1961 die Deutsche Grenzpolizei in die NVA eingegliedert worden war, bestand die militärische Komponente der Deutschen Volkspolizei im wesentlichen in den Einheiten der Bereitschaftspolizei, der Transportpolizei und in den Betriebsschutzeinheiten, die im Rahmen des Systems der sozialistischen Landesverteidigung Objektschutzaufgaben wahrzunehmen haben, sowie in den Instrukteuren der Schutzpolizei, die die militärische Ausbildung der Kampfgruppen durchführen.

Zu diesen bewaffneten Organen gehört schließlich das Wachregiment des Ministeriums für Staatssicherheit: «Felix Dzierzynski». Es wurde im Frühjahr 1950 zum Schutz der Regierungsgebäude aufgestellt und hat eine Stärke von ca. 4000 Mann. Während 1957 die Bereitschaftspolizei, die Grenzpolizei und die Transportpolizei dem Ministerium des Innern unterstellt wurden, blieb das Wachregiment beim Ministerium für Staatssicherheit. Das Wachregiment ist in vier Einsatzbataillone, ein schweres Bataillon und ein Ausbildungsbataillon gegliedert. Ausbildung und Ausrüstung entsprechen denen der Bereitschaftspolizei. Die Bataillone sind mit modernen Waffen ausgerüstet. Die Soldaten des Wachregiments gelten als besonders zuverlässig; sie leisten mindestens drei Jahre Wehrdienst und werden nach besonderen kaderpolitischen Gesichtspunkten ausgewählt.[62]

Sicherstellungs- und Bildungseinrichtungen im Dienste der Landesverteidigung

Die Rolle der NVA im Innern, insbesondere ihr Einfluß auf zivile Bereiche in der DDR, wird durch die Einbeziehung der Wirtschaft, der Wissenschaft und besonders des Bildungswesens in das System der sozialistischen Landesverteidigung deutlich. Aufgrund der immer «komplizierteren Anforderungen» an Militär und Gesellschaft im modernen Krieg und den daraus resultierenden Forderungen der Militärs ist in den letzten Jahren eine Entwicklung zu beobachten, die die zunehmende Einbeziehung der Wirtschaft und der Wissenschaft in die militärische Planung signalisiert.

> «Man spricht auch im Bereich der Landesverteidigung von einem fortlaufenden Prozeß der Vergesellschaftung, und zwar nicht nur in dem Sinne, daß sich die politische Funktion des Militärwesens grundsätzlich geändert hat, . . . sondern auch in dem Sinne, daß heute die Aufgabe der Landesverteidigung nur komplex, d. h. unter Einbeziehung der Wirtschaft, des Bildungswesens, der Ideologie usw. gelöst werden kann . . .»[63]

Die Einschätzung eines möglichen Krieges als eines totalen Krieges führt in den Ländern des Warschauer Vertrages zwangsläufig zu einer besonderen Gewichtung der Probleme der Lebensfähigkeit der Wirtschaft im Kriege sowie der vollständigen Entfaltung der kriegswirtschaftlichen Produktion zum Zwecke einer totalen Bereitschaft und Ausstattung für einen möglichen Krieg.

Die Forderung, daß die Wissenschaft und die Industrie der DDR die Ausrüstung der Streitkräfte mit modernsten technischen Kampfmitteln gemäß der Arbeitsteilung der RGW-Mitgliedsstaaten gewährleisten müssen, gipfelt in dem Anspruch von interessierter militärischer Seite, daß alle Erkenntnisse der Wissenschaft der DDR gleichzeitig für militärische Zwecke genutzt werden sollen, und daß «die Verwandlung des ganzen Landes in ein einheitliches Kriegslager, die Umstellung der Volkswirtschaft und des ganzen Lebens auf die Bedürfnisse des Krieges und die Organisation der Zivilverteidigung bereits im Frieden allseitig durchdacht und organisatorisch vorbereitet werden müssen.[64]

Auf der Grundlage der Beschlüsse des VII. Parteitages der SED, die eine größere politische Verantwortung der NVA forderten, verfügte das Politbüro der SED am 22. Oktober 1968, daß das Ministerium für Nationale Verteidigung als forschungsleitendes zentrales staatliches Organ die Zuständigkeit sowohl für den Bereich der Wehrerziehung als auch für alle anderen mit der Landesverteidigung in Verbindung stehenden Bereiche, wie besonders die Rüstungswirtschaft und die Rüstungsforschung, erhielt.[65] Um die Wissenschaften im System zu entwickeln und dabei die spezifisch militärischen Gesichtspunkte zu beachten, wurde der «Wissenschaftliche Rat für sozialistische Landesverteidigung» eingerichtet, der fortan unter Leitung des Ministers für Nationale Verteidigung Forschungsvorhaben vergibt, koordiniert und kontrolliert.[66]

Im Bildungswesen schlagen sich diese erhöhten militärischen Anforderungen an die Gesellschaft durch den Ausbau der «sozialistischen Wehrerziehung» nieder. Welchen Stellenwert das Militär dem Bildungswesen der DDR zur Erfüllung militärischer Interessen zumißt, verdeutlichte Minister Hoffmann auf der Bildungskonferenz der NVA im Dezember 1968, indem er ausführte:

«Das Bildungssystem hat ... eine besondere Funktion bei der Entwicklung der Kampfkraft unserer Armee ... Es muß die Bildungspotenzen des Gesamtsystems der sozialistischen Gesellschaft ... optimal im Interesse der Landesverteidigung nutzen.»[68]

Dieser Forderung wird durch eine Reihe von gesetzlichen Regelungen, etwa durch das 3. Jugendgesetz vom 28. 1. 1974, Rechnung getragen, die ihren Niederschlag in dem schnellen und umfassenden materiellen und personellen Ausbau der Einrichtungen der Wehrerziehung und vor allem der vormilitärischen Ausbildung der Jugendlichen in der DDR in den letzten Jahren finden.

Geführt von aktiven Soldaten und Reservisten der NVA und der übrigen bewaffneten Organe der DDR bildet die Gesellschaft für Sport und Technik (GST) den Kern der Vorfeldorganisationen, die Zwecken der Wehrerziehung und der vormilitärischen Ausbildung dienen.

Als Massenorganisation mit einer Mitgliederzahl von etwa 450000 umfaßt die GST einen wesentlichen Teil der in der FDJ organisierten DDR-Jugend. Der Stellenwert der GST im «System der sozialistischen Landesverteidigung» als Transmissionsorgan zwischen militärischen und zivilen Einrichtungen ergibt sich nicht nur aus dem Beitrag zur Wehrertüchtigung der Jugendlichen, sondern auch zur Stabilisierung des «festen Klassenstandpunktes» und damit zur Loyalitätssicherung gegenüber der politischen und militärischen Führung.

Die vormilitärische Ausbildung wird in die vormilitärische Grundausbildung und in die Ausbildung für die Laufbahnen der NVA aufgeteilt. Sie wird mit Jugendlichen vom 16. Lebensjahr an in Berufs- und erweiterten Oberschulen durchgeführt. Sie umfaßt im wesentlichen wehrsportliche Erziehung, Körperertüchtigung, Geländeausbildung, Schießausbildung, Erste Hilfe, Schutzausbildung und pioniertechnischen Dienst. Auf Kreis-, Bezirks- und Zentralebene organisiert die GST sogenannte Spartakiaden, an denen sich 1970 allein 250000 Jugendliche beteiligten. In der Zeit von 1968 bis 1972 haben allein 944000 Jugendliche das Leistungsabzeichen der GST: «Für vormilitärische und technische Kenntnisse», 2,8 Millionen Jugendliche Qualifikationen im Wehrsport (militärischer Mehrkampf, Schießen, Motor- und Nachrichtensport, Segelflug, Modell-, Tauch- und Seesport) erworben.[69]

1970 hatten ca. 80 % aller Jugendlichen der DDR, 1972 ca. 90 % an einer vormilitärischen Ausbildung teilgenommen.[70] Die erfolgreiche Teilnahme an diesen Wettkämpfen verbessert ebenso wie die freiwillige Meldung für die Offizierslaufbahn die Chancen für den Besuch einer der Sonderschulen bzw. berechtigen zur bevorzugten Zulassung zum Abitur, das inzwischen die einzige relevante Bildungsvoraussetzung für die Offiziersausbildung geworden ist.[71]

Die vormilitärische Ausbildung wird durch die GST in zentralen und örtlichen Ausbildungslagern durchgeführt. Neben Ausbildern aus der Gliederung der GST, in der Regel NVA-Reservisten, aus der Deutschen Volkspolizei und der Bereitschaftspolizei werden besonders für die Schulung der GST-Ausbilder aktive NVA-Soldaten eingesetzt. Die Ausbildung der Jugendlichen erfolgt nach den Bedürfnissen der NVA.

Auch wenn bestritten wird, daß die großen Aufwendungen und Anstrengungen zur Vervollkommnung des «Systems der sozialistischen Landesverteidigung» tendenziell die Militarisierung der Gesellschaft fördern, denn «Militarisierung in den imperialistischen Staaten einerseits und Gestaltung einer modernen sozialistischen Landesverteidigung andererseits sind ... wesensverschiedene, einander entgegengesetzte Erscheinungen»[72], ebnen sie doch den Weg zu einer weitgehenden militärischen Organisiertheit vieler Lebensbereiche in der DDR.

Die Maßnahmen zur Befriedigung der Sicherheitsbedürfnisse des Regimes verändern auf diese Weise den Charakter der «entwickelten sozialistischen Gesellschaft» in eine Richtung, die den ursprünglichen Organisationsideen ihrer Planer und Gestalter im wesentlichen widersprechen. Die Frage, ob diese Organisationsideen der faktischen Entwicklung der Landesverteidigung nachträglich angepaßt werden oder umgekehrt die Aufgaben und Erscheinungsformen der bewaffneten Kräfte ein Resultat der spezifisch sicherheits-politischen Vorstellungen im «realen Sozialismus» sind, bleibt offen, solange umfassende empirische Untersuchungen über das Militärwesen der DDR nicht möglich sind.

Exkurs: Wehrdienstverweigerung in der DDR – Ein Informationsbericht

Von Fred Werner

Der nachfolgende kritische Bericht basiert auf eigenen Erlebnissen des Autors, eines ehemaligen Wehrdienstverweigerers, sowie von diesem vorgenommenen Befragungen anderer Wehrdienstgegner in der DDR.

Auch wenn der Bericht im streng wissenschaftlichen Sinn keine Repräsentativität beanspruchen kann, kommt diesem Dokument angesichts des vollständigen Mangels anderer Informationen über diesen Bereich erhebliche Bedeutung zu. Das Manuskript wurde mit Sachkennern kritisch überprüft; die Darlegungen dürfen zumindest einen hohen Grad an Wahrscheinlichkeit beanspruchen. Aus naheliegenden Gründen können für eine Reihe von Tatsachenmitteilungen die Quellen nicht angegeben werden.

U. Albrecht

1. Einführung

Es ist hierzulande weithin unbekannt, daß in der DDR der Wehrdienst mit der Waffe verweigert werden kann. Auch nach nunmehr 15 Jahren Wehrpflicht in der DDR scheint zudem die Problematik der Wehrdienstverweigerung dort noch immer rätselhaft. Daß diese Einschätzung nicht nur in der Bundesrepublik gilt, sondern auch im gleichen Maße auf die Öffentlichkeit der DDR selbst zutrifft, zeugt von den Anstrengungen der Staats- und Militärführung der DDR, das Thema Wehrdienstverweigerung hartnäckig auf der Liste der Tabus zu halten. Was der Öffentlichkeit der DDR an Informationen über die Wehrdienstverweigerung bisher angeboten wurde, kann so gut wie unerwähnt bleiben – es geschah wesentlich nur in Form der Veröffentlichung des Gesetzblattes über die Aufstellung von Baueinheiten, und in der Beantwortung von Anfragen. Aber welcher DDR-Bürger wagt es schon, ein Tabu öffentlich anzufragen, und wer schon von jenen, die zu antworten oder nicht zu antworten beauftragt sind, werden ausführlicher, als es die Gesetzestexte hergeben, öffentlich Antwort stehen? Die Wehrdienstverweigerung gehört eben nicht in das Vokabular der Selbstbeschreibung eines sich als Diktatur des Proletariats verstehenden Staatswesens. Die realen Informationen fließen deshalb spärlich und vermögen bis heute noch kein – auch nur einigermaßen – geschlossenes Bild über die Wehrdienstverweigerung in der DDR abzugeben.

Auch diese Darstellung kommt an Einschränkungen nicht vorbei. Die wesentlichste besteht darin, daß nur eine von den zwei Möglichkeiten der Verweigerung des Wehrdienstes in der DDR näher beleuchtet werden kann. Es handelt sich um die seit dem Jahre 1964 bestehende Form des sogenannten waffenlosen Wehrersatzdienstes (auch Bausoldatendienst genannt). Über die zweite Form, die sogenannte Totalverweigerung (eine Entscheidung, die auch den Bausoldatendienst ablehnt), ist fundiertes Material nicht greifbar. Allerdings hat die Totalverweigerung in der DDR seit dem Inkrafttreten des Gesetzes über den waffenlosen Wehrersatzdienst quantitativ an Bedeutung verloren. Seit dem Jahre 1964 gilt als Tatsache, daß die Totalverweigerung – schließt man die Zeugen Jehovas aus – nur noch als Ausnahmeerscheinung zu werten ist; die Zahl der Betroffenen wird mit durchschnittlich 10 Fällen pro Jahr veranschlagt.

Die Form des waffenlosen Wehrersatzdienstes hingegen hat sich seit dem Jahre 1964 klar als die eigentliche und repräsentative Form der Wehrdienstverweigerung in der DDR herausgestellt. Das Bemühen und die Grenzen der folgenden Untersuchung bestehen darin, dieser Form näherzukommen, und sie – ohne Anspruch auf eine wissenschaftliche Analyse zu erheben – durch eine geschlossene Information klarer und bekannter als bisher werden zu lassen.

2. Rechtliche Grundlagen

Das Wehrpflichtgesetz der DDR und die Wehrdienstverweigerung

Mit der Verkündung am 25. 1. 1962 trat in der DDR das «Gesetz über die allgemeine Wehrpflicht» (Wehrpflichtgesetz) vom 24. 1. 1962 in Kraft. Alle männlichen Bürger der DDR, beginnend vom 18. Lebensjahr bis zum vollendeten 50. Lebensjahr (für den Verteidigungszustand gemäß Verteidigungsgesetz der DDR vom 20. 9. 1961 selbst bis zum vollendeten 60. Lebensjahr) wurden damit erstmals nach dem 2. Weltkrieg direkt mit dem Wehrdienst in der DDR konfrontiert. Dies geschah gleich in einer unausweichlichen Form, denn kein Passus, kein Paragraph und keine Erläuterung zum Gesetz gestattete dem wehrpflichtigen Bürger eine andere Friedensmoral, als die des bewaffneten, klassenfeindgebundenen Auftrages – die Legitimation jeglicher Form der Verweigerung der Wehrpflicht blieb ausgeschlossen. Das Gesetz duldete nicht nur nicht eine geteilte Friedensmoral, es setzte auch nachdrücklich und deutlich mittels verschiedener Strafbestimmungen den harten Zwang, sich der einen Moral zu fügen. Die vom Gesetzgeber verankerten Einschränkungen zur Ableistung der Wehrpflicht, wie der Ausschluß gemäß § 13 des Wehrpflichtgesetzes bzw. den §§ 15–17 der Musterungsordnung vom 24. 1. 1962[1], sowie die Frei- und auch die Zurückstellung gemäß den §§

14 und 15 des Wehrpflichtgesetzes bzw. den §§ 6 und 7 der Musterungsordnung[2] blieben dieser Moral in jeder Weise verpflichtet und schufen keine Beziehung zur Gewissensentscheidung des einzelnen. Mit der 2. Durchführungsbestimmung zur Reservistenordnung vom 19. 4. 1973 erhielt auch der mit § 25 des Wehrpflichtgesetzes bezeichnete Wehrersatzdienst[3] seine dieser einen Moral entsprechende Bestimmung. Diese lautet unter § 1, Abs. 3:

«Zum Wehrersatzdienst im Sinne des § 25 des Wehrpflichtgesetzes vom 24. 1. 1962 gehören entsprechend den Beschlüssen des Nationalen Verteidigungsrates der DDR der Dienst

a) im Ministerium für Staatssicherheit
b) in der Bereitschaftspolizei
c) in den Einsatzkompanien der Abschnitte der Transportpolizei, soweit eine Entlassung nicht vor dem 1. September 1962 erfolgte . . .»[4]

Somit blieb auch im Jahre 1963 jenen wehrpflichtigen Bürgern der DDR, die dem Wehrpflichtgesetz und der staatlich propagierten Friedens- und Wehrmoral kritisch oder (und) in Gewissenskonflikten gegenüberstanden, nur eine Wahlmöglichkeit: Entweder der Waffendienst, und das mit allen Konsequenzen, die die Eidesformel[5] forderte, oder Verweigerung dieses Dienstes und damit das Risiko einer Gefängnisstrafe bis zu drei Jahren.

Dieser Konfliktstoff konzentrierte sich im besonderen Maße (bleiben die Zeugen Jehovas außer Betracht) auf junge Christen in der DDR, hauptsächlich auf Mitglieder der evangelischen Kirche. Trotz der laut Gesetz angedrohten hohen Gefängnisstrafen sahen sich bald nach den ersten Einberufungen 1962 der Staat und auch die evangelischen Kirchenleitungen der DDR mit Wehrdienstverweigerern und als Folge mit Inhaftierungen konfrontiert.

Die Frage, wieviel junge wehrpflichtige Bürger der DDR aus Gewissens- und anderen Gründen in den Jahren 1962 bis 1964 den Wehrdienst verweigerten und inhaftiert wurden, läßt sich nicht stichhaltig beantworten (zumal nicht alle Wehrpflichtigen, die verweigerten, sofort inhaftiert wurden – im November 1964 rekrutierten sich die ersten Bausoldaten überwiegend aus diesem Kreis). Jedoch reichte die Zahl und die Tendenz offensichtlich aus, um der Führung der SED und der NVA neue Überlegungen zum Wehrpflichtgesetz und zur Wehrpflicht abzuringen. Diese führten im Jahre 1964 zur Verkündigung der Anordnung (AO) über die Aufstellung von Baueinheiten.

Die Anordnung des Nationalen Verteidigungsrates der DDR über die Aufstellung von Baueinheiten

Nicht nur die nähere Entstehungsgeschichte der Anordnung blieb für die Bürger der DDR (ähnlich wie die Vorbereitung des Wehrpflichtgesetzes) im dunkeln, sondern auch ihre Verkündigung. Sie war anfangs allein über das Gesetzblatt zugänglich, und alles was folgte, unterlag dem Bemühen des Staates, auch dieses Gesetz reibungslos in die eigene Friedensmoral einzugliedern – ihm die Richtung auf eine bewußte Wehrdienstverweigerung weitestgehend abzuschneiden. Es ist heute bekannt, daß der Verkündigung der Anordnung hartnäckige Verhandlungen vorangingen. Auf der einen Seite vertraten Admiral Verner, Chef der Politischen Hauptverwaltung des Ministeriums für Nationale Verteidigung der DDR, und der Staatssekretär für Kirchenfragen, Seigewasser, die Interessen des Staates, während auf der anderen Seite Mitglieder der evangelischen Kirchenleitung der DDR auf eine Änderung des Wehrpflichtgesetzes im Interesse der Wehrdienstverweigerer drängten. Das Ergebnis entsprach einem Kompromiß, der für die Vertreter der evangelischen Kirchenleitungen mit dem Resümee begründet wurde: «... daß nicht mehr zu erreichen war, wenn wir nicht alles wieder verlieren wollten!»

Erreicht war mit der Anordnung immerhin, daß sich jenen jungen Bürgern der DDR, die mit der Wehrpflicht in Konflikte gerieten, ab September 1964 plötzlich außer der Alternative Wehrdienst oder Gefängnis die Möglichkeit öffnete, auf einen waffenlosen, ohne Eidesformel belasteten Wehrersatzdienst auszuweichen.

Der Gesetzestext legitimierte den waffenlosen Dienst mit dem § 1, Abs. 2 (der Wehrersatzdienst «wird ohne Waffe durchgeführt»), dem § 4, Abs. 1 («zum Dienst in den Baueinheiten werden solche Wehrpflichtigen herangezogen, die aus religiösen Anschauungen oder aus ähnlichen Gründen den Dienst mit der Waffe ablehnen»), dem § 5 (der die Bausoldaten vom Eid befreit und ihnen ein Gelöbnis auferlegt) und dem § 6, Punkt c) (der eine Exerzierausbildung ohne Waffe vorsieht). Die Grenzen des Erreichten werden freilich durch die Untermauerung des Absolutheitsanspruches der staatlichen Friedensmoral auch im Gesetzestext unzweideutig hervorgehoben. Der Dienst in den Baueinheiten wird – lediglich unter den Einschränkungen: ohne Waffe und ohne Eid – klar der Wehrpflichtgesetzgebung unterworfen.

Das beginnt in der Formulierung der Anordnung, die ausschließlich dem Militär Zuständigkeit und Verantwortung für die Gestaltung des waffenlosen Dienstes zuspricht. Das setzt sich fort, indem dieser Dienst als Wehrersatzdienst gemäß § 25 des Wehrpflichtgesetzes charakterisiert wird, das heißt, als einen Ersatzdienst in den anderen bewaffneten Organen (formal betrachtet erscheint so der Bausoldaten-Dienst dem Dienst im Ministerium für Staatssicherheit gleichgestellt), und das belegt auch der Inhalt des Gelöbnisses. Dieser bleibt der Eidesformel in den wesentlichsten Aussagen nichts schuldig. Er fordert vom Bausoldaten, sich für die Erhöhung der Verteidigungsbereitschaft einzusetzen, den sozialistischen Staat gegen alle Feinde zu verteidigen, unbedingten Gehorsam gegenüber den Vorgesetzten zu leisten (wobei diese Vorgesetzten dem Waffendienst und der Eidesformel verpflichtet sind), und alle gesetzlichen und militärischen Bestimmungen zu erfüllen. So heißt es in einer offiziellen Erläuterung der Anordnung:

«. . . Die Angehörigen der Baueinheiten werden während ihres Dienstes unter der Leitung qualifizierter ingenieurtechnischer Kader, von bewährten Offizieren, Unteroffizieren und Soldaten der NVA – durch die fundierte Ausbildung in einer Reihe von Ausbildungszweigen – zu vielseitig gebildeten, physisch und psychisch standhaften Bausoldaten herangebildet, die gemeinsam mit den Angehörigen der NVA als Soldaten des Sozialismus ihre vaterländische Pflicht erfüllen. Das wird nicht zuletzt in dem Gelöbnis der Bausoldaten dokumentiert, mit dem sie der DDR, ihrem Vaterland, allzeit treuen Dienst geloben.»[6]

3. Die Durchführung der Anordnung von 1964

Durchführungsbestimmungen wurden, trotz Ankündigung im § 11 der Anordnung bis heute (nach bestem Wissen des Verfassers) in keiner Form der Öffentlichkeit der DDR bekanntgemacht. Selbst Anfragen von Bausoldaten brachten kein Licht in diese Verdunkelung. Die tatsächliche Durchführung der Anordnung vom September 1964 kann deshalb nur über ein Nachzeichnen des Alltags dieser Waffendienstverweigerer – beginnend von der Erfassung bis zur Entlassung aus dem Dienst – registriert und verfolgt werden. Hierbei ergab sich, daß Mitte Oktober 1975 wesentliche Korrekturen vollzogen wurden. Auf diese Änderung soll unter Punkt 6. eingegangen werden. Die folgenden Aussagen beziehen sich demzufolge auf den Zeitraum bis zum Oktober des Jahres 1975.

Erfassung, Musterung und Einberufung der Bausoldaten
Wer in der DDR nicht bereit ist, den aktiven Wehrdienst zu leisten, unterliegt – wie § 3 der Anordnung vom September 1964 festlegt – denselben gesetzlichen und militärischen Bestimmungen, die auch den Grundwehrdienst bzw. Reservistenwehrdienst für andere wehrpflichtige Bürger der DDR regeln. Die Wehrdienstverweigerer in der DDR werden keinem speziellen Prüfungsverfahren unterworfen, und sie müssen sich auch keiner speziellen Prüfungskommission stellen. Für sie besitzen die Erfassungs- und Musterungsordnung volle Gültigkeit, und die Betroffenen haben selbst herauszufinden, wann und wie sie ihrer Verweigerung Ausdruck verschaffen wollen. Als einzige Quelle steht die Erfahrungsvermittlung ehemaliger Verweigerer zur Verfügung, und soweit es sich um aktive junge Christen handelt, ist diese Quelle in der Regel auch zugänglich, da besonders im Rahmen der Jugendarbeit der evangelischen

Kirche (Junge Gemeinde, Studentengemeinde u. a.) das Thema der Wehrdienstverweigerung latent an die Oberfläche dringt. Die Praxis der vergangenen Jahre belegt, daß die Verweigerer sowohl im Erfassungs- als auch im Musterungsverfahren ihre Haltung vorbringen können. Einer offenen Diskussion werden sie jedoch in der Regel erst vor der Musterungskommission ausgesetzt. Rein religiöse Motive geraten dabei kaum ins Prüffeld. Schwieriger ist es, andere, durch das Gewissen des einzelnen bestimmte Gründe vorzubringen, da sie den Betreffenden in den Augen der Musterungskommission rasch als Staatsfeind erscheinen lassen. Es hat sich für die Verweigerer bisher als vorteilhaft erwiesen, wenn sie bereits im Erfassungsverfahren klar – und vor allem schriftlich – ihr Bekenntnis gegen den aktiven Wehrdienst und für den Bausoldaten-Dienst aussprechen. Das erleichtert wesentlich die Stellungnahme vor der Musterungskommission. Je nach dem Grad der Bestimmtheit der Haltung des Verweigerers, versucht die Musterungskommission die Entscheidung des Verweigerers rückgängig zu machen. Klarheit über sein weiteres Schicksal wird dem Verweigerer in dieser Phase jedoch noch nicht zuteil. Dies geschieht erst mit dem Einberufungsbefehl. Im allgemeinen hängt es jedoch von der klaren Formulierung des Standpunktes des Verweigerers und von seinem schriftlichen Bekenntnis hierzu ab, nicht zum aktiven Wehrdienst einberufen zu werden. Diese als recht großmütig erscheinende Geste des Staates hat jedoch einen entscheidenden Pferdefuß: der klar Bekennende (und die allgemeine, durch das amtliche Schweigen geförderte Unkenntnis über die Möglichkeit der Wehrdienstverweigerung beschränkt von vornherein die Zahl) wird eher oder später ins Abseits der Gesellschaft gedrängt. Über diese Tatsache, so hat es den Anschein, ist die Öffentlichkeit der DDR – wenn auch hinter vorgehaltener Hand – besser informiert.

Die Einberufung der Bausoldaten erfolgt wie bei allen wehrpflichtigen Bürgern der DDR durch den Einberufungsbefehl. Jedoch wurden die Einberufungen seit November 1964 bis zum Oktober 1975 nicht im halbjährigen, sondern in einem 18-monatigen Rhythmus mit Stichtag 1. Mai und 1. November vollzogen. Über die Gründe dieser Abweichung gegenüber dem regulären Wehrdienst kann nichts Näheres gesagt werden. Am häufigsten wird von Bausoldaten die Ansicht vertreten, daß diese Regelung dem Interesse des Staates und der Militärs entspricht, Wehrdienstverweigerer gegenseitig so wenig wie nur möglich untereinander in Kontakt zu bringen und eine Erfahrungsvermittlung untereinander weitestgehend auszuschließen.

Als Einberufungsorte galten bis Oktober 1975 u. a. neben den Orten Saßnitz, Torgelow und Prora hauptsächlich die zentralen Grundausbildungsstätten Graz/Usedom, Bärenstein/Sa. und Prenzlau. Die Anreise dorthin wird den Bausoldaten überlassen. Zusammen mit ihnen werden auch (jedoch im halbjährlichen Turnus) Baupioniere zu diesen Orten einberufen. Bei den Baupionieren handelt es sich um reguläre Wehrpflichtige, jedoch mit der Besonderheit, daß diese beruflich dem Dienst nahestehen und in der Regel auch durch «Westverwandtschaft» belastet sind.

Bausoldaten und Baupioniere werden am Einberufungsort einem Baupionierbataillon zugeordnet und in Kompanien aufgeteilt. Die Unterteilung in Zügen und Gruppen erfolgt dann jedoch zwischen Bausoldaten und Baupionieren getrennt.

Anzahl und Motivierung der Bausoldaten

Die seit November 1964 durchgeführten Einberufungen umfaßten je Durchgang (mit leichtem Anstieg) durchschnittlich etwa 250–280 Bausoldaten. Bis Ende des Jahres 1975 erfolgen acht Durchgänge, was einer Gesamtzahl von 2000 bis 2200 eingezogenen Bausoldaten entspricht. Darüber hinaus muß jedoch noch eine Dunkelziffer (die nicht Einberufenen) berücksichtigt werden, die von Kennern der Situation mit etwa 500 jährlich eingeschätzt wird. Maximal kann – legt man diese Zahlen zugrunde – seit der Einführung der Wehrpflicht in der DDR die Anzahl der Gesamtverweigerer (ohne die Zeugen Jehovas) bis heute nicht weit über die Zahl 5000 reichen.

Das Durchschnittsalter der Bausoldaten liegt gegenwärtig etwa zwischen 23 und 24 Jahren. Gegenüber früheren Durchgängen hat sich der Anteil der Verheirateten vergrößert; er überwiegt nunmehr. In der sozialen Struktur bestimmen die handwerklichen Berufe (Elektriker, Schlosser, Orgelbauer u. a.) das Bild; sie entsprechen fast einem 50 %igen Anteil. Es folgen Arbeiter mit ca. 30 % und im Kirchendienst hauptamtlich Tätige (Theologen und Diakone – sie entsprechen aber einer Minderheit, bezogen auf die Gesamtheit der wehrpflichtigen Theologen und Diakone in der DDR). Angestelltenberufe bilden eine Ausnahme.

Der weitaus überwiegende Teil der Bausoldaten ist konfessionell gebunden. Ihr Anteil beträgt nahezu 90 %, wobei allein auf Mitglieder der evangelischen Kirche 70 % entfallen, während die anderen vorwiegend den Adventisten und den Freikirchen/Baptisten zugehören. Katholiken bilden noch bis heute eine Ausnahme, wobei jedoch in den letzten Jahren ein Anstieg festgestellt wird (dies kann als Ausdruck der seit dem Jahre 1967 liberaleren Haltung des Vatikans zur Wehrdienstverweigerung verstanden werden). Etwa 10 % der Bausoldaten sind konfessionell nicht gebunden.

Die Beweggründe für die Verweigerung des aktiven Wehrdienstes sind zwar mehr oder weniger unterschiedlich, lassen sich aber in drei bestimmende Gruppen zusammenfassen. Die erste – und überwiegende – beruft sich im wesentlichen auf ihr religiöses Bekenntnis, niemals töten zu wollen. Sie wendet sich vorrangig gegen jeglichen Waffendienst. Die zweite Gruppe, etwa ein Drittel der Bausoldaten, ist gleichfalls christlich motiviert, jedoch reichen die Ablehnungsgründe über die Verweigerung des Waffendienstes hinaus. Diese Bausoldaten wenden sich gegen das von der Partei- und Staatsführung geforderte Freund-Feind-Bild, wobei auch innerhalb dieser als christlich-humanistisch zu charakterisierenden Gruppe Differenzierungen bestehen. Es werden mehr oder weniger auch rationale und politische Gesichtspunkte gegen den Waffendienst und der ihr zugeordneten Friedensmoral vorgetragen. Bei den nicht konfessionell gebundenen Waffendienstverweigerern reicht die Motivierung von der politischen Opposition über Antimilitarismus und Pazifismus bis hin zu der Position, für das Atomzeitalter eine neue Friedensmoral zu fordern.

Der Ablauf des Wehrersatzdienstes
Grundausbildung und Gelöbnis
Die Grundausbildung des Bausoldaten erfolgte bis Oktober 1975 an den zentralen Einberufungsorten, jedoch grundsätzlich getrennt von den Baupionieren. Sie umfaßt einen Zeitraum von etwa 4 bis 6 Wochen und unterliegt – außer daß die Waffenausbildung und die Ablegung des Eides entfällt – den allgemeinen Grundausbildungsvorschriften für Wehrpflichtige.

Die Grundausbildung beginnt mit der Einkleidung (einschließlich Stahlhelm, Marschgepäck und Gasmaske), läuft über die Exerzierausbildung, die «Grußerweisung», körperlich-militärische Ertüchtigung (Sturmbahn, Achtertest u. a.), Alarmübungen, den theoretischen Unterricht (Dienst- und Militärvorschriften, Atomschutz u. a.) bis hin zur sogenannten Komplexübung mit einem 30-km-Marsch, dem Höhepunkt und Abschluß der Grundausbildung. Als Ausbilder fungieren für die Gruppen (etwa 10 Bausoldaten) die Gruppenführer, in der Regel Unteroffiziere, und für die Züge in der Regel niedere Offiziersgrade. Nach etwa acht Tagen Grundausbildung findet in einer für Bausoldaten und Baupionieren getrennten Zeremonie für Baupioniere der «Tag des Eides» und für die Waffendienstverweigerer der «Tag des Gelöbnisses» statt. Die Bausoldaten müssen an diesem Tage Ausgangsuniform[7] anlegen und an dem Akt in geschlossener Formation teilnehmen.

Die Arbeitsleistungen der Bausoldaten
Nach der Grundausbildung wurden die Bausoldaten bis Oktober 1975 gemeinsam mit Baupionieren (etwa in Kompaniegröße) auf die verschiedensten Arbeitsprojekte des Ministeriums für Nationale Verteidigung der DDR verteilt.

Die Arbeitsprojekte waren in erster Linie zentrale militärische Anlagen (Bau, Ausbau und Reparatur von Militärflugplätzen) sowie Wohn- und Erholungsanlagen für Offiziere. Nur in Ausnahmefällen (und das als

Isolationsmaßnahme für besonders aktiv hervorgetretene Bausoldaten) war eine Tätigkeit mit zivilem Charakter innerhalb von militärischen Objekten (etwa in Sanatorien) möglich. Die gesetzlich an erster Stelle angekündigte «Mitarbeit bei Straßen- und Verkehrsbauten» entfiel völlig. Der Arbeitstag des Bausoldaten begann mit dem üblichen militärischen Ablauf (Wecken, Frühsport, Waschen, geschlossenes Frühstück, Appell) und sollte von Montag bis Freitag täglich zehn Stunden Arbeit (am Sonnabend fünf Stunden) umfassen.

Da die Arbeitsprojekte unter knappen Planterminen standen, die ungenügende Organisation der Arbeiten durch die Ausbilder jedoch ständig Planrückstände verursachte, wurde dieses Stundensoll ständig – mittels Befehlsgewalt – durch Überstunden sowie Sonn- und Feiertagsarbeit überschritten.

In den ersten Monaten der ersten Durchgänge setzte man die Bausoldaten ausschließlich für manuelle Arbeiten ein; die Bedienung größerer Maschinen (Fahrzeuge, Mischer z. B.) blieb Baupionieren vorbehalten. Erst im weiteren Verlauf der Dienstzeit und in späteren Durchgängen wurden Bausoldaten häufiger zur Bedienung von Maschinen eingesetzt. Diese Differenzierung zwischen Bausoldaten und Baupionieren im Arbeitsablauf sollte – so die allgemeine Einschätzung von seiten der Waffendienstverweigerer – den unterschiedlichen Status zwischen dem «Ehrendienst» und dem Bausoldatendienst verdeutlichen. Andererseits galt dies auch als Ausdruck des Mißtrauens der Militärs gegenüber den Bausoldaten (Verdacht der Sabotage).

Deren Arbeitswilligkeit gilt nach den bisherigen Erfahrungen als sehr unterschiedlich. Die Skala reicht vom bewußten Gammeln über verdeckte Arbeitsverzögerung bis hin zum vollen, ehrgeizigem Einsatz. Die Arbeitswilligkeit war wesentlich vom Arbeitsprojekt (Grad der Militarisierung), von den Arbeitsbedingungen und von der Verhaltensweise der Verantwortlichen und Ausbilder gegenüber den Problemen der Bausoldaten abhängig. Über Wettbewerbszielstellungen (die die Waffendienstverweigerer in der Regel nicht schriftlich bestätigten) und der darin eingeschlossenen Vergünstigungen (Prämien, Sonderurlaub u. a.) wurde besonders gegen Ende der Dienstzeit nicht ohne Erfolg die Arbeitswilligkeit gesteigert.

Die politische Schulung der Bausoldaten

Entsprechend dem normalen Ablauf des Wehrdienstes entfallen von der Ausbildungs- und Arbeitszeit der Bausoldaten in der Regel zwei Tage pro Monat auf die politische Schulung. Die Themen dieser Schulung wie auch das dazugehörige Schulungsmaterial (Reihe: «Wissen und Kämpfen»[8]) entsprechen jener für alle Wehrpflichtigen. Lediglich am Anfang des Bausoldaten-Dienstes wird den Bausoldaten eine auf ihre Situation zugeschnittene Informations- und Agitationsschrift überreicht. Die politischen Schulungen erfolgten bei den ersten Durchgängen, jedoch in der Regel nur ein- oder zweimal zu Beginn, gemeinsam mit Baupionieren. Nach den ersten Diskussionsbeiträgen der Kriegsdienstgegner, die dem Schulungsmaterial überwiegend kritisch gegenüberstanden, wurde umgehend die politische Schulung von Bausoldaten und Baupionieren getrennt vorgenommen.

Später erhielten die Zugführer, die den Regelunterricht auch in der politischen Schulung abzuhalten haben, die Anweisung, sich Diskussionen zu entziehen, und den Politunterricht lediglich auf die Wiedergabe des Schulungsmaterials zu begrenzen.

Größere politische Veranstaltungen im Kompanie- bzw. Baustellenmaßstab, wie z. b. Vorträge über grundlegende und weltpolitische Ereignisse, wurden von den Waffendienstverweigerern benutzt, um ihre Haltung – soweit das zugelassen wurde – vorzubringen. Allgemein gilt die Einschätzung, daß die politische Schulung und die politischen Veranstaltungen mit Bausoldaten mehr oder weniger von den Verantwortlichen als unangenehme Pflichtübung empfunden werden. Es besteht weitestgehendes Interesse daran, diese Pflichtübungen auf ein notwendiges Minimum zu begrenzen und sie möglichst diskussions- und widerspruchslos zu überstehen. Dieses Bemühen geht vor allem auf die Erfahrungen mit den ersten Durchgängen zurück, in welchen es den Bausoldaten gelang, sich sowohl innerhalb der Baueinheiten als auch außerhalb Gehör zu verschaffen. Am spektakulärsten gelang dies dem 2. Durchgang Garz, der in der Vorbereitungsphase der Volkskammerwahl 1967 ein demokratisches Wahlverfahren (offene Abstimmung) über die Aufstellung von Wählervertretern und deren Abordnung für die Wählervertreterkonferenz in Golzen, Kreis Luckau, mit dem Ergebnis durchsetzte, daß die gesamte Baueinheit (in welcher die Bausoldaten ein Drittel bildeten) mit zwei Bausoldaten, einem Baupionier und einem Unteroffizier öffentliche Repräsentanz und auch Sprechmöglichkeit (trotz Einschränkung und teilweise auch Diffamierung) erhielt. Außerdem gelang es einer Baueinheit in Stralsund, einen Bausoldaten als Kandidaten für die örtliche Volksvertretung aufzustellen, wenn auch die Kandidatur von den örtlichen Organen abgebogen werden konnte.

Die materielle Situation der Bausoldaten und ihre Freizeitgestaltung

Für Bausoldaten finden im allgemeinen die gleichen gesetzlichen Regelungen (u. a. die Besoldungsordnung von 1962) und Dienstvorschriften über Ausgang, Urlaub, Uniformpflicht usw. Anwendung, die für andere Wehrpflichtige gelten. Die Besoldung beträgt demzufolge monatlich 80,– M und der Urlaub 18 Tage. Kurzurlaub wird je nach Verhalten des Bausoldaten alle 8 bis 12 Wochen gewährt. Ausgang erteilt man in der Regel ein- bis zweimal in der Woche. Für besondere Leistungen während der Ausbildung und Arbeit gibt es die üblichen Belohnungen (Sonderurlaub, zusätzlicher Ausgang, Belobigungen, Prämien u. a.). Jedoch können Bausoldaten nicht befördert werden; eine Erhöhung der Besoldung entfällt also.

Ansonsten unterliegen Bausoldaten gleichermaßen wie alle Wehrpflichtigen auch den jeweiligen Strafbestimmungen.

Die Unterbringung der Waffendienstgegner erfolgt grundsätzlich getrennt von den Baupionieren. Je nach Jahreszeit werden die Bausoldaten entweder in Zelten und Baracken oder in Kasernen untergebracht.

Während der Zeit der Grundausbildung, die in größeren Kasernenkomplexen abläuft, stehen Einrichtungen wie Büchereien, Klubräume und Sportanlagen zur Verfügung. Derartige Möglichkeiten blieben den Bausoldaten später auf den Baustellen im wesentlichen verwehrt. Diese Baustellen (eingezäunte Objekte) boten, soweit sie nicht größeren Wohn- und Militärkomplexen der NVA zugehörten, in der Regel nur das Dürftigste für Unterbringung, Versorgung und hygienische Bedürfnisse.

Auch die Möglichkeiten der selbständigen Freizeitgestaltung sind beschränkt. Von Anfang an bemühten sich konfessionell gebundene Kriegsdienstgegner um eine Verdeutlichung ihres religiösen Bekenntnisses in Form etwa von Andachten, Bibelstunden und Gottesdiensten (auch außerhalb der Bauobjekte).

In den ersten Monaten des Dienstes wird verständlicherweise die Freizeit vorwiegend durch die Auseinandersetzung mit den Problemen und Konflikten des Bausoldaten-Dienstes in Anspruch genommen. Später, nach Entschärfung der Konfliktstoffe, konzentrieren sich die Waffendienstverweigerer – so zeigen die Erfahrungen – mehr und mehr auf Gruppenarbeit zu den verschiedensten geistlichen und geistigen Problemen und Themen. Regelmäßig beschäftigt man sich auch mit den Werken von Autoren, die sich zeitkritisch und vor allem mit Problemen der Gewaltlosigkeit und Fragen von Krieg und Frieden auseinandersetzen. Im Laufe der Jahre hat sich diesbezüglich ein Literaturkatalog herausgebildet, der vorwiegend folgende Autoren umfaßt: Wolfgang Borchert (u. a. «Draußen vor der Tür»), Günther Anders (u. a. «Der Mann auf der Brücke»), M. L. King (u. a. «Warum wir nicht warten können»), Carl Friedrich Freiherr von Weizsäcker («Bedingungen des Friedens»), Max Frisch (u. a. «Biedermann und die Brandstifter»), Martin Walser, Heinrich Böll, aber auch Franz Fühmann, Günter Kunert und Reiner Kunze.

In der Regel wurde das kulturelle Leben auf den Baustellen von Bausoldaten initiiert und getragen. Hier zeigten die einzelnen Kompanieleitungen meistens Toleranz, soweit diese Aktivitäten nicht unmittelbar den gesellschaftspolitischen Bereich berührten (so wurde z. B. die Ausnutzung der Wandzeitung als kritisches Forum sehr schnell unterbunden).

4. Probleme der Bausoldaten während ihrer Dienstzeit

Der Entschluß, den Bausoldaten-Dienst zu leisten, ist für viele Wehrdienstverweigerer nicht mit einer ungeteilten Anerkennung der Ersatzdienstmöglichkeit gemäß der Anordnung vom Sept. 1964 gleichzusetzen. Noch weniger enthält er die ungeteilte Anerkennung einer Praxis, die vorwiegend auf die Stärkung des militärischen und wehrpolitischen Interesses des Staates ausgerichtet ist. Der Entschluß, diesen Dienst zu leisten, entspricht für eine Vielzahl von Kriegsdienstgegnern vielmehr einem Zurückweichen vor der Konsequenz der Totalverweigerung, das heißt vor dem Gefängnis.

Die Vorstellungen der Wehrdienstverweigerer in der DDR über einen Ersatzdienst wurden und werden wesentlich von der Praxis des zivilen Ersatzdienstes in der Bundesrepublik geprägt. Dem steht die inhaltliche Gestaltung der Anordnung von 1964, auf die die Wehrdienstverweigerer in der DDR selbst keinerlei direkten Einfluß ausüben konnten, und die Praxis des Bausoldaten-Dienstes deutlich entgegen. So ist bereits mit Beginn des Dienstes ein Reibungs- und Konfliktfeld in vielerlei Richtungen angelegt und die Durchführung des Dienstes fordert einen permanenten Zwang zu einem komplizierten Kompromiß, der das Gewissen der Bausoldaten mehr oder weniger erheblich belastet.

Probleme und Konsequenzen während der Grundausbildung

Die Konflikte konzentrieren sich in dieser Zeit hauptsächlich auf die Ablegung oder Verweigerung des Gelöbnisses sowie auf jene Ausbildungsübungen, die von einigen der Wehrdienstgegner als aggressive Übungen bewertet werden (Sturmbahn, «Kriechen», «Gleiten», «Sprung nach vorn»).

Während bei diesen Übungen nach einer Reihe von Verweigerungen und Strafen beide Seiten schon in den ersten Durchgängen zu Zugeständnissen im Sinne einer Entschärfung stillschweigend Übereinkunft erlangten, hat sich die Ablegung des Gelöbnisses bis in die Gegenwart hinein als Konfliktstoff erhalten, auch wenn das Problem im Laufe der Jahre an Schärfe verloren hat. In den ersten Durchgängen wurde das Gelöbnis sowohl von seiten der Bausoldaten als auch von seiten der Militärs prinzipiell und hartnäckig angegangen. Bei den Bausoldaten kam dies durch eine Vielzahl von Eingaben zum Ausdruck, in denen sie schriftlich das Nichtablegen des Gelöbnisses ankündigten. Ferner sprach in der Regel die Mehrheit der Waffendienstgegner das Gelöbnis nicht mit, und eine Reihe von ihnen erwirkte auch, daß diese Ablehnung in ihren Wehrunterlagen (Wehrstammbuch und Wehrpaß) dokumentarisch festgehalten wurde. Außerdem gab es Bemühungen, einen neuen Gelöbnistext (u. a. ohne Feindbildbestimmung) durchzusetzen.

Die Reaktion der Militärs bestand in einer Skala differenzierter Bestrafungen, die bis zu Gefängnis wegen Befehlsverweigerung (in einem Fall für sieben Monate) reichten.

Die spätere Entschärfung versteht sich im wesentlichen so, daß sich die Bausoldaten – mehr oder weniger zufrieden – mit dem Nichtablegen des Gelöbnisses begnügen und die andere Seite dies stillschweigend akzeptiert, zumal im Regelfall die Wehrunterlagen mit dem Text «Gelöbnis abgelegt» unwidersprochen hingenommen werden.

Probleme bei der Erfüllung der Arbeitsaufgaben
Je nachdem, wie deutlich Bauobjekte für Bausoldaten direkt oder indirekt in der Vergangenheit der militärischen Aufrüstung der DDR zugeordnet erschienen, verstärkte oder schwächte sich ein weiteres Konfliktfeld. Beim Bau von Offizierseinrichtungen u. ä. wurden kaum Probleme sichtbar. Um so stärker konzentrierte sich die Auseinandersetzung auf jenen Kreis von etwa einem Drittel der Bausoldaten, die bis Oktober 1975 ausschließlich für den Bau von Militärflugplätzen verpflichtet wurden.

In den ersten Durchgängen spitzte sich diese Auseinandersetzung bis zur Infragestellung des Bausoldaten-Dienstes überhaupt zu. Es gab jedoch nur in Ausnahmefällen punktuelle oder totale Verweigerungen (in einem Fall führte das zu einer Gefängnisstrafe von 27 Monaten).

Eine Vielzahl von Einzeleingaben, aber auch – als Ausnahme – Kollektiveingaben (die den Verdacht der Meuterei hervorriefen) forderte nicht nur die allseitige Ausschöpfung der Anordnung von 1964, das heißt vor allem den Einsatz bei Straßen- und Verkehrsausbauten, sie wurden auch mit Vorschlägen zur Änderung verbunden, und zielten darüber hinaus auf die Durchsetzung eines Zivildienstes. Die konstruktive Bereitschaft der Bausoldaten reichte von der Willenserklärung, in Schwerpunktobjekten der Wirtschaft und für Umweltschutzaufgaben eingesetzt zu werden bis hin zum Angebot, sich für einen 19. Arbeitsmonat im zivilen Bereich zur Verfügung zu stellen (erstmals 1971/72). Alle Vorschläge, die u. a. auch an die Volkskammer herangetragen wurden, blieben jedoch ohne Erfolg. Die mit Eingaben und Vorschlägen besonders aktiv in Erscheinung getretenen Bausoldaten hatten hingegen einer Vielzahl von Schikanen standzuhalten, nicht zuletzt dem Vorwurf der «Rädelsführung». Neben diesen Konflikten führten in den ersten Durchgängen auch die oftmals befohlene Sonn- und Feiertagsarbeit zu Auseinandersetzungen. Verweigerungen führten 1967 zu einer Verurteilung von acht Bausoldaten zu je drei Monaten Militärstraflager.

Probleme des geistlichen und geistigen Lebens
Die konfessionelle Bindung der Mehrheit der Bausoldaten gilt für die Verantwortlichen und Ausbilder zwar noch als das verträglichste Argument für die Verweigerung des Waffendienstes, dennoch gab es immer wieder Schwierigkeiten, wenn die Wehrdienstgegner hierzu einen öf-

fentlichen Rahmen suchten. So bedurfte es erst einer Reihe von Beschwerden (auch gerichtet an die Vertreter der evangelischen Kirchenleitungen), bevor für den Gottesdienst außerhalb der Arbeitsobjekte rechtzeitig Ausgang gewährt wurde. Innerhalb der Objekte war die Durchführung von Gottesdiensten offiziell verboten, inoffiziell zeigten die jeweiligen Kompanieleitungen in der Regel Toleranz. Grundsätzlich führten diese Probleme in allen Durchgängen zu keinen ernsthaften Konsequenzen. Die Regelung hing wesentlich vom Gesamtverhalten der Bausoldaten ab; das Entgegenkommen der Kompanieleitung richtete sich jeweils nach dem Grad ihrer Disziplin. Belastender erschien, wenn sich das geistige Leben der Bausoldaten in ihrem Selbstbekenntnis zur Wehrpflicht oder zum Bausoldatendienst in Richtung Öffentlichkeit bewegt. In solchen Situationen kam es unweigerlich zu Kontakten mit Vertretern des Ministeriums für Staatssicherheit bzw. mit dessen Verbindungsoffizier. Wegen eines im Jahre 1966 von Bausoldaten verfaßten «Zeugnis der Bausoldaten», das in Verbindung mit einer Geldspende für Vietnam an die Humboldt-Universität verschickt wurde, erfolgten mehrere Vernehmungen. Ähnliche Reaktionen gab es, wenn Wehrdienstgegner im Rahmen von Kompanieveranstaltungen mit politischer Thematik ihre Meinung offen vertraten. Den Betreffenden wurde in der einen oder anderen Form nahegelegt, ihre als «staatsfeindlich» charakterisierten Aktivitäten einzustellen. Viele Bemühungen von einzelnen Bausoldaten, mit verantwortlichen Vertretern des gesellschaftlichen Lebens der DDR ins Gespräch zu kommen, um ihr Friedensverständnis deutlicher zu markieren, kamen über Ansätze nicht hinaus und scheiterten am Unwillen der Angesprochenen, sich ernsthaft mit Positionen der Wehrdienstverweigerer in der DDR auseinanderzusetzen.

Probleme des Verhaltens der Bausoldaten untereinander

Unterschiedliches weltanschauliches Bekenntnis und unterschiedliche Motivierung der Wehrdienstverweigerung sowie die ihr entspringende unterschiedliche Haltung der Bausoldaten zu ihrem Dienst schließen von vornherein ein reibungsloses Verhältnis zueinander aus. Hauptsächlich in den ersten drei Monaten des Dienstes (in einer Zeit also, die von ernsthaften Gewissenskonflikten beherrscht wird), sind die Bausoldaten gegenseitigen Vertrauensproben ausgesetzt. Erschwerend wirkt sich dabei die Erfahrung aus, daß von seiten des Ministeriums für Staatssicherheit immer wieder versucht wird, Bausoldaten als Informanten zu gewinnen und einzuschalten (was in einigen Fällen auch nachweislich gelang). Besonders die nicht eindeutig oder nicht konfessionell gebundenen Bausoldaten geraten dabei oft in Verdacht. Als entscheidend für das gegenseitige Vertrauen erweist sich der Grad der Solidarisierung; in dieser Beziehung sprechen die Erfahrungen der Bausoldaten allgemein von einer guten Bewährung.

Es bilden sich im Laufe der Zeit zwar unterschiedliche Interessengemeinschaften (die u. a. auch das Anliegen der Wehrdienstgegner je nach gesellschaftlicher Aktivität unterschiedlich gewichten), aber die Gefahr einer Spaltung der Bausoldaten hat es nach den bisherigen Erfahrungen in keinem Durchgang gegeben. Im Gegenteil, das längere Zusammensein stärkte die Bereitschaft zur Toleranz, schärfte den gemeinsamen Blickwinkel und führte zu einer ständigen Neubefragung des Selbstverständnisses als Bausoldat, wobei zunehmend auch weltpolitische Gegebenheiten einbezogen wurden.

Probleme zwischen Bausoldaten und Ausbildern
Die Ausbilder standen den Bausoldaten am Anfang der Ausbildung jeweils äußerst voreingenommen gegenüber. Wesentlich schienen diese Vorurteile politisch geprägt und mit solchen Attributen gefüllt zu sein, daß es sich um Staatsfeinde oder bestenfalls um Drückeberger handele. Offensichtlich spiegelten diese Züge der Voreingenommenheit das den Ausbildern vorgeprägte Charakterbild von Bausoldaten wider.

Grundsätzlich war und ist es den Ausbildern untersagt, mit Bausoldaten persönliche Kontakte einzugehen. Gleichermaßen legt man ihnen nahe, Diskussionen mit ihnen auszuweichen. Die Erfahrungen der Bausoldaten bezeugen jedoch auch, daß infolge der ständigen Ausbildungskontakte, insbesondere mit den Gruppenführern, aber auch mit den Zugführern, im Laufe der Zeit ein neues Bausoldatenbild entsteht, das um so mehr respektiert wird, je stärker die Wehrdienstgegner ihre Position auch rational und politisch zu erklären vermögen.

Die Stellung der Ausbilder zu den Bausoldaten erweist sich allgemein als kompliziert und gegenüber der Kompanieleitung vor allem dann als schwierig, wenn die Ausbilder in ihrer Gruppe oder in ihrem Zug mit den verschiedensten Aktivitäten der Waffendienstgegner (Verweigerungen, Eingaben, Vorschläge usw.) konfrontiert werden.

5. Die gesellschaftliche Stellung der Bausoldaten

Besteht in der DDR über die gesetzliche Möglichkeit der Wehrdienstverweigerung mangelnde und oftmals gar keine Kenntnis, so verstärkt sich der Eindruck der Unwissenheit noch beträchtlich, wenn man nach dem Status eines solchen Wehrdienstverweigerers fragt.

Reale Vorstellungen bestehen eigentlich nur im unmittelbaren Wirkungsbereich der evangelischen Kirche der DDR (aber auch das im unterschiedlichen Maße und in der Regel nur dort, wo Wehrdienstverweigerer aktiv am Kirchenleben beteiligt sind). Unter größeren Einschränkungen ist eine sachliche Information auch in der Öffentlichkeit jener Gegenden anzutreffen, die sich im Ausgangsgebiet von Bausoldateneinheiten befinden, das heißt in der Provinz, und schließlich auch innerhalb jener Grenzen, die ein Wehrdienstverweigerer in seinem unmittelbaren Lebens- und Arbeitsbereich abzustecken vermag.

Über diesen Rahmen hinaus steht der überwiegende Teil der Bevölkerung der DDR dem Problem der Wehrdienstverweigerung ziemlich hilflos gegenüber. Das Bild der Wehrdienstverweigerung provoziert häufig nur Gefängnisassoziationen, und wenn schon einmal vom Bausoldaten die Rede ist, fällt zunächst der Begriff «Spatensoldaten» (offensichtlich infolge der äußeren Kennzeichnung der Bausoldaten mit einem goldfarbenen Spaten auf den Schulterstücken), bevor «über so etwas ähnliches» wie «politische Opposition», «religiöser Pazifismus», «Antimilitarismus» oder aber auch «Arbeitsdienst» und «Strafbataillon» weitergesprochen wird. Mögen die Vorstellungen der Bevölkerung der DDR im allgemeinen über die Bausoldaten recht verschwommen sein, die persönlichen Erfahrungen der Wehrdienstgegner, wie sie sich aus Kontakten mit der Bevölkerung ergaben, lassen einen um so klareren Schluß zu. Bausoldaten werden in der Regel nicht nur respektiert, es wird ihnen auch ein reges Interesse und vor allem auch eine außergewöhnliche Offenheit entgegengebracht. Man versichert sie darüber hinaus einer freundlichen, wenn auch oft diffusen, Hochachtung.

Partei und Staat der SED freilich weisen den Bausoldaten in der Gesellschaft der DDR einen anderen Platz zu. Zwar ist der Bausoldatenstatus durch Gesetz legitimiert, und es existiert ein Brief des 1. Sekretärs der SED, Erich Honecker, aus dem Jahre 1970 an die bekannte westdeutsche Pazifistin Klara Faßbinder, der den Bausoldaten einen würdigen und gleichberechtigten Platz in der Gesellschaft der DDR zuweist, denn es heißt darin:

«Den Dienst als Bausoldat anerkennen wir als eine Entscheidung für den Frieden und den Sozialismus. Die wehrersatzdienstleistenden Bürger der DDR sind völlig gleichberechtigt vor dem Gesetz und nehmen unabhängig vor ihrer Weltanschauung und Bildung einen gerechten Platz in unserer Gesellschaft ein. Dementsprechend hat bei uns auch jeder Bausoldat die Möglichkeit, die verschiedenen Bildungswege der DDR zu nutzen. Davon zeugt unter anderem die Tatsache, daß sich unter den Bausoldaten auch Abiturienten und Studenten befinden . . .»

Doch abgesehen davon, daß der Brief nicht die Öffentlichkeit der DDR erreichte, die Wirklichkeit spricht eine andere Sprache. Als nachweislich unbestritten gilt, daß junge Bürger der DDR, die sich bewußt gegen den aktiven Wehrdienst entscheiden, keine gleichberechtigten Bildungs- und Berufschancen haben. In mehreren Fällen traten bereits beim Abschluß von Lehrverträgen Schwierigkeiten auf, wenn der Betreffende die paramilitärische Ausbildung in der Gesellschaft für Sport und Technik (GST) ablehnte. Eine Reihe von Studenten, die während des Studiums den bewaffneten Reservedienst ablehnten, wurde exmatrikuliert und fand sich bald danach bei den Bausoldaten wieder (so erfolgt nach 1970). Ehemaligen Bausoldaten wurde der Zugang zu Hochschulen und Universitäten verwehrt, u. a. mit der Begründung, daß sie aufgrund ihrer Einstellung nicht befähigt seien, das Unterleutnantspatent zu erwerben.

In einem bekanntgewordenen Fall folgte dem Bausoldatendienst prompt die Kündigung und ein Berufsverbot. Dem Angestellten einer Bank wurde für den gesamten ökonomischen Bereich der DDR, untermauert durch die Entscheidung eines Arbeitsgerichtes, Berufsverbot erteilt. Außerdem wurden dem Betreffenden mit der Einberufung zum Bausoldaten-Dienst automatisch alle gewerkschaftlichen Funktionen – auch jene als Kreisvorstandsmitglied – entzogen.

Über diese Diskriminierungen hinaus bleibt der Bausoldat, soweit er sich unverändert zu einer anderen als der staatlichen Friedensmoral bekennt, im Verdacht der Wehrkraftzersetzung und der Staatsfeindlichkeit. Jede Art offenes Bekenntnis, jede Form der Popularisierung oder gar Werbung für die Bausoldatenideen sowie alle Bemühungen von Wehrdienstgegnern, ihre Friedensvorstellungen in die Gesellschaft der DDR einzubringen, werden weitestgehend abgebogen. Gelingt dies nicht, werden Verbote ausgesprochen und Bestrafungen angedroht. Eine Organisation von Wehrdienstverweigerern – etwa in jenen Formen, wie sie in der Bundesrepublik möglich sind – bleibt ausgeschlossen. Der einzige Rahmen, der Waffendienstverweigerern in der DDR für ihre Friedensvorstellungen und ihre Friedensarbeit zur Verfügung steht, ist im wesentlichen jener, den die evangelische Kirche der DDR noch freigibt. Im wesentlichen blieben und bleiben die Wehrdienstgegner – von der Unterstützung einiger weniger engagierten Personen innerhalb der evangelischen Kirche abgesehen – auf sich selbst gestellt. All das läßt verständlich werden, warum die Zahl der Wehrdienstverweigerer in der DDR so niedrig liegt und warum über die Wehrdienstverweigerung und über ihre Träger in der DDR so wenig und oft nur Verworrenes an die Öffentlichkeit dringt.

All dies verdeutlicht auch, welche schwierige Stellung die Wehrdienstverweigerer in der Gesellschaft der DDR einnehmen. Die offizielle Meinung gibt Generalmajor Günther Teller, Stellvertreter des Chefs der Politischen Hauptverwaltung der NVA, im Jahre 1966 auf einem «Forum junger Christen» in Zwickau zum Bausoldatendienst mit den Worten zu verstehen:

«Angesichts der von Westdeutschland ausgehenden Kriegsgefahr und der Notwendigkeit einer ständigen allseitigen Stärkung der Deutschen Demokratischen Republik besteht darin aber auch das einzig mögliche, vor dem werktätigen Volk gerade noch vertretbare Zugeständnis der Regierung der DDR an die Wehrdienstverweigerer aus Glaubens- und Gewissensgründen.»[9]

GESETZBLATT

der Deutschen Demokratischen Republik

1964	Berlin, den 16. September 1964	Teil I Nr. 11

Anordnung des Nationalen Verteidigungsrates der Deutschen Demokratischen Republik über die Aufstellung von Baueinheiten im Bereich des Ministeriums für Nationale Verteidigung.

Vom 7. September 1964

§ 1

(1) Im Bereich des Ministeriums für Nationale Verteidigung sind Baueinheiten aufzustellen.

(2) Der Dienst in den Baueinheiten ist Wehrersatzdienst gemäß § 25 des Wehrpflichtgesetzes vom 24. Januar 1962 (GBl. I S. 2). Er wird ohne Waffe durchgeführt.

§ 2

(1) Die Baueinheiten haben die Aufgabe, Arbeitsleistungen im Interesse der Deutschen Demokratischen Republik zu erfüllen. Dazu gehören insbesondere:

a) Mitarbeit bei Straßen- und Verkehrsbauten sowie Ausbau von Verteidigungs- und sonstigen militärischen Anlagen;

b) Beseitigung von Übungsschäden;

c) Einsatz bei Katastrophen.

(2) Der Einsatz der Baueinheiten erfolgt durch den Minister für Nationale Verteidigung oder die von ihm dazu Beauftragten.

§ 3

Für die Angehörigen der Baueinheiten gelten die gesetzlichen und militärischen Bestimmungen, die den Grundwehrdienst bzw. den Reservistenwehrdienst in der Nationalen Volksarmee regeln, soweit nicht in dieser Anordnung etwas anderes festgelegt ist.

§ 4

(1) Zum Dienst in den Baueinheiten werden solche Wehrpflichtigen herangezogen, die aus religiösen Anschauungen oder aus ähnlichen Gründen den Wehrdienst mit der Waffe ablehnen.

(2) Die Angehörigen der Baueinheiten tragen den Dienstgrad „Bausoldat".

§ 5

(1) Die Angehörigen der Baueinheiten leisten keinen Fahneneid nach § 3 der Dienstlaufbahnordnung vom 24. Januar 1962 (GBl. I S. 6).

(2) Die Angehörigen der Baueinheiten legen ein Gelöbnis ab (Anlage).

§ 6

Neben der Heranziehung zu Arbeitsleistungen gemäß § 2 Abs. 1 ist mit den Angehörigen der Baueinheiten folgende Ausbildung durchzuführen:

a) staatspolitische Schulung,

b) Schulung über gesetzliche und militärische Bestimmungen,

c) Exerzierausbildung ohne Waffe,

d) militärische Körperertüchtigung,

e) Pionierdienst und spezialfachliche Ausbildung,

f) Schutzausbildung,

g) Ausbildung in der Ersten Hilfe.

§ 7

Die Bausoldaten der Baueinheiten tragen eine steingraue Uniform mit Effekten und der Waffenfarbe „oliv". Als besonderes Kennzeichen tragen sie das Symbol eines Spatens auf den Schulterklappen.

§ 8

Ungediente Reservisten, bei denen die Voraussetzun- n des § 4 Abs. 1 zutreffen, sowie gediente Reservisten, e Dienst in den Baueinheiten geleistet haben, kön- n als Ersatz für den Reservistenwehrdienst zur Aus- ldung oder zu Übungen in den Baueinheiten einberu- n werden.

§ 9

Die Vorgesetzten der Angehörigen der Baueinheiten usbildungspersonal) sind bewährte Soldaten, Unter- fiziere und Offiziere der Nationalen Volksarmee.

§ 10

Im Interesse der Steigerung der Arbeitsproduktivi- t können den Angehörigen der Baueinheiten als ma- rieller Anreiz zusätzlich zum Wehrsold Zuschläge ge- zahlt werden. Voraussetzung für die Zahlung von Zu- schlägen ist die Übererfüllung der geforderten Arbeits- leistungen.

§ 11

Der Minister für Nationale Verteidigung erläßt zur Durchführung dieser Anordnung die erforderlichen Durchführungs- und militärischen Bestimmungen.

§ 12

Diese Anordnung tritt mit Wirkung vom 1. Septem- ber 1964 in Kraft.

Berlin, den 7. September 1964

Der Vorsitzende
des Nationalen Verteidigungsrates
W. Ulbricht

Anlage

zu § 5 Abs. 2 vorstehender Anordnung)

GELÖBNIS

CH GELOBE:

Der Deutschen Demokratischen Republik, meinem Vaterland, allzeit treu zu dienen und meine Kraft für die Erhöhung ihrer Verteidigungsbereitschaft einzusetzen.

CH GELOBE:

ls Angehöriger der Baueinheiten durch gute Arbeitsleistungen aktiv dazu beizutragen, daß die Natio- ale Volksarmee an der Seite der Sowjetarmee und der Armeen der mit uns verbündeten sozialistischen änder den sozialistischen Staat gegen alle Feinde verteidigen und den Sieg erringen kann.

CH GELOBE:

hrlich, tapfer, diszipliniert und wachsam zu sein, den Vorgesetzten unbedingten Gehorsam zu leisten, hre Befehle mit aller Entschlossenheit zu erfüllen und die militärischen und staatlichen Geheimnisse mmer streng zu wahren.

CH GELOBE:

ewissenhaft die zur Erfüllung meiner Aufgaben erforderlichen Kenntnisse zu erwerben, die gesetzlichen nd militärischen Bestimmungen zu erfüllen und überall die Ehre unserer Republik und meiner Ein- eit zu wahren.

erausgeber: Büro des Ministerrates der Deutschen Demokratischen Republik, Berlin C 2, Klosterstraße 47 — Redaktion: Berlin C 2, losterstraße 47, Telefon: 209 36 22 — Ag 134/64/DDR — Verlag: (610/62) Staatsverlag der Deutschen Demokratischen Republik, erlin C 2, Telefon: 51 05 21 — Erscheint nach Bedarf — Fortlaufender Bezug nur durch die Post — Bezugspreis: Vierteljährlich eil I 1,20 MDN, Teil II 1,80 MDN und Teil III 1,80 MDN — Einzelabgabe bis zum Umfang von 8 Seiten 0,15 MDN, bis zum mfang von 16 Seiten 0,25 MDN, bis zum Umfang von 32 Seiten 0,40 MDN, bis zum Umfang von 48 Seiten 0,55 MDN je Exemplar, e weitere 16 Seiten 0,15 MDN mehr — Bestellungen beim Zentral-Versand Erfurt, Erfurt, Postschließfach 696, sowie Bezug gegen arzahlung in der Verkaufsstelle des Verlages, Berlin C 2, Roßstraße 6 — Druck: Staatsdruckerei der Deutschen Demokratischen publik.
Index 31 816

6. Die Veränderung seit 1975

Nach ersten Berichten scheint sich seit dem Oktober 1975 die Situation der Bausoldaten, insbesondere auf die Dienstzeit bezogen, humanisiert zu haben.

In einer Art Nacht- und Nebel-Aktion wurden im Herbst 1975 die Bausoldaten aus den Baupionierbataillonen ausgegliedert und in Gruppen von je 10 bis 15 auf Ausbildungs- und Armeekomplexe der NVA verteilt, wo sie vorwiegend zivile Arbeitsaufgaben (in Gärtnereien und ähnlichen Dienstleistungsbereichen – Versorgung, Reparaturen u. ä.) zu lösen haben. Die Anordnung vom September 1964 blieb zwar bisher von diesen Änderungen unberührt, jedoch soll eine neue Durchführungsbestimmung in Kraft getreten sein, die den Bausoldaten nur noch eine Arbeits- und Ausbildungszeit von 800 Stunden halbjährlich zumutet (statt des früheren 10-Stunden-Arbeitstages nur noch einen 7-Stunden-Arbeitstag). Die Einberufung der Bausoldaten soll künftig nicht mehr alle 18 Monate, sondern in halbjährlichem Turnus erfolgen. Als ein positives Zeichen wird auch die Tatsache bewertet, daß in zwei Fällen ehemalige Bausoldaten wieder Zugang zu einer Hochschule bzw. Universität erhielten, und daß die Verweigerer dort nicht mehr zum bewaffneten Reservistendienst verpflichtet werden sollen.

Inwieweit das im vorangegangenen Abschnitt gezogene Resümee aufrechterhalten werden muß, wird wesentlich davon abhängen, ob sich diese Veränderung als prinzipiell und für künftige die Tendenz als bestimmend herausstellen werden.

Anmerkungen

1. Zum Militär in der DDR

1 Diese Zahlen basieren auf einer Vergleichsdefinition von Verteidigungsetats gemäß The International Institute for Strategic Studies, The Military Balance 1975–76, London 1975. Unter Einbezug aller bewaffneten Formationen verschiebt sich das Bild wegen der «Kampfgruppen» in der DDR wesentlich: nach westdeutschen Angaben lautet dann die Vergleichszahl für 1972 775,– DM für die DDR und 368,– DM für Bundesrepublik (Österr. Milit. Zeitschrift, H. 6/1972. S. 467, die «Wehrpolitischen Informationen zitierend). Die Bereitschaftspolizei in der Bundesrepublik scheint bei diesen Berechnungen nicht berücksichtigt zu sein.

2 Thomas M. Forster, Die NVA – Kernstück der Landesverteidigung der DDR, 4. Aufl. Köln 1972, S. 8. Der sich hinter diesem Pseudonym verbergende Oberst und sein Stab sind Mitarbeiter des Bundesministeriums der Verteidigung.

3 Dennis Chaplin, «East German Army: A new look at indoctrination», in: Military Review, April 1975, S. 29.

4 Der indische Militärexperte M. K. Chopra, in dieser Frage sicher einer der neutralsten Zeugen, berichtet z. B. von einer DDR-Rundreise 1971: «Als ich jüngst Ostdeutschland bereiste, wurde mir gesagt, daß das Land nicht als gesichert betrachtet werden könne, solange der Prozeß (der Ratifizierung des Moskauer Vertrages, U. A.) nicht in jeder Hinsicht abgeschlossen sei» (Maharaj K. Chopra, East German Security, in: Military Review, October 1971, S. 12).

5 Chopra, a. a. O., S. 20.

6 Zit. nach Wehrkunde 2/1975, S. 99. Es wäre sicher verfehlt, militante Äußerungen zum Schutz des Sozialismus ausschließlich als gegen den Westen gerichtet zu verstehen. Der Zielpunkt China wäre etwa anwendbar auf (für viele zitiertes Beispiel) die Äußerung vor dem 8. Parteitag der SED 1971, in welcher der Kommandeur der NVA-Ehrendelegation formulierte: «Als wahrhafte Patrioten und Internationalisten stehen (die Angehörigen der NVA) mit Herz, Hirn und sicherer Hand für die Unantastbarkeit des Sozialismus ein» (zit. nach: Neues Deutschland, 17. 6. 1971).

7 Art. 23 der Verfassung der DDR (Hervorh. d. Verf.).

8 Vergl. «Neues Deutschland» vom 23. 11. 1968 sowie den Beitrag von G. Neugebauer in diesem Band.

9 Hans Heinrich Mahnke, «Der neue Freundschafts- und Beistandspakt zwischen Sowjetunion und DDR», in: Deutschland-Archiv, H. 11/1975, S. 1172.

10 Daten nach The Military Balance, a. a. O. (vgl. Anm. 1).

11 In der Verfassung der DDR wurden die Artikel 5 und 112 ergänzt; zur westdeutschen Grundgesetzänderung vergl. etwa Norbert Tönnies, «Der Weg zu den Waffen». Die Geschichte der deutschen Wiederbewaffnung 1949–1957, Köln 1957, Teil IV.

12 In der Sowjetunion hat es – was wenig bekannt ist – unmittelbar nach der Oktoberrevolution die Möglichkeit der Verweigerung des Wehrdienstes gegeben. Laut Dekret des Rates der Volkskommissare vom 4. Januar 1919 «Über die Befreiung vom Militärdienst aufgrund religiöser Überzeugung» konnte «einer Person, die

ihrer religiösen Überzeugung nach nicht am Militärdienst teilnehmen kann, ... eine entsprechende gemeinnützige Arbeit» (Art. 1) zugewiesen werden. – Den Hinweis auf das Dekret verdankt d. Verf. Christian Wellmann.

13 Den möglichen Beitrag einer Analyse des politischen Systems der DDR für das Thema dieses Bandes untersucht Peter W. Schulze in einem nachstehenden Kapitel.

14 Peter Christian Ludz, Deutschlands doppelte Zukunft. Bundesrepublik und DDR in der Welt von morgen, München 1974, S. 66f.

15 So «Forster», a. a. O., S. 18/19, für das Bundesverteidigungsministerium; das ehemalige Bundesministerium für Gesamtdeutsche Fragen datiert in einer Reihe von Publikationen ähnlich (neben der schon zitierten Schrift «SBZ von A bis Z») etwa Helmut Bohn, «Die Aufrüstung in der Sowjetischen Besatzungszone Deutschlands, Bonn 1958, S. 79. – Als Stütze für diese These verwendet «Forster» eine apologetische Schulungsschrift für SED-Parteischulen aus dem Jahre 1959, die an dieser Einzelentscheidung einmal mehr die Voraussicht der Sowjetunion hervorhebt – kein sehr eindrucksvolles Beweismittel. Zur Einordnung der Schrift siehe den Schluß dieses Kapitels.

16 Vgl. als Materialsammlung: Militärgeschichtliches Forschungsamt, Aspekte der deutschen Wiederbewaffnung, Boppard 1975.

17 William Green/John Fricker, «The Air Forces of the World». Their History, Development and Present Strength, London 1958, S. 110.

18 Ebd.

19 Ebd., S. 111.

20 Vgl. dazu Gerd-Jan Krol, «Die Wirtschaftsreform in der DDR und ihre Ursachen», Tübingen 1972, S. 66f.

21 Vgl. «Forster», a. a. O., S. 7.

22 Ebd., S. 103.

23 Ebd. Über den deutschen Einmarsch berichtet «Forster», S. 102f: «Am Aufmarsch nahmen von der NVA Teile von zwei der insgesamt sechs Divisionen teil. Einheiten der 11. mot. Schützendivision, Halle, wurden der sowjetischen 1. Garde-Panzer-Armee unterstellt, die über Karlsbad und Pilsen bis Budweis vorstieß. Die 7. Panzerdivision, Dresden, gab Teile an die sowjetische 20. Gardearmee ab, die Prag besetzte ... Wenn die NVA-Truppen schon in den ersten Tagen sich nur bei Nacht bewegen und sich im übrigen ‹in den böhmischen Wäldern versteckt halten mußten› und bald – bis auf kleine Einheiten – wieder abgezogen wurden, dann war dafür ein Hauptgrund maßgebend: Die Weltöffentlichkeit sah den Einmarsch der NVA als eine Wiederholung der Hitlerschen Okkupation des Jahres 1938 an.»

24 Vgl. dazu den Abschnitt über Rüstung in diesem Band.

25 So berichtet Chopra, a. a. O., S. 15.

26 Die Produktion des Militärverlages der DDR, Berlin, legt davon breit Zeugnis ab. Am konzisesten und wichtigsten sind die Beiträge in der Zeitschrift «Militärwesen», die zur theoretischen Schulung von Offizieren bestimmt ist.

27 Im deutschen Sprachraum informieren über derartige Aspekte vor allem die Arbeiten des Münsteraner Historikers Werner Hahlweg (Aufsätze in Militärzeitschriften) und des israelischen Militärhistorikers Jehuda Wallach (z. B. «Kriegstheorien. Ihre Entwicklung im 19. und 20. Jahrhundert», Frankfurt 1972); siehe auch die Dissertation von Wolfram Wette, «Kriegstheorien deutscher Sozialisten». Marx, Engels, Lassalle, Bernstein, Kautsky, Luxemburg. Stuttgart u. a. 1971.

28 So Wallach, a. a. O., S. 282f.

29 Allgemeine Schweizerische Militärzeitschrift, H. 10/1974, S. 539f., eine nicht näher bezeichnete DDR-Quelle zitierend.
30 Ebd.
31 Ebd.
32 Vgl. W. D. Sokolowski (Hg.), Militär-Strategie, 3. Aufl. Köln 1969, S. 475f.
33 Chopra, a. a. O., S. 15.
34 Allgemeine Schweizerische Militärzeitschrift, H. 3/1974, S. 137, die Zeitung «Der Kämpfer» zitierend.
35 T. N. Dupuy, J. A. C. Andrews u. G. P. Hayes, «The Almanac of World Military Power», 3. Aufl., Dunn Loring, Va. 1974, S. 144
36 Verwiesen sei vor allem auf die Untersuchung von D. Herspring, East German Civil-Military Relations. The Impact of Technology, 1949–1972, New York 1973.
37 «Forster», a. a. O., S. 11.
38 Ebd., S. 10.
39 Ebd., S. 47
40 Ebd., S. 26
41 Etwa Norbert Tönnies, a. a. O. In der Einschätzung der Quellenlage zur Aufrüstung in beiden deutschen Staaten ist «Forster» sicher zuzustimmen: «Eine größere und dokumentarisch auch im einzelnen breiter belegte Studie über die Entstehungsgeschichte der Aufrüstung in beiden Teilen Deutschlands ist sicher notwendig» («Forster», a. a. O., S. 9).
42 «Forster», a. a. O., S. 50.
43 Weißbuch 1973/1974, «Zur Sicherheit der Bundesrepublik Deutschland und zur Entwicklung der Bundeswehr», Bonn 1974, S. 13f.

2. Das militärstrategische Konzept der NVA

1 Weißbuch 1975/1976 – Zur Sicherheit der Bundesrepublik Deutschland und zur Entwicklung der Bundeswehr, hrsgg. vom Bundesminister der Verteidigung, S. 13 (Bonn 1976)
2 Sicherheitspolitische Leitlinien der CDU, zit. nach Frankfurter Rundschau, 23. 1. 1976
2a Ebd.
3 M. Mielstein, Über den Charakter der militärstrategischen Konzeption des Maoismus, in: Zum antimarxistischen Wesen der Militärpolitik der Maoisten, Berlin (Ost) 1973, S. 56
4 H. Hoffmann, Sozialistische Landesverteidigung. Aus Reden und Aufsätzen. 3 Bände (I, II, III), Berlin (Ost) 1971 und 1974, S. 279 (hiernach zitiert als Hoffmann I bzw. II bzw. III)
5 M. Mielstein, a. a. O., S. 56
6 Vgl. M. B. Skirdo, Volk, Armee, Feldherr. Berlin (Ost) 1973, S. 110ff.
7 Autorenkollektiv, Taktik des allgemeinen Gefechts im Kernwaffenkrieg, Berlin (Ost) 1971, S. 9
8 Ebd.
9 Autorenkollektiv, Militärische Theorie und militärische Praxis, Methodologische Probleme. Berlin (Ost), 1972, S. 349

10 Hoffmann I, a. a. O., S. 120
11 Hoffmann I, S. 118; vgl. a. Anm. 82
12 Die Schwierigkeit zeichnet sich dabei ab, auch die Volksrepublik China bzw. die Politik der dortigen Führung mit gleichen analytischen Kriterien zu begründen. Die mittlerweile gültige Form ist, daß die Politik der VR China «den sozialistischen Prinzipien oder den Idealen nicht nur völlig fremd, sondern ... ihrem Wesen nach auch zu einer wichtigen Reserve des Imperialismus in seinem Kampf gegen den Sozialismus geworden (ist)». Vgl. Rede Breshnews vor dem XXV. Parteitag der KPdSU, Neues Deutschland (ND), 25. 2. 1976
13 Vgl. das Interview von E. Honecker in: Volksarmee (VA), Nr. 33/1975
14 VA, 33/1975, S. 7
15 Vgl. dazu den Beitrag von B. Blanke
16 Vgl. dazu den Beitrag von H. Rodejohann-Recke
17 Vgl. E. Honecker, Zuverlässiger Schutz des Sozialismus. Ausgewählte Reden und Schriften zur Militärpolitik der SED, Berlin (Ost) 1972, S. 164
18 E. Honecker, a. a. O., S. 198
19 Ebd.
20 Vgl. den Beitrag von St. Tiedtke
21 Hoffmann I, S. 151
22 Ebd.
23 Hoffmann I, S. 231
24 Hoffmann erklärte der polnischen Militärführung, daß eine Aggression zur Revision der Oder-Neiße-Grenze bereits westlich der Elbe ihr Ende finden würde, vgl. Hoffmann I, S. 21
25 Hoffmann II, S. 797
26 NATO heute. Hrsgg. von A. Rabe, Berlin (Ost) 1974, S. 10. Ein Beitrag in diesem Rahmen war die Ausbildung von ägyptischen Piloten auf Flugzeugen des sowjetischen Typs MiG-21 in der DDR; vgl. Die Zeit, Nr. 48, 1. 12. 1972
27 Hoffmann I, S. 52
28 Ebd.
29 W. Wünsche, Gemeinsam den Sozialismus verteidigen, in: ND, 23. 11. 1968
30 W. Verner, Unter Führung der SED zu hoher militärischer Meisterschaft, ND, 21./22. 2. 1976
31 Hoffmann I, S. 53
32 Hoffmann I, S. 135
33 Neues Deutschland, 21. 12. 1969
34 Autorenkollektiv, Das moderne Militärwesen. Berlin (Ost) 1968, S. 393
35 Das moderne Militärwesen, S. 437
36 Das moderne Militärwesen, S. 446
37 Vgl. Militär-Strategie. Hrsgg. unter Redaktion von W. B. Sokolowski, 3. verb. und erg. Auflage, Köln 1969, S. 378 und ‹Das moderne Militärwesen›, S. 445; Aus gegenwärtigen Äußerungen bzw. Aussagen von DDR-Militärwissenschaftlern ist keine Diskrepanz in der Beurteilung der Kampfarten eines künftigen Krieges feststellbar.
38 Sokolowski, S. 393
39 Das moderne Militärwesen, S. 387
40 Hoffmann I, S. 44
41 Vgl. W. Wünsche, ND, 23. 11. 1968; Dieser Ansicht war man auch bei der möglichen Parallelität des Vietnam-Krieges für Mitteleuropa. Vgl. Hoffmann I, S.

231, der davor warnt, die Geschlossenheit der sozialistischen Länder in Europa bzw. bei Auslösung eines militärischen Konfliktes in Europa falsch einzuschätzen.

42 Hoffmann II, S. 645; Der Zeitpunkt überrascht, denn nach W. Wünsche (ND, 23. 11. 1968) hat Ulbricht bereits im Herbst 1966 die militär-politischen Erkenntnisse für diesen Fall gezogen.

43 Das moderne Militärwesen, S. 413

44 Hoffmann II, S. 599

45 Vgl. W. Wünsche, ND, 23. 11. 1968

46 Hoffmann I, S. 135

47 Ebd.

48 Militärische Theorie, S. 358

49 Vgl. den Beitrag von U. Albrecht, S. 69, und The Military Balance 1974/1975. The International Institute for Strategic Studies, London 1975

50 Vgl. Hoffmann III, S. 398

51 Marinekalender der DDR 1974, Berlin (Ost) 1973, S. 6

52 Hoffmann II, S. 796

53 Marinekalender, S. 12

54 Hoffmann II, S. 600

55 Streitkräfte im Klassenkampf unserer Zeit, Berlin (Ost) 1972, S. 90

56 Das moderne Militärwesen, S. 404

57 Das moderne Militärwesen, S. 409 f.

58 Hoffmann I, S. 343

59 ND, 25. 10. 1969

60 Hoffmann III, S. 106

61 Süddeutsche Zeitung, 9./10. 9. 1972

62 NATO heute, S. 12

63 Einheit, Heft 2/1976, S. 163

64 Ebd.

65 Soldat und Krieg. Probleme der moralischen, politischen und psychologischen Vorbereitung in der Sowjetarmee, Berlin (Ost) 1972, S. 7

66 Ökonomie und Landesverteidigung, Berlin (Ost) 1974, S. 7

67 NATO heute, S. 67

68 Hoffmann III, S. 224

69 Hoffmann III, S. 162

70 Hoffmann III, S. 458

71 ND, 23. 4. 1972

72 Vgl. S. Schönherr, Über den Zusammenhang zwischen Wirtschaft und Landesverteidigung beim Aufbau des entwickelten gesellschaftlichen Systems des Sozialismus in der DDR; in: Wirtschaftswissenschaften, Heft 8/1969, S. 1161, siehe auch Ökonomie und Landesverteidigung

73 O. Reinhold, Die kapitalistische Krise und die ökonomische Zusammenarbeit zwischen sozialistischen und kapitalistischen Ländern; in: Einheit, Heft 8/1975, S. 913

74 Hoffmann II, S. 941

75 Hoffmann III, S. 13

76 VA, 31/1975, S. 7

77 Hoffmann I, S. 215

78 Streitkräfte, S. 32

79 Streitkräfte, S. 33

80 Frankfurter Rundschau, 23. 1. 1976 (vgl. Anm. 2)
81 Weißbuch 1975/1976, S. 19
82 Vgl. Beitrag U. Albrecht/St. Tiedtke. Die qualitative Verbesserung der Abwehrkapazitäten – z. B. im Bereich der Luftabwehr – ist anders einzuschätzen.
83 Vgl. H. Hoffmann, Streitkräfte in unserer Zeit, in: Einheit, Heft 3/1976, S. 356. «Welche Seite einen Krieg beginnt, das sagt noch nichts über dessen Charakter aus.» – Ders. a. a. O., S. 355
84 Programm der SED. Entwurf in: Einheit, Heft 2/1976, S. 155

3. Die Stellung der DDR in der Warschauer Vertrags-Organisation

1 H. Brünner, Der proletarische Internationalismus – Grundzug der Erziehung der Armeeangehörigen zur sozialistischen Waffenbrüderschaft, in: Militärgeschichte 1974/4, S. 409.
2 Vgl. A. Uschakow, Die Sonderstellung der DDR im osteuropäischen Bündnissystem, in: G. Leptin (Hg.), Die Rolle der DDR in Osteuropa, Berlin 1974, S. 41 ff.
3 Vgl. H. Müller, R. Henke, Zu einigen Tendenzen und Aspekten der Darstellung des Warschauer Vertrages in der westdeutschen Militärpublizistik, in: Zeitschrift für Militärgeschichte 1966/1; vgl. A. S. Bachov, Organizacija varšavskogo dogovora (pravovye aspekty) (Die Warschauer Vertrags-Organisation, Rechtsaspekte) Moskau 1971, S. 90 ff.
4 H. Hoffmann, Sozialistische Landesverteidigung, Teil II, Berlin 1971, S. 612.
5 Europa-Archiv 1954, S. 6534 ff.
6 Vgl. G. Zieger, Der Warschauer Pakt, Hannover 1974, S. 32 f.
7 Europa-Archiv 1955, S. 8316 f.
8 Vgl. J. Hacker, In der deutschen Frage will Moskau weiter mitreden, in: FAZ 17. 10. 1975.
9 Vgl. Uschakow, a. a. O., S. 40.
10 J. Hacker, Der Warschauer Pakt, in: W. Gumpel, J. Hacker, Comecon und Warschauer Pakt, Bonn 1966, S. 105.
11 Die These, daß die WVO lediglich zu dem Zweck gegründet worden sei, als Tauschobjekt gegen die NATO zu dienen, wird unter anderen vertreten von: Th. W. Wolfe, Soviet Power and Europe, Baltimore 1970, S. 148; B. Meissner (Hg.), Der Warschauer Pakt, Dokumente zum Ostrecht, Köln 1962, S. 90; A. Korbonski, The Warsaw Pact, in: International Conciliation, Mai 1969, S. 12.
12 Zieger, a. a. O., S. 44 f.
13 Uschakow, a. a. O., S. 37.
14 Zieger, a. a. O., S. 30.
15 Eine andere, in der westlichen Literatur weit verbreitete Interpretation erklärt die Einbeziehung der DDR, insbesondere aber den Abschluß des Vertrages zwischen der DDR und der Sowjetunion im Juni 1964 als Kompensation für den von Chruščev der DDR in Aussicht gestellten Friedensvertrag, vgl. S. Mampel, Die Stellung der «DDR» im sowjetischen Paktsystem, in: Recht in Ost und West 1966/3, S. 102.
16 H. H. Mahnke, Der Beistandspakt zwischen der UdSSR und der «DDR» vom 12.

Juni 1964, in: Internationales Recht und Diplomatie, Jahrgang 1965, S. 50.
17 D. Frenzke, Zur Rechtsstellung der «DDR» nach dem Warschauer Pakt, in: Recht in Ost und West, 1968/4, S. 145–150.
18 Text des Vertrages in: Europa-Archiv 1975/24, S. D 655–658.
19 Eine Ausnahme ist noch der sowjetisch-polnische Vertrag; näheres zum Vertrag zwischen der Sowjetunion und der DDR bei: H. H. Mahnke, der neue Freundschafts- und Beistandspakt zwischen der Sowjetunion und der DDR, in: Deutschland-Archiv 1975/11, S. 1160; T. Schweisfurth, Die neue vertragliche Bindung der DDR an die Sowjetunion, in: Europa-Archiv 1975/24, S. 753–764; Fred Oldenburg, Christian Meier, Der Vertrag über Freundschaft, Zusammenarbeit und gegenseitigen Beistand zwischen der Sowjetunion und der DDR vom 7. Oktober 1975, in: Berichte des Bundesinstituts für ostwissenschaftliche und internationale Studien, 59/1975; neuerdings auch unter dem Titel «Der Vertrag DDR/UdSSR als Modell für den integrativen Bilateralismus in der sozialistischen Staatengemeinschaft», in: Beiträge zur Konfliktforschung 1976/2, S. 103–137.
20 S. Meissner (Hg.), Dokumente . . . a. a. O., S. 99.
21 Ebd. S. 102.
22 Schlußkommuniqué der ersten Tagung des Politischen Beratenden Ausschusses vom 28. Januar 1956, in: Meissner (Hg.) Dokumente . . . a. a. O., S. 104.
23 Ebd. S. 54.
24 G. W. Strobel, NVA und Warschauer Pakt, in: Sonderdruck der Zeitschrift Soldat und Technik 1965/3–5, S. 27.
25 Ebd.
26 Wehrkunde 1965/7, S. 385; 1965/9, S. 492.
27 J. Hacker, Der Warschauer Pakt, in: Aus Politik und Zeitgeschichte, 1966/2, S. 22.
28 Ebd.; M. Csizmas, Der Warschauer Pakt – Tatsachen und Meinungen, Bern 1972, S. 140; T. M. Forster, Die NVA, Kernstück der Landesverteidigung der DDR, Köln 1972, 4. Auflage, S. 86 (mit Einschränkung); Zieger, a. a. O., S. 58.
29 S. Gać, Die Entwicklung der polnischen Armee zu einer modernen Koalitionsarmee (1949–1970). Aus dem Polnischen übersetzt, in: Militärgeschichte 1972/6, S. 657.
30 ebd.
31 Hoffmann, a. a. O., Teil I, S. 350.
32 F. Wiener, Die Armeen der Warschauer-Pakt-Staaten, München 1974, 6. Auflage, S. 103.
33 Das würde bedeuten, daß bis 1961 die Grenztruppen der DDR nicht den Vereinten Streitkräften zuzurechnen sind.
34 Hoffmann, a. a. O., Teil II, S. 650.
35 Trifft die Meldung zu, daß die Grenztruppen seit Herbst 1973 wieder aus der NVA herausgenommen wurden, dann erscheint es noch wahrscheinlicher, daß sie nicht den Vereinten Streitkräften zugeordnet sind; vgl. Österreichische Militärzeitschrift 1974/4, S. 315.
36 Vgl. J. Halmai, Die ungarische Volksarmee seit 1956, in: Wehrwissenschaftliche Rundschau 1958/10, S. 583 f; M. Csizmas, a. a. O., S. 57 ff.
37 Vgl. D. Holloway, Die sowjetische Haltung zur Truppenverminderung in Europa, in: Beiträge zur Konfliktforschung 1973/4, S. 19 f.
38 Vgl. Hoffmann, a. a. O., Teil II, S. 795.
39 Vgl. G. Glaser et al., Zur Geschichte der Nationalen Volksarmee der DDR – Thesen, Beilage zu: Militärgeschichte 1973/4, S. 7; K. Greese et al., Zur Entwicklung der Gefechtsbereitschaft in den Verbänden der Landstreitkräfte der NVA im

Jahre 1957, in: Zeitschrift für Militärgeschichte, 1967/5, S. 533 f.; K. Greese, A. Voerster, Über den Beitrag der NVA zum kollektiven Schutz der Warschauer Vertragsstaaten, in: Militärgeschichte 1975/2, S. 164.

40 K. Greese, A. Voerster, Probleme der Auswahl und Förderung der Offizierskader in der NVA (1956–1963), in: Zeitschrift für Militärgeschichte 1966/1, S. 44.

41 Vgl. K. Greese/A. Voerster, Zu den Waffenbruderschaftsbeziehungen der NVA mit den Truppen der GSSD (1956–1961), in: Militärgeschichte 1974/4, S. 463.

42 Ebd., S. 458.

43 Meissner, Dokumente ... a. a. O., S. 98 f.

44 Die amtlichen Übersetzungen des Vertragstextes entsprechen im Falle von Albanien, Bulgarien und Rumänien der russisch-polnisch-tschechischen Fassung. Eine abweichende Formulierung findet sich dagegen im ungarischen Text, wo das Pronomen «ihm» oder «ihnen» fehlt; diese Texte sind aber keine offiziellen Vertragstexte.

45 Strobel, NVA und Warschauer Pakt, a. a. O., S. 27; Uschakow, a. a. O., S. 41.

46 Eine polnische Wiedergabe der beiden Textvarianten – ohne sie aber in der entscheidenden Passage zu kommentieren – stellt den Unterschied zwischen den Vertragstexten richtig dar, wenn festgestellt wird, daß die Bestimmung der Mittel zur Hilfeleistung «durch die Staaten erfolgt», d. h. kollektiv unter Einschluß der DDR, vgl. Frenzke, a. a. O., S. 146.

47 Zieger, a. a. O., S. 40; Strobel, Der Warschauer Vertrag und die Nationale Volksarmee, Bonn 1965, S. 48 ff; Hacker, in Gumpel, Hacker, a. a. O., S. 104 f.; Uschakow, a. a. O., S. 42.

48 Strobel, ebd., S. 49 f.

49 Frenzke, a. a. O.; die folgende Darstellung stützt sich auf diesen Artikel.

50 Frenzke, a. a. O., S. 148.

51 Uschakow, a. a. O., S. 42.

52 Ebd.

53 Frenzke, a. a. O., S. 148.

54 Frenzke, a. a. O., S. 149; Zieger, a. a. O., S. 55 und S. 59, weist noch auf zwei weitere sprachliche Ungereimtheiten im deutschen Text hin, was die These des Übersetzungsfehlers stützt.

55 Mahnke, a. a. O., 1965, S. 50 f.; Hacker, in: Gumpel, Hacker, a. a. O., S. 105.

56 Frenzke, a. a. O., S. 150.

57 Vgl. Frenzke, a. a. O., S. 150.

58 In ihren Folgen für die DDR bei einem militärischen Konflikt in Mitteleuropa werden sich dagegen die beiden Varianten kaum unterscheiden, da die osteuropäischen Vorstellungen davon ausgehen, daß solch ein Konflikt in kurzer Zeit in den nuklearen Bereich eskalieren würde: Vgl. Th. W. Wolfe, Sowjetische Militärstrategie, Köln/Opladen 1967, S. 121 ff.; derselbe, Moskaus strategisches Interesse an der DDR, in: Europa-Archiv 1971, S. 533 ff.

59 Zieger, a. a. O., S. 58.

60 Meissner (Hg.), Dokumente ... a. a. O., S. 71 f.

61 Bachov, a. a. O., S. 95, erklärt die Unterschiede nur sehr allgemein: Die Bestimmungen der Stationierungsverträge zeigen die «gegenseitige Interessiertheit der vertragsschließenden Parteien an der Nutzung der Streitkräfte der UdSSR für die Garantie der eigenen Sicherheit».

62 Csizmas, a. a. O., S. 73.

63 Vgl. Meissner (Hg.) Dokumente ... a. a. O., S. 71–85/117–158.

64 J. Hacker, Die militärische Integration Osteuropas – Der Warschauer Pakt 1961–1965, in: J. Hacker, A. Uschakow, Die Integration Osteuropas, Köln 1966, S. 8; die Stationierungskosten waren nicht in dem offiziellen Truppenstationierungsvertrag geregelt.

65 Zu diesem Punkt führt Bachov folgendes aus: Aus dem Artikel 18 des Vertrages mit der DDR ist zu folgern, «daß die sowjetische Regierung selbst in Fällen, die keinen Aufschub dulden, es nicht für möglich hält, nach eigenem Belieben zu handeln, und noch weniger den Souveränitätsrechten der DDR Schaden zuzufügen. Die Vereinbarung mit der DDR sieht die Notwendigkeit vor, daß die wichtigsten Handlungen des sowjetischen Kommandos mit der Regierung der DDR vereinbart werden und daß nicht nur die entstandene Situation berücksichtigt wird, sondern auch die Sicherheitsmaßnahmen, die von der Regierung der DDR selbst für die Sicherheit der sowjetischen Streitkräfte unternommen wurden», Bachov, a. a. O., S. 97.

66 Dokumente zur «Brežnev-Doktrin» bei: B. Meissner, Die «Breshnew-Doktrin», Dokumentation, Köln 1969.

4. Die NVA in Zahlen

1 Vgl. die die Spezialliteratur zusammenfassenden Angaben in den Jahrbüchern des schwedischen Friedensforschungsinstitutes SIPRI (World Armaments and Disarmament, SIPRI Yearbook, Stockholm u. a., jährlich) und des Londoner Institutes für Strategische Studien (IISS, The Military Balance, London, jährlich), sowie generell SIPRI, The Meaning and Measurement of Military Expenditure, Stockholm 1973 (Research Report No. 10).

2 Zum Niveau der Rüstungspreise in sozialistischen Ländern, vgl. vor allem die Literatur über Rüstungstransfers, auf deutsch z. B. U. Albrecht, der Handel mit Waffen, München 1971.

3 Einen systematischen Vergleich hat d. Verf. in der Zeitschrift Leviathan, 1/1973, vorgelegt.

4 S. Schönherr, über den Zusammenhang zwischen Wirtschaft und Landesverteidigung beim Aufbau des entwickelten gesellschaftlichen Systems des Sozialismus in der DDR, in: Wirtschaftswissenschaft, 8/1969, S. 1169; vgl. H. Hoffmann am 4. August 1973, in: Hoffmann, H., Aus Reden und Aufsätzen, 1970 bis Februar 1974, Berlin (DDR) 1974, S. 531

5 The International Institute for Strategic Studies, The Military Balance, London, jährlich. Die jeweils im September erscheinenden Ausgaben für ein Doppeljahr (1963–64 usf.) werden in diesem Text jeweils mit dem Erscheinungsjahr datiert.

6 Vgl. allgemein C. Bielfeldt u. a., Frieden in Europa? Zur Koexistenz von Rüstung und Entspannung, Reinbek bei Hamburg 1973, sowie besonders die Zusammenstellung der Kritik in: U. Albrecht u. a., Forschungsführer Militär und Rüstungsindustrie, in: Technologie und Politik, aktuell-Magazin Nr. 4, Reinbek bei Hamburg 1976 S. 146ff.

7 Der Sachverhalt wird von Mitarbeitern der Behörde auf Anfrage bestätigt.

8 In ihrer ersten Veröffentlichung hatte die Abrüstungsbehörde – die Angabe des IISS direkt übernehmend – z. B. für 1966 lediglich 122 000 Mann Streitkräfte in der

DDR gezählt. Die später erfolgende Zusammenzählung auf 201 000 Mann soll augenscheinlich alle militärischen und paramilitärischen Streitkräfte mit Ausnahme der Betriebskampfgruppen umfassen.

9 T. M. Forster, Die NVA – Kernstück der Landesverteidigung der DDR, 4. Aufl. Köln 1972, S. 86. Derartige Aussagen werden verschiedentlich wiederholt: «Die Bewaffnung und die Ausrüstung der NVA sind auf einem modernen Stand» (S. 193); «Was ihre militärische Einsatzbereitschaft und relative Schlagkraft angeht, so dürfte (die NVA), nach der Sowjetarmee, an der zweiten Stelle in der Reihe der Warschauer Pakt-Streitkräfte stehen» (S. 8).

10 Dies gilt augenscheinlich mit Sicherheit etwa für den seit 1971 verzeichneten Sturm- und Jagdpanzer SU-100. Es handelt sich um ein Gefährt, welches 1945/46 in die Rote Armee eingeführt wurde, und dessen Fahrgestell aus dem Panzermodell T-34 abgeleitet wurde.

11 Allgemeine Schweizerische Militärzeitschrift, H. 12/1963, S. 777.

12 Soldat und Technik, H. 3–5/1965 (Sonderdruck)

13 SBZ-Archiv, H. 2/1962, S. 214

14 Ähnlich und mit spezifischen Hinweisen argumentiert eine renommierte österreichische Quelle: «Es fehlt bisher aber auch die Bestätigung für jene Meldungen, die von einer erheblichen Verstärkung der in Mitteleuropa stehenden Teile der Sowjetarmee in den Jahren 1970 bis 1973 sprachen. Zweifellos haben – zumindest zeitweise – Kräfteverschiebungen vor allem im Donauraum stattgefunden, was mit dem ‹Fall Jugoslawien› in Zusammenhang gebracht werden kann. Eine ins Gewicht fallende Vermehrung der Verbände wurde sicherlich nicht vorgenommen. Andererseits steht jedoch fest, daß den sowjetischen Divisionen und zum Teil auch den Großverbänden der Satellitenstaaten viele Tausende neuer Panzerfahrzeuge ... zugeführt wurden. Sie werden im wesentlichen jedoch nicht zum Aufstellen von neuen Verbänden und Einheiten verwendet, sondern ersetzen verbrauchtes Gerät ... Die alten, durch eine 15 bis 20jährige Verwendung in der Truppe technisch verbrauchten Fahrzeuge wurden in großen Lagern abgestellt. Es ist nicht anzunehmen, daß aus diesen Vorräten in Spannungszeiten neue Verbände aufgestellt werden können.» (F. Wiener, Die Armeen der Warschau-Pakt-Staaten, München 1974, S. 41f. Des weiteren finden sich bei Wiener Spekulationen über Planungsmängel, die zur Aufrechterhaltung dieser Lager führen).

15 F. M. von Senger und Etterlin, Taschenbuch der Panzer, 4. Jg., München 1969, S. 306.

16 Ebd., S. 307

17 Wiener, a. a. O., S. 262

18 Vgl. R. F. Arndt, Waffen und Gerät der sowjetischen Landstreitkräfte, G 050 sowie E 090.

19 Lt. Weißbuch 1973/1974 Zur Sicherheit der Bundesrepublik Deutschland und zur Entwicklung der Bundeswehr, Bonn 1974, S. 184 u. 188, verfügt die Bundeswehr über 71 Raketenwerfer «Honest John», 19 Lenkraketenwerfer «Sergeant», und 72 Flugkörper-Startlafetten «Pershing».

20 Vgl. Soldat und Technik, H. 3/1970. In seinem Standardartikel «Über den Zusammenhang zwischen Wirtschaft und Landesverteidigung» (in: Wirtschaftswissenschaft, H. 8/1969) spricht der DDR-Autor S. Schönherr auf S. 1169 von drei neuen Raketentypen, was den Tatbestand bestätigt.

21 SA-7 (NATO-Codebezeichnung, eine andere Bezeichnung lautet M-7 Grail) werden von The Military Balance in der Ausgabe 1974–75 für Polen und Bulgarien,

jedoch erst im Folgejahr für die DDR verzeichnet.

22 Flugwelt 1958, H. 10, S. 785

23 The Air Force Magazine, H. 6 (Juni) 1975, S. 48, gibt an, daß MiG-25B bei den sowjetischen Luftstreitkräften in der DDR stationiert seien. Der gleichen Quelle zufolge (H. 3/1975, S. 65) werde die MiG-23 nunmehr an WVO-Luftwaffen geliefert. Nach Wiener, a. a. O., S. 327, soll das Modell MiG-23 ab 1974 bei den Luftstreitkräften der DDR und Polens «auftreten». So auch John Erickson, «Some Developments in Soviet Tactical Aviation (Frontovaya Aviatsiya)», in RUSI Journal 3/1975, S. 71.

24 Vgl. die Diskussion in: U. Albrecht et al., Forschungsführer . . ., a. a. O., S. 154.

25 Vgl. Nikolaus Krivinyi, Taschenbuch der Luftflotten, 1. Jg., München 1972. Die Military Balance hat nie die Iljuschin-Bomber bei der NVA ausgedruckt (obwohl diese Bomber in den Entwürfen für das Jahrbuch 1970–71 verzeichnet worden waren), und führt die MiG-19 Jäger letztmalig 1970 auf.

26 Daten nach U. S. Arms Control and Disarmament Agency, World Military Expenditures and Arms Trade, 1963–73, Washington, DC 1974. – Bei dem Vergleich wird der Spitzenwert von 1972 benutzt (durch massiven Erwerb von T-62 Panzern verursacht?). Es ist bei derartigen Vergleichen jedoch zu berücksichtigen, daß weder die Kaufkraft noch die Qualität der Rüstungsgüter bei einer solchen Aussage direkt aufeinander beziehbar sind.

27 Nach John Moore (Hg.), Jane's Fighting Ships 1973–74, London 1973, S. 141.

28 Gerhard Wettig, Frieden und Sicherheit in Europa. Probleme der Konferenz für Sicherheit u. Zusammenarbeit in Europa (KSZE) u. bei d. wechselseitigen Truppenreduzierung in Europa (MBFR), Stuttgart-Degerloch 1975, S. 142 f.

29 Ebd., S. 148.

30 Ebd.

5. Rüstungswirtschaft in der DDR

1 Zur Rüstungsproduktion in Westdeutschland vor 1955 vgl. U. Albrecht, «Politik und Waffengeschäfte», München 1972.

2 SBZ von A bis Z. Ein Taschen- und Nachschlagebuch über die Sowjetische Besatzungszone Deutschlands, Hg. Bundesministerium für Gesamtdeutsche Fragen, 5. Aufl. Bonn 1959, S. 307.

3 Th. M. Forster, «Die NVA – Kernstück der Landesverteidigung der DDR», 4. Aufl. Köln 1972, S. 193

4 Vgl. dazu vor allem Egbert Jahn, The Role of the Armaments Complex in the Soviet Society, in: Journal of Peace Research, Jg. 12, 3/1975, S. 179–194.

5 G. Baumann, «Die militärische Kapazität der SBZ», in: Wehrkunde 1966/6, S. 305.

6 M. Checinski, «The Costs of Armament Production and the Profitability of Armament Exports in Comecon Countries», in: Osteuropa Wirtschaft 1975/2, S. 138.

7 C. Gasteyger, «Probleme und Reformen des Warschauer Paktes», in: Europa Archiv 1967/1, S. 4; vgl. Checinski, a. a. O., S. 130.

8 Vgl. «Bewaffnung und Ausrüstung der Zonen-Armee», in: Soldat und Technik, 1962/2, S. 72.

9 «Mareev Nesokrušimyj ščit stran socializma», in: Kommunist vooružennych sil

1964/3, S. 10.

10 H. Fiedler et al., Ökonomie und Landesverteidigung, Berlin (DDR) 1974, S. 56.

11 H. Hoffmann am 20. Januar 1969, in: H. Hoffmann, Sozialistische Landesverteidigung, Teil II, Berlin (DDR) 1971, S. 793.

12 Checinski, a. a. O., S. 120.

13 United States Military Posture for FY 1976, by Chairman of the Joint Chiefs of Staff General George S. Brown, USAF, Statement before the Senate Armed Services Committee, verv. Man., S. 187.

14 J. M. Mackintosh, «The Evolution of the Warsaw Pact», in: Adelphi Papers 1969/58, S. 7.

15 Die Tagungen des Politischen Beratenden Ausschusses vom Mai 1958, Juli 1962, Juli 1963 fielen mit RGW-Tagungen zusammen; der wichtigen Tagung des Politischen Beratenden Ausschusses vom März 1969 ging eine RGW-Tagung im Januar voraus, und im April fand wieder eine Tagung statt.

16 M. Csizmas, «Das militärische Bündnissystem in Osteuropa», in: Allgemeine Schweizerische Militärzeitschrift (ASMZ) 1967/10, S. 610.

17 «Strukturveränderungen im Warschauer Pakt», in: Wehrkunde 1969/7, S. 383; Checinski, a. a. O., S. 129.

18 Zu diesem Komitee s. R. A. Remington, «The Warsaw Pact», Cambridge/London 1971, S. 130, Anm. 57.

19 Checinski, a. a. O., S. 129.

20 Fiedler, a. a. O., S. 29.

21 C. Gasteyger, «Reformbestrebungen und militärische Entwicklung im Warschauer Pakt», in: R. Löwenthal (Hrsg.), Ist der Osten noch ein Block? Stuttgart 1967, S. 34.

22 Vgl. B. J. Crenzien, «Truppenverminderung (MBFR) und Osteuropa», in: Wehrkunde 1972/9, S. 441–446.

23 Fiedler, a. a. O., S. 87.

24 F. Wiener, Die Armeen der Warschau-Pakt-Staaten, München 1974, S. 264; Militärtechnik 1974/9 Falttafel 30.

25 Die Skot-Typen und ihre Entstehung, Militärtechnik 1973/1, S. 40.

26 SIPRI Yearbook 1974, S. 235, erwähnt eine polnisch-tschechoslowakische Koproduktion eines leichten Kampfflugzeuges mit der Typenbezeichnung A-159/Grot, das seit 1973 in der Entwicklung, aber noch nicht in der Produktion sei.

27 S. Bilanz einer NVA-Parade, in: Soldat und Technik, 1970/3, S. 125; Soldat und Technik, 1971/4, S. 194.

28 Soldat und Technik 1967/9, S. 498.

29 H. Bohn, Die Aufrüstung in der Sowjetischen Besatzungszone Deutschlands, Bonn 1958, S. 114.

30 H. Hoffmann am 19. Mai 1972, in Hoffmann, a. a. O., Teil III, S. 333.

31 Wehrkunde 1956/1, S. 51.

32 «Geschoßwerfer auf Kfz. ‹Tatra 813›», in: Militärtechnik 1975/1, S. 35 f.

33 Wiener a. a. O., S. 217.

34 Vgl. Wehrkunde 1961/9, S. 491.

35 S. Schönherr, «Über den Zusammenhang zwischen Wirtschaft und Landesverteidigung beim Aufbau des entwickelten gesellschaftlichen Systems des Sozialismus in der DDR», in: Wirtschaftswissenschaft 1969/8, S. 116/7.

36 G. Peter, H. Einhorn, «500 Betriebe bauen an einem Schiff, Anforderungen der Landesverteidigung an die Wirtschaft, Zur Verteidigungsindustrie der DDR», in:

Neues Deutschland 22. 5. 1966, S. 9; vgl. H. Hoffmann am 4. März 1964, in: Hoffmann, a. a. O., Teil I, S. 135.

37 H. Hoffmann am 6. April 1966, ebd., S. 373.

38 W. v. Raven, «Wie stark ist der Ostblock?», in: Die politische Meinung, 1965/106, S. 38.

39 T. Grabowski, «Militärische Aspekte der wirtschaftlichen Entwicklung Volkspolens», in: Militärwesen 1969/10, S. 1446.

40 S. Ciaston, Ekonomiczne aspekty obronnosci, Warschau 1968, S. 108; zit. nach Checinski, a. a. O., S. 137.

41 Dokumentation zur Deutschlandfrage, zusammengestellt von H. v. Siegler, Bonn, Wien, Zürich 1970, Bd. 1, S. 37.

42 Forster, a. a. O., S. 232.

43 Vgl. J. Hacker, «Der Warschauer Pakt», in: W. Gumpel, J. Hacker, Comecon und Warschauer Pakt, Bonn 1966, S. 105; H. Bohn et al., Die Aufrüstung in der sowjetischen Besatzungszone Deutschlands, 2. Auflage, Bonn/Berlin 1960, S. 146; Wehrkunde 1971/7, S. 834.

44 Wehrkunde 1961/9, S. 606; SIPRI Yearbook 1974, Stockholm 1974, S. 246; auch die polnischen Eigenentwicklungen sind mit sowjetischen Waffen bestückt, SIPRI ebd.; Soldat und Technik 1968/5, S. 244.

45 SBZ von A bis Z, a. a. O., S. 307.

46 Angaben zur Frühphase der westdeutschen Marineproduktion in der Quelle Fußnote 1, S. 35 f.

47 Forster, a. a. O., S. 193.

48 H. Hoffmann am 4. März 1964, in: Hoffmann, a. a. O., Teil I, S. 135.

49 Schönherr, a. a. O., S. 1167.

50 Soldat und Technik 1967/9, S. 498, Wiener a. a. O., S. 282; wird nach Ungarn exportiert.

51 Bilanz einer «NVA»-Parade, in: Soldat und Technik 1970/3, S. 125.

52 Wiener, a. a. O., S. 300.

53 U. Rühmland, NVA – Nationale Volksarmee der DDR, in Stichworten, 3. Auflage, Bonn 1972, S. 151.

54 SBZ von A bis Z 1959, 5. Auflage, a. a. O., S. 307.

55 Peter/Einhorn, a. a. O.

56 Fiedler, a. a. O., S. 90.

57 Schönherr, a. a. O., S. 1164; vgl. H. Hoffmann am 18. 1. 1972, in: Sozialistische Landesverteidigung, Teil III, Berlin (DDR) 1974, S. 280 f.

58 Darunter versteht man «Instandsetzungsarbeiten großen Umfangs, wie vollständige Demontage des Instandsetzungsobjektes zwecks Befundaufstellung oder Auswechseln aller Baugruppen, Untergruppen und Einzelteile, die nicht mehr den technischen Bedingungen der Hauptinstandsetzung entsprechen», Militärlexikon, Deutscher Militärverlag, o. J., S. 167.

59 K. Ladewig et al., «Die militär-ökonomischen Kennziffern als Mittel zur Erhöhung der Effektivität der Planung», in: Militärwesen 1967/12, S. 1751.

60 Schon relativ früh in der sowjetischen Literatur; vgl. L. P. Ivaščenko, Ekonomičeskij potencial stran socialističeskoso lagerja i zadači uppročenija ich oboronosposobnosti, Moskau 1959, S. 21; A. N. Baškardin, Ekonomičeskij potencial stran socialističeskoso lagerja: ego značenie uproćenii ich oboronosposobnosti, Leningrad 1960.

61 H. Hoffmann am 4. März 1964, in: Hoffmann, a. a. O., Teil I, S. 143.

62 Schönherr, a. a. O., S. 1169 f.

63 Fiedler, a. a. O., S. 54 f.
64 Schönherr, a. a. O., S. 1169.
65 Eigene Berechnungen nach: Statistisches Jahrbuch der Deutschen Demokratischen Republik, Berlin 1970 ff; Vnešnjaja torgovlja SSSR, statističeskij obzor, Moskau, Jhg. ab 1969.
66 Fiedler, a. a. O., S. 47; vgl. Rühmland, a. a. O., S. 151.
67 Eigene Berechnungen, s. Anmerkung 65.
68 Fiedler, a. a. O., S. 54; hier sind die Zuwachsrate des DDR-Exports in die Sowjetunion ähnlich wie in den beiden anderen Bereichen – bei den optisch-mechanischen Geräten 13,6 %; Zahlen für den sowjetischen Import liegen nicht vor.
69 Forster, a. a. O., S. 231 f, vgl. auch Bohn, a. a. O., S. 110.
70 Glaser et al., a. a. O., S. 17 f; vgl. Peter/Einhorn a. a. O.
71 D. R. Herspring, East German Civil-Military Relations. The Impact of Technology 1949–72, New York, Washington, London 1973, S. 100.
72 W. Green/J. Fricker, The Air Forces of the World, London 1958, S. 111.
73 Einzelhinweise auf das Flugzeugprogramm vor allem in britischen Quellen, neben Green/Fricker etwa William Green/Gerald Pollinger, The Observer's Book of Aircraft, London, in verschiedenen Jahrgängen (1959 z. B. auf S. 250), sowie auch «SBZ von A bis Z», a. a. O., S. 112 (dort wird auch vom Aufbau von Flugzeugwerken in Karl-Marx-Stadt und Schkeuditz berichtet). – Der Absturz des Prototyps der «152» bei Demonstrationsflügen über Leipzig dürfte kaum die Ursache für die Einstellung der gesamten Luftfahrtindustrie gewesen sein.
74 Checinski, a. a. O., S. 199.
75 I. Maslennikow, Die ökonomischen Grundlagen für die Verteidigungskraft der Warschauer Vertragsstaaten, in: Presse der Sowjetunion, 11/1974, S. 8.

6. Die NVA und die Analyse des politischen Systems der DDR

1 Wir verwenden den Begriff der «nachkapitalistischen» Gesellschaftsordnung als beschreibende Kategorie, um die Differenz zu den weiterbestehenden kapitalistischen Systemen aufzuzeigen, gleichzeitig aber, um uns von den polemischen bzw. affirmativen Gehalten anderer Theoreme abzugrenzen, die bisher eher die Analyse der Innenstruktur dieser Gesellschaften blockierten, indem sie vorschnelle Aussagen fabrizierten.
2 M. Tukhachevsky, «Revolution from without», in: New Left Review, Nr. 55, 1969, S. 91 ff. Deutsche Fassung in: A. Neuberg u. a., Der bewaffnete Aufstand, Frankfurt 1971.
3 Ebd., S. 94.
4 Ebd., S. 97: «Eine sozialistische Revolution von außen kann nur die bewaffnete Macht an eine revolutionäre Klasse übergeben, die selbst nicht in der Lage ist, mit der besseren Armee und Polizei ihrer Bourgeoisie fertigzuwerden.»
5 Siehe dazu die Einleitung von Robert Avakian zu Tukhachevskys «Revolution from Without», in: New Left Review, Nr. 55, 1969, S. 74 ff.
6 Vgl. etwa Sidney I. Ploss, Interest Groups, in: Allen Kassof (Hg.), Prospects for Soviet Soviety, New York 1967; Vernon F. Aspaturian, Process and Power in

Soviet Foreign Policy, Boston 1971; sowie den Beitrag von John P. Hardt und Theodore Frankel, The Industrial Managers, in: Gordon H. Skilling/Franklyn Griffiths (Hg.), Interest Groups in Soviet Politics, Princeton 1971.

7 Auf eine Auseinandersetzung mit den einzelnen Positionen verzichten wir bewußt und weisen in diesem Zusammenhang auf Peter W. Schulze, «Zur Klassenanalyse der Sowjetgesellschaft», Soziale Technologie und Stalinismus, Teil 1, Diss. FU Berlin 1973.

8 Siehe dazu weiter: Ch. Bettelheim, Ökonomischer Kalkül und Eigentumsformen, Berlin 1970, S. 90f.

9 Zum Problem der technischen Intelligenz in der UdSSR siehe: A. Lunatscharski, «Die Kulturaufgaben der Arbeiterklasse», Berlin 1919; L. Trotzki, «Terrorismus und Kommunismus», Hamburg o. J.; S. 134f; Lenin, Werke Bd. 33, S. 277f; I. Deutscher, «The prophet armed», Bd. 1, New York 1954, S. 411f; Peter W. Schulze, a. a. O. (vgl. Anm. 7); Willy Huhn, «Trotzki – der gescheiterte Stalin», Berlin 1973, S. 35ff.

10 Ch. Bettelheim hat in seinem jüngsten Buch, «Klassenkämpfe in der UdSSR», Berlin 1975, auf das vorherrschende theoretische Problem des Ökonomismus in den leninistischen Parteien aufmerksam gemacht und die Deformationen der nachkapitalistischen Gesellschaften des RGW auf diese theoretische Strömung zurückgeführt (S. 37ff).

11 Trotzki, Stalin, Bd. 2, Hamburg 1971, S. 132.

12 Avakian, a. a. O., S. 80.

13 Trotzki, «Terrorismus und Kommunismus», a. a. O., S. 130.

14 Ebd., S. 116f.

15 Zit. nach W. Huhn, a. a. O., S. 106.

7. Militärische Sozialisation in der DDR

1 Vgl. Gerhart Neuner, Zur Theorie der sozialistischen Allgemeinbildung, Berlin (DDR) 1973, S. 117.

2 Vgl. ders., a. a. O., S. 124.

3 Ders., a. a. O., S. 131.

4 Ebd.

5 Vgl. die in Probleme der kommunistischen Erziehung, hrsg. v. der Akademie der Pädagogischen Wissenschaften der DDR, Berlin (DDR) 1975, aufgeführten Komplexe der Erziehung, die auf einem Kolloquium der Akademien der Pädagogischen Wissenschaften der DDR und der UdSSR in Moskau im Januar 1973 erarbeitet wurden.

6 Im «Gesetz über die Teilnahme der Jugend an der Gestaltung der entwickelten sozialistischen Gesellschaft und über ihre allseitige Förderung in der Deutschen Demokratischen Republik – Jugendgesetz der DDR» vom 28. Januar 1974, in: Gesetzblatt der DDR, Teil 1, Nr. 5 1974, S. 53 heißt es: § 24 «Die Verteidigung des sozialistischen Vaterlandes und der sozialistischen Staatengemeinschaft ist Recht und Ehrenpflicht aller Jugendlichen. Aufgabe der Jugend ist es, wehrpolitische Bildung, vormilitärische Kenntnisse und Fertigkeiten zu erwerben sowie in der Nationalen Volksarmee und den anderen Organen der Landesverteidigung zu

dienen. Dieser Ehrendienst wird durch die sozialistische Gesellschaft hoch geachtet.»

7 Dazu liegen zwei empirische Untersuchungen zur Wehrerziehung vor, die leider nicht verfügbar sind: Die erste ist eine vom Zentralinstitut für Jugendforschung, Leipzig durchgeführte Einstellungsuntersuchung zum Sozialismus, zur Rolle der Arbeiterklasse und ihrer Partei, zur Sowjetunion, zum westdeutschen Imperialismus, zur Wehrbereitschaft von 1969, vgl. H.-P. Schäfer, Jugendforschung in der DDR, München 1974, S. 253. Die andere lautet: Studie zum Stand und zu den Entwicklungstendenzen der sozialistischen Wehrerziehung in den verschiedenen Prozeßbereichen und -stufen. Hrsg. v. der Pädagogischen Hochschule «Dr. Theodor Neubauer», Erfurt-Mühlhausen 1972. Auch Dissertationen über die Wehrerziehung in der DDR sind nicht zugänglich.

8 G. Klaus, Sprache der Politik, zit. n. Burckhard Blanke, Die politisch-ideologische Bildung und Erziehung in der Nationalen Volksarmee – zum Verhältnis von Militär, Partei und Gesellschaft in der DDR, Phil. Diss., Bonn 1975, S. 28.

9 Die wenigen Arbeiten zur Wehrerziehung in der DDR sind außer einer Ausnahme (H. Vogt) militärpublizistische Artikel, die antikommunistisch gefärbt sind oder aus Angst vor der Überlegenheit des militärischen Gegners (DDR) eine ähnliche Erziehung zur Vaterlandsliebe und zur Verteidigungsbereitschaft im Bildungswesen der Bundesrepublik vorschlagen: Klaus Fielenbach, Wehrerziehung in der DDR, in: Wehrkunde, 1970, 4, S. 186–190; Thomas M. Forster, Die NVA, Köln 1972, 4. überarb. Auflage, besonders Kap. 2, S. 44–78; Ernst Legahn, Neue Rechtsgrundlagen für die wehrpolitische Erziehung und vormilitärische Ausbildung der Jugend in der DDR, in: Wehrforschung, 1974, 4, S. 107–109; Horst Niggemeier, Wehrerziehung der DDR-Jugend, in: Information für die Truppe, 1974, 1, S. 35–40; Dieter Portner, Militärpädagogik in der DDR, in: Wehrkunde, 1973, 12, S. 637–641; Hartmut Vogt, Wehrerziehung der Kinder und Jugendlichen in der DDR, in: Deutschland Archiv, 6, 1973, 12, S. 1278–1296; Arndt Wolf, Die sozialistische Wehrerziehung in der DDR, in Kampftruppen, 1975, 5, S. 169–172.

10 Mit der Errichtung der «Kasernierten Volkspolizei» (KVP) 1952 standen innerhalb der Deutschen Volkspolizei (DVP) militärähnliche Verbände zur militärischen Sicherung der DDR bereit. Mit der Gründung der Nationalen Volksarmee (NVA) 1956 wurde die KVP in die NVA übergeführt. Vgl. Stichwort «Militärpolitik» in: A bis Z, Ein Taschen- und Nachschlagewerk über den anderen Teil Deutschlands, hrsg. v. Bundesministerium für gesamtdeutsche Fragen, Bonn 1969, 11. erw. Aufl., S. 412 f.

11 Vgl. Karl Nuss, Zur Aufgabenstellung für die Gesellschaft für Sport und Technik in den Jahren 1952–1961, in: Militärgeschichte, 13, 1973, 2, S. 162 f.; Zeittafel zur Militärgeschichte der Deutschen Demokratischen Republik 1949 bis 1968, Berlin (DDR) 1969, S. 36.

12 Vgl. Zeittafel zur Militärgeschichte, a. a. O., S. 180.

13 Vgl. dies., a. a. O., S. 75; damit ist die «patriotische Erziehung zur Vaterlandsverteidigung» gemeint.

14 Vgl. Zur Lage der Jugend im anderen Teil Deutschlands. Auszug aus dem zweiten Bericht der Bundesregierung über die Lage der Jugend und die Bestrebungen auf dem Gebiet der Jugendhilfe gemäß § 25 Abs. 2 des Jugendwohlfahrtsgesetzes – Jugendbericht –, hrsg. v. Bundesministerium für gesamtdeutsche Fragen, Bonn und Berlin 1968, S. 41; abweichend dazu Zeittafel zur Militärgeschichte, a. a. O.,

S. 189 f.: «Geleitet von den Stellvertretern für Inneres, gehören ihnen Vertreter verschiedener gesellschaftlicher Organisationen, der Wehrbezirks- und Wehrkreiskommandos, der Volkspolizei und der Abteilungen für Wirtschaft und Volksbildung der Räte an.»

15 Vgl. Zur Lage der Jugend, a. a. O., S. 41; Zeittafel, a. a. O., S. 189 f.

16 Vgl. Zur Lage der Jugend, a. a. O., S. 36.

17 Vgl. Zeittafel, a. a. O., S. 239.

18 Zur Lage der Jugend, a. a. O., S. 36.

19 Heinz Hoffmann, Sozialistische Landesverteidigung, Teil II, Berlin (DDR) 1971, S. 649.

20 Vgl. ders. a. a. O., S. 649 f.

21 Vgl. Hartmut Vogt, Wehrerziehung der Kinder und Jugendlichen in der DDR, in: Deutschland Archiv, 6, 1973, 12, S. 1280; Karl Ilter, Die sozialistische Wehrerziehung – Bestandteil des Bildungs- und Erziehungsprozesses an unseren allgemeinbildenden polytechnischen Oberschulen, in: Jugend Vaterland Sozialismus, Berlin (DDR) 1969, S. 205 f.; Heinz Wittek, Die Bereitschaft, das sozialistische Vaterland zu verteidigen – Kriterium hohen Vaterlandsbewußtseins, in: Jugend Vaterland Sozialismus, Berlin (DDR) 1969, S. 46 f.; Willi Effenberger, Erziehung zu hoher Verteidigungsbereitschaft, in: Neuer Weg, 23, 1968, 23, S. 1080–1083.

22 Vgl. Reinhard Brühl, Militärpolitik für Frieden und Sozialismus. Zum 25. Jahrestag der SED in: Zeitschrift für Militärgeschichte, 10, 1971, 3, S. 271, der den Sekretariatsbeschluß auf den 11. 6. 1968 datiert.

23 Vgl. K. Ilter, Die sozialistische Wehrerziehung, a. a. O., S. 206; Hannelore Zetek, Forderungen an die sozialistische Berufsausbildung zur Erhöhung der Verteidigungsbereitschaft, in: Sozialistische Wehrerziehung in der Berufsausbildung, Berlin (DDR) 1968, S. 27; Aufgabenstellung des Ministeriums für Volksbildung und des Zentralrats der FDJ zur weiteren Entwicklung der staatsbürgerlichen Erziehung der Schuljugend der DDR, in: Deutsche Lehrerzeitung, 16, 1969, 19, (DLZ-Information), S. 4; Siegfried Birkner, Höhere Maßstäbe für die sozialistische Wehrerziehung der Schuljugend, in: Pädagogik, 25, 1970, 12, S. 1140 f.

24 Vgl. H. Zetek, Forderungen an die sozialistische Berufsausbildung, a. a. O., S. 27; Siegfried Birkner, Erziehung zur Verteidigungsbereitschaft in der sozialistischen Schule, in: Pädagogik, 25, 1970, 3, S. 213 und 216 f.; Joachim Lück/Helmut Stolz/Erika Becker, Sozialistische Wehrerziehung, in: Beiträge zur Theorie der sozialistischen Erziehung, Berlin (DDR) 1971, S. 225.

25 H. Zetek, Forderungen an die sozialistische Berufsausbildung, a. a. O., S. 27.

26 Vgl. H. Hoffmann, Sozialistische Landesverteidigung, a. a. O., S. 649.

27 Vgl. W. Hübner/W. Effenberger, Sozialistische Wehrerziehung und Landesverteidigung, in: Einheit, 23, 1968, 3, S. 355 ff.

28 Vgl. W. Hübner/W. Effenberger, Sozialistische Wehrerziehung, a. a. O., S. 360; Lothar Stammnitz/Werner Moke, Die sozialistische Wehrerziehung – ein grundlegender Bestandteil der Militärpolitik der SED, in: Militärwesen, 12, 1968, 1, S. 41.

29 Vgl. R. Pitschel, Die wehrpolitische und wehrsportliche Arbeit der FDJ – untrennbarer Bestandteil der Klassenerziehung, in: Militärwesen, 12, 1968, 10, S. 1355 ff.

30 Ders., a. a. O., S. 1357.

31 Handreichung zur sozialistischen Wehrerziehung, hrsg. v. Karl Ilter, Albrecht Herrmann, Helmut Stolz im Auftrag des Ministeriums für Volksbildung, Berlin (DDR) 1974, S. 195.

32 Handreichung zur sozialistischen Wehrerziehung, a. a. O., S. 195.
33 Handreichung, a. a. O., S. 198.
34 Handreichung, a. a. O., S. 199.
35 Vgl. S. Birkner, Höhere Maßstäbe für die sozialistische Wehrerziehung, a. a. O., S. 1140.
36 P. Lindig, Die historische Leistung des Jugendverbandes bei der sozialistischen Wehrerziehung der jungen Generation seit dem IV. Parlament der FDJ, in Militärwesen, 15, 1971, 3, S. 321 f. betont die Rolle der FDJ beim Aufbau künftiger DDR-Streitkräfte 1952: Das IV. Parlament der FDJ bestimmte «den Platz und die Verantwortung der jungen Generation bei der Verteidigung ihres Vaterlandes. Es stellte den Mitgliedern des Jugendverbandes die Aufgabe, allen jungen Werktätigen verständlich zu machen, daß der Dienst in den bewaffneten Kräften eine ehrenvolle Aufgabe für jeden jungen Bürger unserer Republik ist.» Vgl. K. Nuss, Zur Aufgabenstellung für die Gesellschaft für Sport und Technik, a. a. O., S. 162 f.
37 Vgl. Verfügungen und Mitteilungen des Ministeriums für Volksbildung und des Staatlichen Amtes für Berufsausbildung, 1967, Nr. 21, S. 296–299.
38 «Die Hans-Beimler-Wettkämpfe sind die Hauptform der außerunterrichtlichen wehrpolitischen und wehrsportlichen Tätigkeit der FDJ-Grundorganisationen an den 10-klassigen allgemeinbildenden polytechnischen Oberschulen. Sie dienen als Bestandteil des ‹FDJ-Auftrags des Sekretariats des Zentralrats an die FDJ-Grundorganisationen und Organisationen der 10-klassigen allgemeinbildenden polytechnischen und erweiterten Oberschulen› der Entwicklung der geistigen, körperlichen und charakterlichen Eigenschaften aller FDJler und Schüler zur Erfüllung ihrer Aufgaben bei der allseitigen Stärkung und beim Schutz des sozialistischen Vaterlandes»; Verfügungen und Mitteilungen, a. a. O., S. 296.
39 Die Grundorganisationen der FDJ, die die wichtigste Organisationseinheit der FDJ sind, werden in Betrieben, Schulen, Hoch- und Fachschulen, den Streitkräften, Kampfgruppen, der Volkspolizei, staatlichen und wirtschaftlichen Instituten und Dörfern gebildet, wenn dort mindestens drei Jugendliche Mitglied der FDJ sind. Ihre Hauptaufgabe besteht darin, die politisch-ideologische Erziehung der FDJ-Mitglieder im Sinne der SED zu festigen. Vgl. Wörterbuch zur sozialistischen Jugendpolitik, Berlin (DDR) 1975, S. 94.
40 Vgl. Verfügungen und Mitteilungen, a. a. O., S. 298.
41 «Wir FDJ-Mitglieder und Schüler geloben, bei den Hans-Beimler-Wettkämpfen ehrenhafte Kämpfer zu sein und die Regeln zu achten. – Wir nehmen teil, um durch hohe wehrsportliche Leistungen unsere Bereitschaft zur Verteidigung des sozialistischen Vaterlandes zu bekunden und uns der revolutionären Kämpfer würdig zu erweisen. Wir sind bereit, ihr Werk fortzusetzen und in der vordersten Reihe für die Vollendung des Sozialismus in unserem Arbeiter- und Bauernstaat unsere ganze Kraft einzusetzen. Alle sprechen: Das geloben wir.» Verfügungen und Mitteilungen, a. a. O., S. 299.
42 Vgl. Ausschreibung der «Hans-Beimler-Wettkämpfe» der Freien Deutschen Jugend für die Klassen 8 bis 10 der allgemeinbildenden polytechnischen Oberschulen (Zweite überarbeitete Fassung) vom Juli 1968, in: Dokumente zur Geschichte des Schulwesens in der Deutschen Demokratischen Republik, Teil 3: 1968–1972/73, 1. Halbband, ausgewählt v. K.-H. Günther/C. Lost (Monumenta Paedagogica Bd. XVI/1), Berlin (DDR) 1974, S. 45.
43 R. Pitschel, Die wehrpolitische und wehrsportliche Arbeit der FDJ, a. a. O., S.

1361.

44 Ders. Die wehrpolitische und wehrsportliche Arbeit der FDJ, a. a. O., S. 1356.

45 Ders., a. a. O., S. 1360.

46 Ebd.

47 Ebd.

48 Ders., a. a. O., S. 1361.

49 Hans-Beimler-Wettkampf der FDJ. Richtlinie und methodisches Material 1972/73. Berlin (DDR) 1972, S. 3.

50 Ebd.

51 Vgl. Gesetzblatt der DDR, II, Nr. 1968, S. 779.

52 «Der Gesellschaft für Sport und Technik wird es gelingen, die gesamte Jugend in die wehrerzieherische, vormilitärische und wehrsportliche Ausbildung einzubeziehen, wenn sie es versteht, in engster Zusammenarbeit mit der FDJ Herz und Verstand unserer Jugend zu gewinnen. Um eine größere Wirksamkeit in der Arbeit Eurer Organisation zu erzielen, ist es auch notwendig, enger mit den Stäben und Truppen der Nationalen Volksarmee zusammenzuarbeiten sowie mit den Reservistenkollektiven intensivere Verbindungen zu pflegen»; Grußadresse des ZK der SED und des Staatsrates der DDR an den IV. Kongreß der GST, in: Dokumente der sozialistischen Einheitspartei Deutschlands, Beschlüsse und Erklärungen des Zentralkommitees sowie seines Politbüros, Bd. XII, Berlin (DDR) 1971, S. 135 f.

53 H. Hoffmann, Sozialistische Landesverteidigung, Teil II, a. a. O., S. 747.

54 Ebd.

55 Vgl. Stichwort «Gesellschaft für Sport und Technik» (GST), in: Wörterbuch zur sozialistischen Jugendpolitik, Berlin (DDR) 1975, S. 88 f.

56 Handreichung, a. a. O., S. 201 f.

57 Vgl. Stichwort «Gesellschaft für Sport und Technik», a. a. O., 89; Handreichung, a. a. O., S. 202.

58 Vgl. Stichwort «GST», a. a. O., S. 89; Handreichung, a. a. O., S. 204 f.

59 Aufgabenstellung des Ministeriums für Volksbildung und des Zentralrates der FDJ zur weiteren Entwicklung der staatsbürgerlichen Erziehung der Schuljugend der DDR, a. a. O., S. 1–16.

60 S. Birkner, Höhere Maßstäbe, a. a. O., S. 1142; vgl. Albrecht Herrmann, Die Entwicklung sozialistischer Grundüberzeugungen und Einstellungen, in: Beiträge zur Theorie der sozialistischen Erziehung, hrsg. von H. Stolz/A. Herrmann/W. Müller, Berlin (DDR) 1971, S. 74.

61 Aufgabenstellung, a. a. O., S. 4.

62 Vgl. Aufgabenstellung, S. 11; vgl. Siegfried Birkner, Höhere Maßstäbe, a. a. O., S. 1142.

63 Vgl. Siegfried Birkner, a. a. O., S. 1146.

64 Für die erweiterten Oberschulen und Spezialschulen war die «Vereinbarung zwischen dem Ministerium für Volksbildung, dem Zentralvorstand der GST, dem Zentralrat der FDJ und dem Präsidium des DRK in der DDR zur weiteren Entwicklung der vormilitärischen Ausbildung in den erweiterten Oberschulen und Spezialschulen der DDR vom 30. Mai 1969» maßgebend; vgl. Siegfried Birkner, a. a. O., S. 1146.

65 Ders., a. a. O., S. 1145.

66 Aufgabenstellung, a. a. O., S. 4.

67 Ebd.

68 Vgl. Aufgabenstellung, a. a. O., S. 4.

69 «Sie sind treue Freunde der Sowjetunion, glühende Verfechter des proletarischen Internationalismus und erfüllt von unauslöschlichem Haß gegen die Feinde des Volkes.» (ebd.).

70 «Sie stehen mit der ganzen Person für die Vollendung und den Schutz des Sozialismus ein und sind zur Verteidigung des sozialistischen Vaterlandes und der sozialistischen Staatengemeinschaft bereit.» (ebd.).

71 Vgl. Aufgabenstellung, a. a. O., S. 5; Bei Joachim Droß/Albrecht Herrmann/Günter Kislat, Probleme der Forschung zur Entwicklung ideologischer Grundüberzeugungen und zur sozialistischen Wehrerziehung, in: Pädagogik, 1. Beiheft 1971, S. 3 findet sich folgende Definition der ideologischen Grundüberzeugungen: Ideologische «Grundüberzeugungen sind verinnerlichte Normen, die alle Persönlichkeitsbereiche durchdringen und das weltanschauliche, politische und moralische Handeln und Verhalten der Persönlichkeit bestimmen. Sie entwickeln sich vorrangig auf der Grundlage bestimmter wissenschaftlicher Aussagen der marxistisch-leninistischen Weltanschauung, Politik und Ethik sowie individueller Erfahrungen».

72 J. Droß/A. Herrmann/G. Kislat, Probleme der Forschung, a. a. O., S. 3.

73 Aufgabenstellung, a. a. O., S. 5; dazu auch S. Birkner, Erziehung zur Verteidigungsbereitschaft in der sozialen Schule, a. a. O., S. 216: «Die Teilziele der Erziehung zur Verteidigungsbereitschaft lassen sich in die ideologischen Grundüberzeugungen des jungen sozialistischen Staatsbürgers der DDR einordnen . . . Indem der Lehrer und Erzieher an der Herausbildung der ideologischen Grundüberzeugungen arbeitet, werden die Schüler und Lehrlinge auch zur sozialistischen Verteidigungsbereitschaft erzogen; indem der Lehrer und Erzieher die Schüler und Lehrlinge zur Verteidigungsbereitschaft erzieht, werden in ihnen die ideologischen Grundüberzeugungen entwickelt.»

74 Vgl. A. Herrmann, Die Entwicklung sozialistischer Grundüberzeugungen, a. a. O., S. 76f.

75 Aufgabenstellung, a. a. O., S. 11.

76 Grundsätze für Weiterentwicklung der Berufsausbildung als Bestandteil des einheitlichen sozialistischen Bildungssystems vom 11. Juni 1968, in: Gesetzblatt der Deutschen Demokratischen Republik, Teil I, Nr. 12, 1968, S. 263–271.

77 Sozialistische Wehrerziehung in der Berufsausbildung, Berlin (DDR) 1968.

78 Vgl. H. Vogt, Wehrerziehung der Kinder und Jugendlichen in der DDR, a. a. O., S. 1280.

79 Mit der Reform der Berufsausbildung ist die Herausbildung eines neuen Typs des Ausbildungsberufes, der «Grundberuf» gemeint; vgl. Karl-Heinz Günther/Gottfried Uhlig, Geschichte der Schule in der Deutschen Demokratischen Republik 1945–1971, Berlin (DDR) 1974, S. 243f.

80 Richard Rieck, Die Erhöhung der Verteidigungsbereitschaft – eine objektiv bedingte Notwendigkeit zur Sicherung der sozialistischen Errungenschaften, in: Sozialistische Wehrerziehung in der Berufsausbildung, a. a. O., S. 23f.: «Die Vorbereitung auf den Dienst in einer modernen sozialistischen Armee erfordert weiterhin von jedem Jugendlichen, sich in der vormilitärischen Ausbildung solche Kenntnisse und Fähigkeiten anzueignen, die der Armee helfen, die Ausbildungszeit rationeller zu nutzen. Es kann deshalb nicht befriedigen, wenn zur Zeit noch nicht alle Jugendliche mit bestimmten vormilitärischen Kenntnissen ihren Wehrdienst beginnen.»

81 H. Zetek, Forderungen an die sozialistische Berufsausbildung, a. a. O., S. 26.
82 Vgl. Fritz Luhn, Probleme der Wehrerziehung auf Betriebsebene, in: Sozialistische Wehrerziehung in der Berufsausbildung, a. a. O., S. 69.
83 Vgl. Hartmut Vogt, Wehrerziehung der Kinder und Jugendlichen in der DDR, a. a. O., S. 1280.
84 Hermann Vogt, Sozialistische Wehrerziehung an Universitäten und Hochschulen weiter vervollkommnen, in: Das Hochschulwesen, 1972, 11, S. 343.
85 Vgl. Joachim Tappert/Herbert Jodl, Körperertüchtigung und Sport für die sozialistische Landesverteidigung, Berlin (DDR) 1973, S. 49.
86 Vgl. Joachim Lück, Sozialistische Wehrerziehung in der Lehrerausbildung, in: Pädagogik, 29, 1974, 3, S. 261.
87 Ders., a. a. O., S. 261.
88 Bericht des Zentralkomitees an den VIII. Parteitag der SED, Berichterstatter Erich Honecker, Berlin (DDR) 1971, S. 68: «In unserem sozialistischen Staat ist es das Recht und die Ehrenpflicht jedes Bürgers, seinen Beitrag zum Schutz des Friedens, des sozialistischen Vaterlandes und seiner Errungenschaften zu leisten. Es gilt, die Bereitschaft und die Fähigkeit aller Bürger zur Verteidigung unseres sozialistischen Staates zu fördern. Dazu gehören die politisch-moralische und physische Vorbereitung der Jugend auf den Wehrdienst, der aktive Dienst in den bewaffneten Kräften, die Zivilverteidigung und die umfassende Sicherung der Verteidigungsaufgaben in allen Bereichen der Gesellschaft».
89 Vgl. Johannes Niermann, Sozialistische Pädagogik in der DDR. Heidelberg 1972, S. 77.
90 Vgl. Auszug aus dem «Maßnahmeplan des Ministeriums für Volksbildung und des Ministeriums für Nationale Verteidigung für den Zeitraum 1971–1973 zur Realisierung der Vereinbarung beider Ministerien über die Zusammenarbeit bei der sozialistischen Wehrerziehung der Jugend vom 7. Juli 1966» vom 12. August 1971, in: Verfügungen und Mitteilungen des Ministeriums für Volksbildung und des Staatssekretariat für Berufsbildung, 1971, Nr. 18, S. 228–231.
91 Vgl. J. Niermann, a. a. O., S. 78.
92 Karl Ilter, Die sozialistische Wehrerziehung – ein Grundanliegen der staatsbürgerlichen Erziehung der Schuljugend der DDR, in: Militärwesen, 15, 1971, 7, S. 870.
93 Ders., a. a. O., S. 871.
94 Auszug aus dem «Maßnahmeplan des Ministeriums für Volksbildung und des Ministeriums für Nationale Verteidigung . . .», a. a. O.
95 Auszug aus dem «Maßnahmeplan . . .», a. a. O., S. 228.
96 Auszug aus dem «Maßnahmeplan . . .», a. a. O., S. 229.
97 Ebd.
98 Ders., a. a. O., S. 231.
99 Ebd.
100 Vgl. Siegfried Birkner, Über Ziel, Inhalt und Methoden der sozialistischen Wehrerziehung der Schuljugend, hrsg. v. der Akademie der Pädagogischen Wissenschaften der DDR – Direktorat für pädagogische Information – Zentralstelle für pädagogische Information und Dokumentation, Berlin (DDR) 1973, S. 19.
101 Heinz Hoffmann, Sicherung des Friedens verlangt Stärkung der sozialistischen Militärmacht, in: Einheit, 26, 1971, 6, S. 700.
102 Dazu auch Siegfried Birkner, Höhere Maßstäbe für die sozialistische Wehrerziehung der Schuljugend, S. 1141; Klaus-Dieter Uckel, Probleme der Persönlich-

keitsentwicklung aus der Sicht des Militärwesens, in: Pädagogik, 28, 1973, 4, S. 399.

103 Vgl. Harry Voitzsch, Allseitigkeit und Disponibilität der sozialistischen Soldatenpersönlichkeit – Erfordernis und Aufgabe der politischen und militärischen Ausbildung in der NVA, in: Militärwesen, 15, 1971, 3, S. 360.

104 H. Hoffmann, Sicherung des Friedens verlangt Stärkung der sozialistischen Militärmacht, a. a. O., S. 702.

105 Jürgen Schmollack/Horst Müller, Sozialistisches Menschenbild und die Entwicklung der sozialistischen Persönlichkeit, in: H. Stolz/A. Herrmann/W. Müller (Hg.), Beiträge zur Theorie der sozialistischen Erziehung, Berlin (DDR) 1971, S. 26.

106 Vgl. Heinz Hoffmann, Zu Problemen der sozialistischen Militärpolitik und Wehrerziehung, in: Deutsche Lehrerzeitung, 18, 1971, 20, S. 10.

107 Vgl. Siegfried Birkner, Erziehung zur Verteidigungsbereitschaft in der sozialistischen Schule, in: Pädagogik, Jg. 25, 1970, 3, S. 211.

108 Ders., a. a. O., S. 210.

109 Dazu zählen die Artikel von S. Birkner, Erziehung zur Verteidigungsbereitschaft in der sozialistischen Schule, a. a. O., Höhere Maßstäbe für die sozialistische Wehrerziehung der Schuljugend, a. a. O., Zu den Zielen, Inhalten und Methoden der sozialistischen Wehrerziehung an den Oberschulen, in: Pädagogische Forschung, 12, 1971, S. 75–80; von Karl Ilter, Die sozialistische Wehrerziehung – ein Grundanliegen der staatsbürgerlichen Erziehung, in: Pädagogik, 26, 1971, 3, S. 223–231, der inhaltlich beinahe gleichlautend mit seinem Artikel: Die sozialistische Wehrerziehung – ein Grundanliegen der staatsbürgerlichen Erziehung der Schuljugend der DDR, in: Militärwesen, 15, 1971, 7, S. 870–879 ist; von Gerhard Kuhn, Die Herausbildung des sozialistischen Wehrbewußtseins, in: Pädagogik, 27, 1972, 5, S. 457–467 und von Joachim Lück/Helmut Stolz/Erika Becker, Sozialistische Wehrerziehung, in: Beiträge zur Theorie der sozialistischen Erziehung, Berlin (DDR) 1971, S. 222–236.

110 Vgl. S. Birkner, Über Ziel, Inhalt und Methoden der sozialistischen Wehrerziehung, a. a. O., S. 33.

111 S. Birkner, Höhere Maßstäbe, a. a. O., S. 1141; vgl. die Definition der Wehrerziehung bei Werner Hübner/Willi Effenberger, Sozialistische Wehrerziehung und Landesverteidigung, in: Einheit, 23, 1968, 3, S. 358: «Sozialistische Wehrerziehung ist ein untrennbarer Bestandteil der klassenmäßigen sozialistischen Erziehung. Sie ist eine a) nach dem Alter abgestufte, b) nach Tätigkeitsbereichen differenzierte, c) nach politischen und den Bedürfnissen der Landesverteidigung akzentuierte systematische Erziehung mittels rationaler und emotionaler Elemente, die zum Ziel hat, die Bereitschaft und Fähigkeit zu entwickeln und zu festigen, das sozialistische Vaterland zu verteidigen und in einem uns aufgezwungenen Kampf den Sieg zu erringen.»

112 Über Ziel, Inhalt und Methoden der sozialistischen Wehrerziehung der Schuljugend, Fortschrittsbericht, hrsg. v. Akademie der Pädagogischen Wissenschaften der DDR, Berlin (DDR) 1973.

113 Hrsg. v. Karl Ilter/Albrecht Herrmann/Helmut Stolz im Auftrag des Ministeriums für Volksbildung, Berlin (DDR) 1974.

114 Handreichung, a. a. O., S. 9.

115 Vgl. S. Birkner, Über Ziel, Inhalt und Methoden, a. a. O., S. 82

116 Vgl. Handreichung, a. a. O., S. 8.

117 Zum Verhältnis von Bildung und Erziehung vgl. Gerhart Neuner, Zur Theorie der sozialistischen Allgemeinbildung, hrsg. v. der Akademie der Pädagogischen Wissenschaften der DDR, Berlin (DDR) 1973, S. 117 ff. und K. Ilter, Die sozialistische Wehrerziehung – ein Grundanliegen der staatsbürgerlichen Erziehung, a. a. O., S. 226.

118 Vgl. S. Birkner, Über Ziel, Inhalt und Methoden, a. a. O., S. 34 ff. und 82; Handreichung, a. a. O., S. 26 ff.

119 Vgl. S. Birkner, Über Ziel, Inhalt und Methoden, a. a. O., S. 41 ff.; Handreichung, a. a. O., S. 34 ff.

120 Vgl. «Aufgabenstellung», a. a. O., S. 5; vgl. S. Birkner, Höhere Maßstäbe, a. a. O., S. 1144.

121 Vgl. «Aufgabenstellung», a. a. O., S. 11; vgl. H. Hoffmann, Zu Problemen der sozialistischen Militärpolitik und Wehrerziehung, a. a. O., S. 10.

122 Bei der Bestimmung des Zieles der Bildung und Erziehung «sozialistischer» Persönlichkeiten spielt die ideologische Erziehung als übergreifende Zielkategorie eine große Rolle. Die Ziele der ideologischen Erziehung werden in Form von ideologischen Grundüberzeugungen und komplexen Charaktereigenschaften zu fassen versucht. Vgl. G. Neuner, Zur Theorie der sozialistischen Allgemeinbildung, a. a. O., S. 187 u. 194.

123 Vgl. G. Neuner, Zur Theorie der sozialistischen Allgemeinbildung, a. a. O., S. 196 f.

124 Vgl. G. Kuhn, a. a. O., S. 459.

125 Handreichung zur sozialistischen Wehrerziehung, a. a. O., S. 27.

126 S. Birkner, Über Ziel, Inhalt und Methoden, a. a. O., S. 35.

127 Vgl. Handreichung, a. a. O., S. 31.

128 Vgl. auch zur Entwicklung der wehrmoralischen Erziehung von Volk und Armee: Alwin Loose/Lothar Glaß, Wehrmoral und Soldatenethos im Sozialismus. Serie Politik und Landesverteidigung, Berlin (DDR) 1975.

129 Handreichung, a. a. O., S. 31 und 32: «Seinen höchsten Ausdruck findet die sozialistische Wehrmoral im Erfüllen des Fahneneides, im Einsatz der ganzen Person für die Erringung des Sieges. Eine gefestigte sozialistische Wehrmoral ist ein entscheidender Faktor der Überlegenheit des Sozialismus über den Imperialismus».

130 Wörterbuch zur sozialistischen Jugendpolitik, Berlin (DDR) 1975, S. 265.

131 Vgl. Burckhard Blanke, Die politisch-ideologische Bildung und Erziehung in der Nationalen Volksarmee. Phil. Diss. Bonn 1975, S. 133.

132 Horst Adam, Philosophisch-theoretische Probleme des ideologischen Freund-Feind-Bildes, in: Deutsche Zeitschrift für Philosophie, 19, 1971, 6, S. 731.

133 Vgl. S. Birkner, Über Ziel, Inhalt und Methoden, a. a. O., S. 37.

134 Vgl. S. Birkner, Die Herausbildung eines klassenmäßig Freund-Feind-Bildes der Schüler – wesentliche Aufgabe ihrer Erziehung zur Bereitschaft und Fähigkeit zum Schutz des Sozialismus, in: Probleme der kommunistischen Erziehung, hrsg. v. der Akademie der Pädagogischen Wissenschaften der DDR, Berlin (DDR) 1975, S. 66; Margot Honecker, Inhaltliche Ausgestaltung der Oberschule – Programm unserer weiteren Arbeit, Referat auf der zentralen Direktorenkonferenz 1973, in Deutsche Lehrerzeitung, 20, 1973, 20, S. 8; Die Aufgaben der Agitation und Propaganda bei der weiteren Verwirklichung der Beschlüsse des VIII. Parteitages der SED, Berlin (DDR) 1972, S. 70 ff.

135 Vgl. Werner Lindner, Erziehung der Schuljugend der DDR im Geiste der Weltan-

schauung und Moral der Arbeiterklasse, in: Probleme der kommunistischen Erziehung, Berlin (DDR) 1975, S. 68.

136 Ders., a. a. O., ebd.; dazu Margot Honecker, Inhaltliche Ausgestaltung der Oberschule, a. a. O. S. 7f.: «Wenn wir davon ausgehen, daß im ideologischen Kampf der herrschenden Kreise der BRD gegen die sozialistischen Staaten und vor allem gegen die DDR der Nationalismus eine Rolle spielt, so ergibt sich daraus die Notwendigkeit, gerade der Jugend den Klasseninhalt des Begriffes Vaterland, den Klasseninhalt der nationalen Frage und das internationalistische Wesen des Sozialismus noch viel prinzipieller zu zeigen.»

137 W. Lindner, Erziehung der Schuljugend, a. a. O., S. 68.

138 G. Kuhn, Die Herausbildung des sozialistischen Wehrbewußtseins, a. a. O., S. 461; vgl. «Offener Brief des Kollegiums des Ministeriums für Volksbildung an alle Pädagogen der DDR», in: Deutsche Lehrerzeitung, 18, 1971, 41, S. 3.

139 S. Birkner, Mit der Erziehung zur Waffenbrüderschaft in der Schule beginnen, in: Pädagogik, 30, 1975, 4, S. 341: «Jetzt kommt es darauf an, noch mehr dem internationalistischen Wesen der Erziehung zur Wehrbereitschaft und Wehrfähigkeit zu entsprechen und jedem die sozialistische Waffenbrüderschaft persönlich bedeutsam zu machen. Das verlangt, das klassenmäßige Freund-Bild unserer Schüler auch mit den Zügen des Bildes vom Waffenbruder auszustatten. Ein solches Bild und die Überzeugung von der Überlegenheit der sozialistischen Militärkoalition tragen dazu bei, in den Schülern das Vertrauen zum Bruderbund mit der Sowjetunion und das Gefühl der Geborgenheit in der sozialistischen Völkerfamilie zu vertiefen. In enger Verbindung damit sind das Bewußtsein der internationalistischen Pflichterfüllung, das Gefühl der Mitverantwortung für den zuverlässigen Schutz des Weltsozialismus und der Wille zu waffenbrüderlichem Handeln zu entwickeln. In der sozialistischen Schule kann es dabei immer nur um die Herausbildung grundlegender Persönlichkeitseigenschaften gehen.»

140 S. Birkner, Die Herausbildung eines klassenmäßigen Freund-Feind-Bildes der Schüler, a. a. O., S. 225f.; vgl. ders., Über Ziel, Inhalt und Methoden, a. a. O., S. 37.

141 Vgl. M. Honecker, Inhaltliche Ausgestaltung, a. a. O., S. 5; S. Birkner, Die Herausbildung eines klassenmäßigen Freund-Feind-Bildes, a. a. O., S. 226.

142 M. Honecker, Inhaltliche Ausgestaltung, a. a. O., S. 7.

143 Vgl. dies., ebd.

144 Vgl. «Aufgabenstellung», a. a. O., S. 6; vgl. H. Hoffmann, Zu Problemen der sozialistischen Militärpolitik und Wehrerziehung, a. a. O., S. 10.

145 Werner Lindner/Jürgen Polzin, Aufgaben und Probleme der sozialistischen Erziehung ein Jahr nach dem VIII. Parteitag der SED, in: Pädagogik, 27, 1972, 8, S. 679; vgl. G. Kuhn, Die Herausbildung, a. a. O., S. 462.

146 Vgl. Handreichung, a. a. O., S. 28.

147 Handreichung, ebd.

148 Vgl. B. Blanke, Die politisch-ideologische Bildung und Erziehung, a. a. O., S. 135, der die Erzeugung des Feind-Bildes bei den NVA-Soldaten beschrieben hat. Dazu auch H. Hoffmann, Zu Problemen der sozialistischen Militärpolitik und Wehrerziehung, a. a. O., S. 10: «Aber verlangt der zuverlässige militärische Schutz unseres Vaterlandes vom jungen Menschen und künftigen sozialistischen Soldaten nicht weit mehr? Fordert er nicht die Bereitschaft, den Sozialismus unter Einsatz des eigenen Lebens zu verteidigen? Fordert er nicht die besondere Achtung und Liebe gegenüber unseren sowjetischen Waffenbrüdern, gepaart mit der

unerschütterlichen Überzeugung, daß wir jeden militärischen Kampfauftrag nur im engsten Bündnis und Zusammenwirken mit der Sowjetarmee erfüllen können? Fordert er nicht, den Imperialismus nicht schlechthin als System abzulehnen und zu hassen, sondern diesen Haß vor allem auch gegen all jene zu richten, die unter der Befehlsgewalt imperialistischer Generale und Offiziere zum Angriff bereitstehen?»

149 S. Birkner, Die Herausbildung eines klassenmäßigen Freund-Feind-Bildes der Schüler, a. a. O., S. 226.

150 Vgl. S. Birkner, Über Ziel, Inhalt und Methoden, a. a. O., S. 38f.; vgl. Die Hinweise zur Pflege des Traditionsbewußtseins im Geschichtsunterricht der allgemeinbildenden Schulen und die Herausstellung von Scharnhorst und Gneisenau im Befreiungskampf gegen Napoleon, in: Handreichung, a. a. O., S. 56f.

151 Werner Hübner, Ideologische Klarheit und Wehrbereitschaft, in: Einheit, 27, 1972, 10, S. 1311; Oberst Dr. W. Hübner ist Abteilungsleiter im ZK für «Sozialistische Wehrerziehung», vgl. DDR Handbuch, hrsg. v. Bundesministerium für innerdeutsche Beziehungen. Wiss. Leitung P. C. Ludz/J. Kuppe, Köln 1975, S. 963.

152 Vgl. Karl Nuss, Bewahrung revolutionärer Traditionen – Vorbereitung auf den sozialistischen Wehrdienst, in: Junge Generation, 1975, 10, S. 58.

153 Handreichung, a. a. O., S. 34f.

154 Der Achtertest der NVA, der mit allen neueingezogenen Wehrpflichtigen in der ersten Woche der Grundausbildung durchgeführt wird, umfaßt nach J. Tappert/H. Jodl, Körperertüchtigung und Sport, a. a. O., S. 134 folgende Disziplinen:
«1. 100-m-Lauf zum Ermitteln der Grundschnelligkeit;
2. Handgranatenwurf zum Feststellen des Koordinationsvermögens, der Gewandheit und der Wurfkraft;
3. 3000-m-Lauf zum Feststellen der Ausdauerleistung;
4. Klimmziehen zum Ermitteln der Armbeugekraft;
5. Liegestütz zum Ermitteln der Armstreckkraft;
6. Dreierhop, um die Sprungkraft zu messen;
7. Klettern zum Überprüfen der Kraft des Schultergürtels und der Geschicklichkeit.
8. 400 m Sturmbahn zur komplexen Überprüfung der Gewandtheit, der Kraft und der Ausdauer.»

155 Die «Revolution im Militärwesen» ist vor allem durch folgende Erscheinungen gekennzeichnet:
«– Entwicklung und massenweise Einführung von strategischen, operativen und taktischen Raketen- und Kernwaffen der Streitkräfte;
– Vollmotorisierung und Mechanisierung der Streitkräfte sowie Ausrüstung der betreffenden Teilstreitkräfte mit neuen, leistungsfähigeren Typen an Panzern, Artilleriesystemen, Kampfflugzeugen, Schiffen, Schützenwaffen u. a. m.;
– massenweise Einführung elektronischer Mittel in die Streitkräfte, die eine den neuen Anforderungen entsprechende Truppenführung ermöglichen und einen wirkungsvolleren Einsatz der Bewaffnung gewährleisten»; vgl. Militärlexikon, Berlin (DDR) 1971, S. 323.

156 Vgl. Sozialistische Wehrerziehung in der Berufsausbildung, a. a. O., S. 35f.

157 Dazu Fritz Luhn, Probleme der Wehrerziehung auf Betriebsebene, in: Sozialistische Wehrerziehung in der Berufsausbildung, a. a. O., S. 70: «Im gesamten Erziehungsprozeß wird größter Wert auf Disziplin gelegt. Dabei geht es darum,

bestimmte Gewohnheiten herauszubilden, die für die Berufsausbildung und auch für die Vorbereitung auf die militärische Ausbildung von Nutzen sind. Dazu gehören entsprechende sportliche Übungen, das Pflegen der Werkzeuge, größte Ordnung am Arbeitsplatz und in den Garderobenschränken, das Waschen bei freiem Oberkörper, ordentliche Kleidung usw.»

158 H. Hoffmann, Zu Problemen der sozialistischen Militärpolitik und Wehrerziehung, a. a. O., S. 10.

159 Ebd.

160 L. Stammnitz/W. Moke, Die sozialistische Wehrerziehung, a. a. O., S. 41.

161 Vgl. S. Birkner, Höhere Maßstäbe, a. a. O., S. 1146.

162 S. Birkner, Sozialistische Wehrerziehung, in: Sozialistische Erziehung älterer Schüler. Handbuch für Klassenleiter, Lehrer und Erzieher, Berlin (DDR) 1974, S. 301.

163 Vgl. Hans-Joachim Holz, Sozialistische Wehrerziehung, in: Ganztägige Bildung und Erziehung, 10, 1973, 12, S. 416.

164 Rahmenplan für die Bildung und Erziehung im Schulhort, v. e. Autorenkollektiv u. L. v. W. Günther, Berlin (DDR) 1972; zit. n. H. Vogt, Wehrerziehung der Kinder und Jugendlichen der DDR, a. a. O., S. 1293.

165 Herta Schneider, Sie schützen den Frieden!, in: Ganztägige Bildung und Erziehung, 10, 1973, 1, S. 8.

166 Rahmenplan, zit. n. H. Vogt, a. a. O., S. 1293 f.

167 S. Birkner, Sozialistische Wehrerziehung, in: Sozialistische Erziehung älterer Schüler, a. a. O., S. 302.

168 Ders., a. a. O., S. 304.

169 Handreichung, a. a. O., S. 113, vgl. auch S. 87 ff.

170 Handreichung, a. a. O., S. 169.

171 Vgl. H. Meixner, Wehrausbildung – ein neues Programm für Arbeitsgemeinschaften. Zum Rahmenprogramm zur Wehrausbildung für die Arbeitsgemeinschaften der Klassen 9 und 10, in: Deutsche Lehrerzeitung, 1973, 34, S. 7; Handreichung, a. a. O., S. 169 f.

172 Vgl. J. Niermann, Wörterbuch der DDR-Pädagogik, Heidelberg 1974, S. 94: Der fakultative Unterricht ist die Form des Unterrichts, die in den Klassen 11 und 12 der erweiterten Oberschulen auf die in den Arbeitsgemeinschaften der Klassen 9 und 10 eingeleitete Differenzierung der Allgemeinbildung folgt.

173 Handreichung, a. a. O., S. 165.

174 Vgl. Handreichung, a. a. O., S. 166 ff.

175 Vgl. H. Vogt, Wehrerziehung der Kinder und Jugendlichen in der DDR, a. a. O., S. 1290.

176 Vgl. ders., a. a. O., S. 1291.

177 Hans-Beimler-Wettkampf der FDJ. Richtlinie und methodisches Material, a. a. O., S. 2.

178 Vgl. Handreichung, a. a. O., S. 193.

179 Als Höhepunkt des Kampf-Meetings legen die Jugendlichen den Hans-Beimler-Eid ab, der inhaltlich mit einer Passage des Fahneneides der NVA übereinstimmt; vgl. Hans-Beimler-Wettkampf der FDJ, a. a. O., S. 3: «Wir, die Teilnehmer an den ‹Hans-Beimler-Wettkämpfen›, geloben: Wir wollen im Sinne des sozialistischen Patriotismus und des proletarischen Internationalismus für die Stärkung und den Schutz unserer Republik und der sozialistischen Bruderstaaten unsere ganze Kraft einsetzen. Wir werden um hohe Leistungen ringen, um uns dem

Vermächtnis der revolutionären Kämpfer würdig zu erweisen und durch unser Bekenntnis und unsere Tat die Bereitschaft bekunden, den Sozialismus jederzeit zuverlässig zu verteidigen. Wir werden die Wettkämpfe als ehrenhafte Kämpfer bestreiten. Das geloben wir!»

180 Vgl. Hans-Beimler-Wettkampf der FDJ, a. a. O., S. 8.

181 Soldat und Krieg, v. e. Autorenkollektiv unter der Leitung v. M. P. Korobejnikow, Berlin (DDR) 1972.

182 B. Skambraks/K.-H. Orglmeister, Einige Probleme der Zusammenarbeit von NVA und GST, in: Militärwesen, 1975, 11, S. 55. Zu den Eigenschaften der «sozialistischen Soldatenpersönlichkeit» zählen Skambraks/Orglmeister: Wehrbewußtsein, Kampfmoral, Leistungsbereitschaft und Leistungsvermögen, Disziplin und Organisiertheit.

183 Werner Hübner, Grundfragen der sozialistischen Militärpolitik, in: Pädagogik, 30, 1975, 3, S. 218.

8. NVA und innere Sicherheit

1 So vor allem P. Jungermann, Die Wehrideologie der SED und das Leitbild der Nationalen Volksarmee vom sozialistischen deutschen Soldaten. Stuttgart 1973, S. 14 ff; vgl. auch T. M. Forster, Die NVA – Kernstück der Landesverteidigung der DDR, 4. Aufl. Köln 1972, S. 14.

2 Vgl. Streitkräfte im Klassenkampf unserer Zeit. Serie Politik und Landesverteidigung. Militärverlag der DDR. Berlin (O) 1971, S. 32.

3 Hier vor allem: Lenin, Über Krieg, Armee und Militärwissenschaft, Band I, 2. Auflage, Deutscher Militärverlag, Berlin (O) 1961 und Band II, Verlag des Ministeriums für Nationale Verteidigung, Berlin (O) 1959; M. W. Frunse, Ausgewählte Schriften, Verlag des Ministeriums für Nationale Verteidigung, Berlin (O) 1960, und M. I. Kalinin, Über kommunistische Erziehung und militärische Pflicht. Gesammelte Aufsätze und Rede. Zusammengestellt von M. W. Kabanow. Aus dem Russischen, VMNV, Berlin 1960.

4 Siehe hierzu das Lehrbuch Militärische Theorie und militärische Praxis. Methodologische Probleme. Autorenkollektiv unter der Red. von GenOberst A. S. Sholtow u. a. Aus dem Russischen, Militärverlag der DDR, Berlin (O) 1972.

5 W. Verner, «Die Kampfkraft der Partei in der NVA stärken – Unser Beitrag zum VIII. Parteitag der SED», in: Militärwesen, H. 4/1971, S. 468.

6 H. Hoffmann, Sozialistische Landesverteidigung. Bd. I, Deutscher Militärverlag. Berlin (O) 1971, S. 127.

7 Vgl. Lenin, «Staat und Revolution», in: Ders., Werke, Bd. 25. Dietz-Verlag, Berlin (O) 1974, S. 415: «Der Staat ist eine besondere Machtorganisation, eine Organisation der Gewalt zur Unterdrückung einer Klasse.»

8 Vgl. R. Rossanda, «Die sozialistischen Länder: Ein Dilemma der westeuropäischen Linken», in: Kursbuch, Nr. 30, Dezember 1972, S. 23; vgl. H. Hoffmann, Sozialistische Landesverteidigung, Bd. II, a. a. O., S. 612.

9 Vgl. hierzu die Theorie der «sozialistischen Menschengemeinschaft» bei W. Ulbricht, Die gesellschaftliche Entwicklung in der Deutschen Demokratischen Republik bis zur Vollendung des Sozialismus. Berlin (O) 1967, S. 84.

10 Militärische Theorie und militärische Praxis. A. a. O., S. 193. Vgl. H. Richter, «Die wachsende Verantwortung der sozialistischen Streitkräfte in der gegenwärtigen Phase der Klassenauseinandersetzung mit dem Imperialismus», in: Militärwesen, H. 5/6/1971, S. 631.
11 W. I. Lenin, Werke, Bd. 10, Berlin (O) 1972, S. 41.
12 Vgl. J. L. Wallach, Die Kriegslehre von Friedrich Engels, Frankfurt/M. 1968.
13 Vgl. A. Hindrichs, Die Bürgerkriegsarmee. Die militanten Kampfgruppen des deutschen Kommunismus. Berlin (W) 1964, S. 17ff.
14 G. Bogisch, «Die militärpolitische Bedeutung der 30. Tagung des ZK der SED (1957)», in: Zeitschrift für Militärgeschichte, H. 2/1964, S. 161.
15 G. Semmler/H. Voitzsch, «Die Leitung der politischen und militärischen Erziehung und Bildung in der NVA – als Gegenstand militär-pädagogischer Überlegungen», in: Militärwesen, H. 3/1973, S. 41.
16 Dies deckt sich mit der sowjetischen Volksstaatstheorie. Vgl. G. J. Gleserman, Der historische Materialismus und die Entwicklung der sozialistischen Gesellschaft. Aus dem Russischen. 2. Aufl., Dietz-Verlag. Berlin 1973, S. 255 ff.
17 Bericht des ZK an den VIII. Parteitag der SED, In: Protokoll der Verhandlungen des VIII. Parteitages. A. a. O., S. 57.
18 Ebd., S. 55.
19 Zahlen zu den Tabellen I und II bei
- Protokoll der Verhandlungen des VI. Parteitages der SED, Bd. III. Berlin (O) 1973, S. 548/49
- H. Hoffmann: Sozialistische Landesverteidigung. Bd. I. a. a. O., S. 23 und 257
- K. Greese/A. Voerster: Probleme der Auswahl und Förderung der Offizierkader in der NVA (1956–1963). In: Zeitschrift für Militärgeschichte. Berlin (O), H. 1/1966, S. 34 und 39
- W. Verner: Die Kampfkraft der Partei in der NVA stärken. A. a. O., S. 473
- Volksarmee, Nr. 4/1976.
20 Vgl. W. Verner: A. a. O., S. 472.
21 Vgl. D. R. Herspring, East German Civil – Military Relations. The Impact of Technology, 1949–1972, New York, Washington, London 1973, S. 183 ff. Vgl. K. W. Fricke, «Die Militärs in der DDR-Führung», in: Deutschland-Archiv, 7. Jg. H 3/1974, S. 231 ff.
22 Protokoll der Verhandlungen des VIII. Parteitages der Sozialistischen Einheitspartei Deutschlands. 15. bis 19. Juni 1971. Bd. I. Berlin (O) 1971, S. 88.
23 Streitkräfte im Klassenkampf unserer Zeit, a. a. O., S. 32.
24 Ebd.
25 H. Hoffmann, «Friedenssicherung und sozialistische Militärmacht», in: Militärwesen, H. 1/1972, S. 12.
26 Streitkräfte im Klassenkampf unserer Zeit, a. a. O., S. 32.
27 Ebd.
28 Ebd.
29 G. Szukalski, «Zu Problemen der Entwicklung sozialistischer Soldatenpersönlichkeiten», in: Militärwesen, H. 1/1972, S. 25.
30 Soldat und Krieg. Autorenkollektiv der Militärpolitischen Akademie «W. I. Lenin». Aus dem Russischen. Militärverlag der DDR. Berlin (O) 1972, S. 134.
31 Verfassung der Deutschen Demokratischen Republik vom 6. April 1968. In: Gesetzblatt (GBL) der DDR, Teil I, S. 206ff. (die betreffenden Artikel unwesentlich verändert auch in der Fassung vom 7. 10. 1974).

32 Gesetz zur Verteidigung der Deutschen Demokratischen Republik – Verteidigungsgesetz – vom 20. September 1961. In: GBL der DDR, Teil I, S. 175 ff.

33 Gesetz über die Bildung des Nationalen Verteidigungsrates der Deutschen Demokratischen Republik vom 10. Februar 1960. In: GBL der DDR, Teil I, S. 89.

34 Gesetz über die Zivilverteidigung der Deutschen Demokratischen Republik – Zivilverteidigungsgesetz – vom 16. September 1970. In: GBL der DDR, Teil I, S. 289 f.

35 Gesetz über die Aufgaben und Befugnisse der Deutschen Volkspolizei – Volkspolizeigesetz – vom 11. Juni 1968. In: GBL der DDR, Teil I, S. 232 ff.

36 Siehe DDR-Handbuch, hrsg. vom Bundesministerium für innerdeutsche Beziehungen. Wiss. Ltg.: P. C. Ludz/J. Kuppe, Köln 1975, S. 600.

37 Vgl. DDR-Handbuch, a. a. O., S. 591. Vgl. Helmut Schmitz, Notstandsverfassung und Notstandsrecht der DDR. Köln 1971, und J. Weck, Wehrverfassung und Wehrrecht in der DDR. Köln 1970.

38 Siehe Gesetzblatt der DDR, Teil II, S. 667 und S. 674.

39 § 1 Zivilverteidigungsgesetz.

40 § 5 Zivilverteidigungsgesetz.

41 Protokoll der Verhandlungen des VII. Parteitages der SED, Bd. IV, Berlin (O) 1967, S. 155 f.

42 Artikel 52 der DDR-Verfassung spricht nur lapidar vom Verteidigungszustand der DDR.

43 Militärlexikon. Autorenkollektiv unter der Ltg. von Oberst Dr. rer. mil. E. Bauer. Berlin (O) 1971, S. 213 f.

44 Bericht des Zentralkomitees der SED an den VIII. Parteitag der SED. Berichterstatter: Genosse Erich Honecker. Protokoll der Verhandlungen des VIII. Parteitages der SED. Bd. I, Berlin (O) 1971, S. 68.

45 Sie heißen seit dem 24. 1. 1974 Grenztruppen der DDR. Im Herbst 1973 wurden die ca. 52000 Mann starken Grenztruppen wieder aus der NVA ausgegliedert.

46 Zit. bei G. Lux/T. Nelles, «Der Aufbau und die Entwicklung der NVA – schöpferische Anwendung des Leninschen Militärprogramms durch die SED» (2. Teil, in: Zeitschrift für Militärgeschichte, H. 6/1970, S. 673.

47 Vgl. U. Rühmland, NVA. Nationale Volksarmee in Stichworten. 3. Auflage, Bonn 1972, S. 94. Vgl. T. M. Forster, a. a. o., S. 111.

48 H. Hoffmann, Sozialistische Landesverteidigung, Bd. II, S. 716.

49 P. Verner, Bericht des Politbüros an die 14. Tagung des ZK der SED (9.–11. 12. 1970). Berlin (O) 1970, S. 53.

50 Vgl. H. Marks, Die Kampfgruppen der Arbeiterklasse – ein wichtiges Organ des Militärapparates der DDR, Köln 1970, S. 11. In den Kampfgruppen sind nur männliche DDR-Bürger organisiert.

51 Vgl. A. Hindrichs, Die Bürgerkriegsarmee, a. a. O. Vgl. M. Csizmas, «Paramilitärische Organisation in den Warschau-Pakt-Staaten», in: Sicherheitspolitik heute, H. II/1974, S. 281.

52 W. Borning, «Vor neuen großen Aufgaben», in: Der Kämpfer. Organ der Kampfgruppen der Arbeiterklasse, 3. Jg., Berlin (O), Nr. 1, Januar 1959.

53 Protokoll der Verhandlungen des VIII. Parteitages der SED, Bd. I, a. a. O., S. 89.

54 Während Marks, Forster und auch Csizmas, der sich auf «The Military Balance 1972–73» des IISS stützt, von 350000 Mann ausgehen, schätzt das DDR-Handbuch (a. a. O., S. 457) die Zahl auf 400000 (vgl. die Tabellen des IISS und der ACDA in diesem Band, S. 61).

55 Vgl. Handbuch für den Kämpfer. Autorenkollektiv. Verlag des Ministeriums des Innern, Berlin (O) 1962.
56 In: Der Kämpfer, 19. Jg., H. 10, Oktober 1975, S. 1 f.
57 Siehe hierzu ausführlich B. Blanke, Die politisch-ideologische Bildung und Erziehung in der Nationalen Volksarmee – zum Verhältnis von Militär, Partei und Gesellschaft in der DDR – Phil. Diss. Bonn 1975.
58 Die Verteidigung des sozialistischen Vaterlandes. Serie Politik und Landesverteidigung. Deutscher Militärverlag, Berlin (O) 1971, S. 67.
59 Ebd., S. 66, Zahlen bei IISS, The Military Balance, London 1975.
60 Vgl. Jungermann, a. a. O., S. 80.
61 Vgl. H. Lüers, Das Polizeirecht in der DDR. Aufgaben, Befugnisse und Organisation der Deutschen Volkspolizei. Köln 1973.
62 Vgl. Forster, a. a. O., S. 159. Vgl. U. Rühmland, a. a. O., S. 196.
63 S. Schönherr, «Über den Zusammenhang zwischen Wirtschaft und Landesverteidigung beim Aufbau des entwickelten gesellschaftlichen Systems des Sozialismus in der DDR», in: Wirtschaftswissenschaft, H. 8/1969, S. 1162.
64 H. Hoffmann, Sozialistische Landesverteidigung, Bd. I, a. a. O., S. 250 und Bd. II, a. a. O., S. 716.
65 Vgl. R. Rühl, Militärpolitik für Frieden und Sozialismus. Zum 25. Jahrestag der SED, in: Zeitschrift für Militärgeschichte, H. 3/1971, S. 276.
66 H. Hoffmann, Sozialistische Landesverteidigung, Bd. II, a. a. O., S. 806 ff.
67 Zur Rolle der NVA im Bildungswesen siehe Kapitel 7.
68 Ebd., S. 776.
69 Neues Deutschland vom 16. 9. 1972, S. 3, vgl. Volksarmee 39/1972, v. 18. 9. 1972, S. 2.
70 W. Hübner, «Gutes besser machen! Ideologische Probleme bei der sozialistischen Wehrerziehung», in: Militärwesen, H. 2/1973, S. 15.
71 Da die Offizierslaufbahn in der DDR wegen des versteckten Numerus clausus inzwischen zu einem beliebten Ausweichqualifizierungsweg geworden ist, scheinen hier die Personalsorgen – ähnlich wie bei der Bundeswehr – geringer und damit die Anforderungen höher zu sein. Vgl. dazu D. R. Herspring, a. a. O., S. 183.
72 Die Verteidigung des sozialistischen Vaterlandes. A. a. O., S. 47.

Exkurs: Wehrdienstverweigerung in der DDR

1 Text des § 13 des Wehrpflichtgesetzes und der §§ 15–17 der Musterungsordnung in: Nationale Verteidigung, Teil I, Staatsverlag der DDR, Berlin 1964, S. 45/46 bzw. S. 106/107.
2 Ebd., S. 46 bzw. S. 99/100.
3 Ebd., S. 51, Der § 25 lautet: «Der Nationale Verteidigungsrat der Deutschen Demokratischen Republik bestimmt, welcher Dienst in den anderen bewaffneten Organen als Ersatz für den aktiven Wehrdienst oder Reservistenwehrdienst anerkannt wird.»
4 Ebd., S. 141.
5 Ebd., S. 80. Er lautet:

«ICH SCHWÖRE

Der Deutschen Demokratischen Republik, meinem Vaterland, allzeit treu zu dienen und sie auf Befehl der Arbeiter- und Bauern-Regierung gegen jeden Feind zu schützen.

ICH SCHWÖRE

An der Seite der Sowjetarmee und der Armeen der mit uns verbündeten sozialistischen Länder als Soldat der Nationalen Volksarmee jederzeit bereit zu sein, den Sozialismus gegen alle Feinde zu verteidigen und mein Leben zur Erringung des Sieges einzusetzen.

ICH SCHWÖRE

Ein ehrlicher, tapferer, disziplinierter und wachsamer Soldat zu sein, den militärischen Vorgesetzten unbedingten Gehorsam zu leisten, die Befehle mit aller Entschlossenheit zu erfüllen und die militärischen und staatlichen Geheimnisse immer streng zu wahren.

ICH SCHWÖRE

Die militärischen Kenntnisse gewissenhaft zu erwerben, die militärischen Vorschriften zu erfüllen und immer und überall die Ehre unserer Republik und ihrer Nationalen Volksarmee zu wahren. Sollte ich jemals diesen meinen feierlichen Fahneneid verletzen, so möge mich die harte Strafe der Gesetze unserer Republik und die Verachtung des werktätigen Volkes treffen.»

6 Militärpolitik und Wehrpflicht, Deutscher Militärverlag, Berlin (Ost) 1968, S. 366/367.

7 Vgl. Anhang, Anordnung über die Aufstellung von Baueinheiten, § 7.

8 Der Herausgeber ist die Politische Hauptverwaltung der Nationalen Volksarmee, Redaktion «Wissen und Kämpfen» (erscheint im Militärverlag).

9 Bewußt mitwirken bei der Verteidigung unserer sozialistischen Heimat, Hg. vom: Nationalrat der Nationalen Front der DDR, S. 95.

Literatur

Literatur zum Komplex «sozialistische Wehrerziehung» auf S. 213

auf S. 213

Außenpolitik der DDR – für Sozialismus und Frieden
Hrsgg. vom Institut für Internationale Beziehungen an der Akademie für Staats- und Rechtswissenschaft der DDR.
Berlin: Staatsverlag der DDR, 1974.
Autorenkollektiv
der Militärakademie «Friedrich Engels»
Probleme der Militärökonomie
Berlin (DDR): Deutscher Militärverlag, 1967.
Autorenkollektiv (Hg.)
Sozialistisches Recht und Nationale Verteidigung. Leitfaden für den Angehörigen der Nationalen Volksarmee, Berlin: Deutscher Militärverlag, 1967.
Autorenkollektiv
des Deutschen Instituts für Militärgeschichte
Zeittafel zur Militärgeschichte der Deutschen Demokratischen Republik 1949 bis 1968
Berlin (DDR): Deutscher Militärverlag, 1969.
Autorenkollektiv
Das moderne Militärwesen
Berlin (DDR) 1968
Autorenkollektiv
Taktik des allgemeinen Gefechts im Kernwaffenkrieg
Berlin (DDR) 1971
Autorenkollektiv
Militärische Theorie und militärische Praxis. Methodologische Probleme
Berlin (DDR) 1972
Axen, Hermann
Fragen der internationalen Lage und der internationalen Beziehungen der SED
(= Vorträge im Parteilehrjahr der SED 1973/1974)
Berlin (DDR): Dietz V., 1974

Bendrat, Arno/Nikolaus, Alfred
Methodik der Politischen Schulung
Theoretisches und Praktisches für Schulungsgruppenleiter, Propagandisten und Zirkelleiter
Berlin (DDR): Deutscher Militärverlag, 1970

Berndt, Helmut
Haß prägt das Feindbild der NVA
in: Sicherheitspolitik heute, 2/1974, S. 266.
Blanke, Burckhard Michael
Die politisch-ideologische Bildung und Erziehung in der NVA – Zum Verhältnis von Militär, Partei und Gesellschaft in der DDR
Diss. Bonn 1975
Börngen, Siegfried
Neue Forschungsergebnisse zur Entwicklung der Ökonomie der sozialistischen Streitkräfte,
in: Militärgeschichte 2/1976

Bohn, Helmut
Die Aufrüstung in der Sowjetischen Besatzungszone
Bonn 1960 (2. Aufl.)
Chaplin, Dennis
East German Army: A new look at indoctrination,
in: Military Review, April 1975,
Charisius, Albrecht
Probleme der Gegendarstellung in einer «Geschichte der Nationalen Volksarmee»,
in: Militärgeschichte XIII (5) 1973, 594–599
Checinski, Michael
The Costs of Armament Production and the Profitability of Armement Exports in Comecon Countries, Research Paper No. 10, The Hebrew University of Jerusalem, The Soviet and East European Research Centre, Jerusalem 1974; neuerdings auch in: Osteuropa Wirtschaft 2/1975.
Dassui, W., L'Armée Nationale Populaire de RDA,
in: Questions Allemandes – Documents, No. 4/1975
Die Nationale Volksarmee der deutschen demokratischen Republik
Eine Dokumentation, Berlin (DDR) 1961
Dittmar, K.
Zur Behandlung von militärpolitischen und wehrerzieherischen Problemen in der Bezirkspresse der DDR
in: Militärwesen XV (7) 1971: 880–886
Doernberg, Stefan
Europäische Sicherheit und internationale Entspannung
Hrsgg. vom Institut für Gesellschaftswissenschaften beim ZK der SED
Berlin (DDR): Dietz V., 1973
Feddern, Gert-Detlev
Feindliche Brüder? Zur Problematik eines Feindbildes in der Bundeswehr und in der Nationalen Volksarmee,
in: Wehrkunde XXIV (10) 1975, 507–511.
Fiedler, Ernst/Klaus-Peter Meissner
Zur Darstellung der sozialistischen Waffenbrüderschaft in den Thesen zur Geschichte der NVA,
in: Militärgeschichte XIII (6) 1973, 714–719.
Fiedler, Horst/Urbani, Gustav/Kieser, Rolf/Schönherr, Siegfried/Lehmann, Klaus/Österreich, Horst
Ökonomie und Landesverteidigung
Berlin (DDR): Militärverlag der DDR, 1974
Forster, Thomas M.
Die NVA – Kernstück der Landesverteidigung der DDR
Köln 1972 (4. Aufl.)
Fuhrmann, D.
Imperialistische Militärpolitik im Zerrbild eines Weißbuches
in: Militärwesen Ausg. A (Landstreitkräfte) 6, 1974: 34–42
Glaser, Günther/Karl Greese/Toni Nelles/Kurt Schützle
Zur Geschichte der Nationalen Volksarmee der DDR – Thesen,

in: Militärgeschichte XIII (4) 1973, 1–30.
Gorschetschnikow, I.
Über die Effektivität der Verteidigungsausgaben
in: Militärwesen Ausg. A (Landstreitkräfte) 6, 1974: 43–49
Greese, Karl/Hans Höhn/Alfred Voerster
Zur Entwicklung der Landstreitkräfte der Nationalen Volksarmee 1960/61,
in: Militärgeschichte X (1) 1971, 34–47, u. (2), 178–190.
Greese, Karl/Horst Seeling
Über die Aufstellung der ersten Einheiten der Luftstreitkräfte/Luftverteidigung der NVA,
in: Militärgeschichte XIII (3) 1973, 301–312
Gretschko, A. A.
Auf Wacht für den Frieden
Berlin (DDR): Deutscher Militärverlag, 1972
Günther, Reinhard
Feindbild Bundesrepublik aus der Sicht der DDR
Bonn 1973

Hänisch, Werner/Krüger, Joachim
Gewaltverzicht und europäische Sicherheit
(= Blickpunkt Weltpolitik)
Berlin: Staatsverlag der DDR, 1971
Hancock, M. Donald
The Bundeswehr and the National People's Army. A comparative study of German civil-military polity, Denver, Colorado (University of Denver), (The Social Science Foundation and Graduate School of International Studies No. 2), 1973.
Handbuch militärisches Grundwissen
NVA-Ausgabe
Hrsgg. im Auftrag des Ministeriums für Nationale Verteidigung der DDR
Berlin: Militärverlag der DDR, 4. überarb. Auflage 1973
Handke, H.
Die FDJ-Organisationen als Kampfreserve der Partei und Partner der Kommandeure im Kampf um Höchstleistungen in der politischen und Gefechtsausbildung
in: Militärwesen XV (8) 1971: 1035–1042
Herspring, Dale Roy
East German Cicil-Military Relations
The Impact of Technology, 1949–72
Vorwort von Peter C. Ludz
(= Praeger Special Studies in International Politics and Government)
New York, Washington, London: Praeger Publishers, 1973
Herspring, Dale Roy
Technology and Political Reliability in the East German Army,
in: Journal of Political and Military Sociology (3) 1975, 153–163
Hindrichs, Armin
Die Bürgerkriegsarmee. Die militanten Kampfgruppen des deutschen Kommunismus,
Berlin o. J. (1962)
Höhn, Hans
Zu Problemen der Entwicklung des militärtheoretischen Denkens in den Landstreitkräften der NVA,

in: Militärgeschichte 2/1976
Hoelmann, Holger Heiko
Die NVA im Warschauer Pakt. Rückblick und Bestandsaufnahme,
in: Wehrkunde XXV (3) 1976, 144–146
Hoffmann, Heinz
Erfolgreiche Militärpolitik der Sozialistischen Einheitspartei Deutschlands,
in: Deutsche Außenpolitik XVI (2) 1971, S. 226–237
Hoffmann, Heinz
Sozialistische Landesverteidigung
Aus Reden und Aufsätzen
Teil I und II: 1963 bis Februar 1970
Berlin (DDR): Deutscher Militärverlag, 1971
Hoffmann, Heinz
Sozialistische Landesverteidigung
Aus Reden und Aufsätzen
1970 bis Februar 1974
Berlin (DDR): Militärverlag der DDR, 1974
Hoffmann, Heinz
20 Jahre Warschauer Vertrag – 20 Jahre zuverlässiger Schutz des Friedens und des Sozialismus in Europa (= Vorträge im Parteilehrjahr der SED [12. 5. 1975])
Berlin (DDR) 1975: 46 S.
Hoffmann, Heinz
Streitkräfte in unserer Zeit,
in: Einheit, Heft 3/1976, S. 354–363
Honecker, Erich
Helsinki und wir. Interview des «Neuen Deutschland» mit dem Ersten Sekretär des ZK der SED,
in: Volksarmee, Nr. 33/1975, S. 3
Honecker, Erich
Zuverlässiger Schutz des Sozialismus
Ausgewählte Reden und Schriften zu Militärpolitik der SED
Berlin: Militärverlag der DDR, 1972
Hübner, Werner
Anforderungen an eine Darstellung der Geschichte der Nationalen Volksarmee der DDR,
in: Militärgeschichte XIII (5) 1973, 589–593

Jakubowski, I. I.
Waffenbrüderschaft, Berlin (DDR): Dtsch. Militärverlg., 1972
Jegorow, Waleri Nikolajewitsch
Friedliche Koexistenz und revolutionärer Prozeß
Berlin: Staatsverlag der DDR, 1972
Jungermann, Peter
Die Wehrideologie der SED und das Leitbild der Nationalen Volksarmee vom sozialistischen deutschen Soldaten
Stuttgart, 1973

Kalwert, G. u. a. (Hg.)
Sozialistisches Recht und nationale Verteidigung. Leitfaden für Angehörige der Natio-

nalen Volksarmee,
Berlin (DDR): Deutscher Militärverlag 1967
Kreusel, Dietmar
Nation und Vaterland in der Militärpresse der DDR (= Schriftenreihe der Studiengesellschaft für Zeitprobleme e. V. Bad Godesberg)
Stuttgart: Seewald Verlag, 1970
Kroemke, Otto/Machold, Günter
10 pädagogische Grundsätze für den Ausbilder (= Schriftenreihe zu Fragen der militärischen Erziehung und Bildung, H. 9)
Berlin (DDR): Deutscher Militärverlag, 1970
Krüger, Joachim/Nicolai, Wolfgang
Komplexprogramm (des RGW) und europäische Sicherheit,
in: Deutsche Außenpolitik, XVII (Sonderheft: Sozialistische ökonomische Integration) 1972: 20–32.
Krüger, Joachim/Vogl, Dieter
Der gemeinsame Kampf der Warschauer Vertragsstaaten für Frieden, Sicherheit und Zusammenarbeit in Europa
in: Sozialistische Staatengemeinschaft. Die Entwicklung der Zusammenarbeit und der Friedenspolitik der sozialistischen Staaten, Berlin (DDR) 1972: 217–275.
Krupnow, S. I.
Dialektik und Militärwissenschaft
Berlin (DDR): Deutscher Militärverlag 1965
Kühner, Hans
Die Bedeutung der sozialistischen ökonomischen Integration für die Stärkung der Verteidigungskraft der sozialistischen Staatengemeinschaft
in: Deutsche Außenpolitik, XVII (Sonderheft: Sozialistische ökonomische Integration) 1972: 33–48.

Latzo, Anton
Die Bedeutung des Warschauer Vertrages und der bilateralen Freundschafts- und Beistandsverträge für die Festigung der Einheit und Geschlossenheit der sozialistischen Staatengemeinschaft in Europa
in: Sozialistische Staatengemeinschaft. Die Entwicklung der Zusammenarbeit und der Friedenspolitik der sozialistischen Staaten.
Berlin (DDR) 1972: 167–216
Latzo, Anton
Der Warschauer Vertrag – Instrument zur Sicherung des Friedens
(= Blickpunkt Weltpolitik)
Berlin (DDR) 1972; 93 S.
Legahn, Ernst
Frauen im Wehrdienst
unter besonderer Berücksichtigung der Verhältnisse in der DDR,
in: Wehrforschung 4, 1973: 116–119
Lippmann, Heinz
Die personellen Veränderungen in den Machtzentren der SED als Ausdruck kollektiver Führung (Wahl VtdgM Hoffmann Politbüro/Wehrerziehung),
in: Deutschland Archiv, VI (12) 1973: 1266–1272
Lux, G.
Die Entwicklung des Aufbaus der Politorgane und Parteiorganisationen der SED in der

NVA,
in: Militärwesen Ausg. A (Landstreitkräfte) 6, 1974: 76–80

Marinekalender der DDR 1974
Berlin (DDR) 1973
Marks, Heinz
Die Kampfgruppen der Arbeiterklasse. Ein wichtiges Organ des Militärapparates der DDR
Köln 1970
Marks, Heinz
GST – Vormilitärische Ausbildung in der DDR,
Köln 1970
Militärisches Kollektiv
Besonderheiten soziale Beziehungen Autorität
psychologische Erscheinungen
von sowjet. Autorenkollektiv: A. W. Barabanstschikow, A. D. Glototschkin, N. F. Fedenko, W. W. Scheljag
Berlin (DDR): Militärverlag der DDR, 1972
Militärlexikon
unter Leitung von E. Bauer/W. Schiel
Berlin (DDR): Deutscher Militärverlag, 1971
Milstein, M.
über den Charakter der militärstrategischen Konzeption des Maoismus,
in: Zum antimarxistischen Wesen der Militärpolitik der Maoisten
Berlin (DDR) 1973, S. 56–72
Müller, Hermann/Fischer, Karl/Wollina, Paul
Die Verteidigung des sozialistischen Vaterlandes
(= Serie Politik und Landesverteidigung)
Berlin (DDR): Deutscher Militärverlag, 1971; S. 82–88
Müller, Hermann/Fischer, Karl/Wollina, Paul
Die Verteidigung des sozialistischen Vaterlandes
(= Serie Politik und Landesverteidigung)
Berlin (DDR): Deutscher Militärverlag, 1971
Müller, Hermann/Schulz, Karl-Heinz/Wollina, Paul/Urbani, Gustav
Warschauer Vertrag – Schild des Sozialismus
(= Serie Politik und Landesverteidigung)
Berlin (DDR): Militärverlag, 1975; 146 S.
Müller, Wolfgang/Oelschlägel, Rudolf
Streitkräfte im Klassenkampf unserer Zeit
(= Serie Politik und Landesverteidigung)
Berlin (DDR): Militärverlag der DDR, 1972

Neugebauer, Gero
Militarisierung in der DDR, Hg. Hessische Landeszentrale für politische Bildung, Wiesbaden 1976.
NVA Kalender 1971
Berlin (DDR): Deutscher Militärverlag 1970
NVA – Sozialistische Armee des Friedens –
Eine Information über die NVA der DDR, Reihe «Aus erster Hand», o. o. (Berlin), o. J. (1975)

Powik, Gerhard
Die internationale Vorhut im Kampf gegen den Imperialismus
(Die kommunistische Weltbewegung)
Hrsgg. vom Institut für Gesellschaftswissenschaften beim ZK der SED
Berlin (DDR): Dietz V., 1973
Powik, Gerhard
Gefestigte Einheit im Kampf gegen Imperialismus, für Frieden und Sozialismus
in: Militärwesen Ausg. A (Landstreitkräfte) 6, 1974: 3–17
Psychologie und militärische Ausbildung
Handreichungen für Offiziere und Unteroffiziere
Berlin (DDR): Deutscher Militärverlag, 1969

Rabe, Heinz (Hrsg.)
NATO heute,
Berlin (DDR) 1974
Rau, Günter/Händel, Peter/Kießling, Gottfried/Pluntke, Lothar/Scheler, Wolfgang
Gerechte und ungerechte Kriege
Berlin (DDR): Deutscher Militärverlag, 1970
Rehm, Walter
Der Nationale Verteidigungsrat der DDR,
in: Wehrkunde 4/1972, S. 161 ff.
Rehm, Walter
Der NVA-Soldat und sein Vaterland,
in: Wehrkunde 9/1970, S. 444 ff.
Reinhold, Otto
Die kapitalistische Krise und die ökonomische Zusammenarbeit zwischen sozialistischen und kapitalistischen Ländern,
in: Einheit, Heft 8/1975
Rühmland, Ullrich
Die Zivilverteidigung der DDR, Bonn 1973
Rühmland, Ullrich
NVA in Stichworten, Bonn 1972 (3. Aufl.)

Schädel, H.
Die Ergebnisse der Entspannung in Europa unumkehrbar machen!
in: Militärwesen Ausg. A. (Landstreitkräfte) 6, 1974: 27–33
Schönherr, Siegfried
Über den Zusammenhang zwischen Wirtschaft und Landesverteidigung beim Aufbau des entwickelten gesellschaftlichen Systems des Sozialismus in der DDR,
in: Wirtschaftswissenschaft, H. 8/1969
Schönherr, S./K. Lehmann/H. Österreich
Die Stellung der NVA im Reproduktionsprozeß,
in: Militärwesen XV (10) 1971, 1358–1368
Schützle, Kurt
Zur ideologischen Funktion der Militärgeschichtswissenschaft
in: Geschichtsbewußtsein und sozialistische Gesellschaft, hrsg. v. H. Meier und W. Schmidt, Berlin (DDR): Dietz Verl. 1970, S. 148–155
Schwarzenberg, Hans/Tesch, Wolfgang
Kampf progressiver Kräfte in der BRD gegen Militarisierung im Bildungswesen

in: Pädagogik XXVIII (5) 1973: 498–504
Skirdo, M. P.
Volk Armee Feldherr
Berlin (DDR): Militärverlag der DDR, 1973
Slepuchin, P.
Erziehung zu militärischer Disziplin und Ordnung
in: Militärwesen Ausg. A. (Landstreitkräfte) 6, 1974: 64–67
Soldat und Krieg
Probleme der moralisch-politischen und psychologischen Vorbereitung in der Sowjetarmee
Berlin (DDR): Militärverlag, 1972
Soldaten des Volkes. Geschichte der Nationalen Volksarmee in Bildern, Berlin (DDR): Deutsches Armeemuseum/Deutscher Militärverlag, 1966
Stier, Peter
über die Verwendung kulturhistorischer Zinnfiguren in Arbeitsgemeinschaften
in: Geschichtsunterricht und Staatsbürgerkunde XIV (7) 1972: 595–601
Strietzel, W.
über die langfristige Arbeit zur Gewinnung von Soldaten auf Zeit und Berufssoldaten
Leserbrief
In: Militärwesen XV (9) 1971: 1296–1299
Strobel, Georg
Der Warschauer Vertrag und die NVA, Bonn 1965
Studenten Patriotismus Internationalismus
Hrsgg. v. Herbert Steininger (= Wissenschaftliche Schriftenreihe der Humboldt-Universität zu Berlin)
Berlin (DDR) 1968
Syrbe, Horst
Zur Pflege der revolutionären militärischen Traditionen in der Nationalen Volksarmee,
in: Geschichtsbewußtsein und sozialistische Gesellschaft, hrsgg. v. H. Meier und W. Schmidt,
Berlin (DDR): Dietz Verl., 1970, S. 156–165

Tappert, Joachim/Jodl, Herbert
Körperertüchtigung und Sport für die sozialistische Landesverteidigung
Berlin (DDR): Militärverlag, 1973
Thomas, Rüdiger
Modell DDR, München 1972 (5. Aufl.)

Uschakow, Alexander und Jens Hacker
Die Integration Osteuropas 1961–65, Köln 1966
Uschakow, Alexander
Die Sonderstellung der DDR im osteuropäischen Bündnissystem
in: Gerd Leptin (Hg.), Die Rolle der DDR in Osteuropa, Berlin 1974

Vangermain, Heinz/Machler, Fritz
Fragen der Militärpolitik und sozialistischen Wehrerziehung (Bibliographie)
(= Pädagogische Zentralbibliothek Berlin, Auswahlbibliographie Nr. 1/1971)
Berlin (DDR) 1971; 51 S.

Verner, Waldemar
Unter Führung der SED zu hoher militärischer Meisterschaft,
in: Neues Deutschland
21./22. 2. 1968
Völkerrecht
Lehrbuch Teil 1 und 2
Hrsgg. von der Arbeitsgemeinschaft für Völkerrecht beim Institut für Internationale Beziehungen an der Akademie für Staats- und Rechtswissenschaft der DDR
Berlin: Staatsverlag der DDR, 1973

Weck, Jörg
Wehrverfassung und Wehrrecht der DDR (= Abhandlungen zum Ostrecht Band VIII)
Köln: Verlag Wissenschaft und Politik, 1970
Wehrdienst
Warum? Wann? Wo? Wie? 125 Antworten
Hrsgg. von einem Kollektiv unter Leitung von Oberst Diplomgesellschaftswissenschaftler Rolf Leuschner
Berlin (DDR): Militärverlag, 1974; 240 S.

Weißbuch 1975/1976
Zur Sicherheit der Bundesrepublik Deutschland und zur Entwicklung der Bundeswehr.
Bonn 1976
Wettig, Gerhard
Entmilitarisierung und Wiederbewaffnung in Deutschland 1943–1955, München 1967
Wettig, Gerhard
Der sowjetische Beschluß zur Wiederbewaffnung der Sowjetzone 1947, Köln 1968 (Berichte d. Bundesinstitutes f. Ostwissenschaftliche u. Internationale Studien 1968, 11).
Weymar, Ernst
Streitkräfte im Klassenkampf unserer Zeit. Aspekte der Militärdoktrin und der Militärpropaganda in der «entwickelten sozialistischen Gesellschaft» der DDR
in: aus Politik und Zeitgeschichte, Beilage zur Wochenzeitung Das Parlament, B 15/1976 v. 10. 4. 1976
Wiatr, Jerzy
Sozio-politische Besonderheiten und Funktionen von Streitkräften in sozialistischen Ländern
in: René König (Hg.), Beiträge zur Militärsoziologie, Sonderheft 12/1968 der Kölner Zeitschrift für Soziologie und Sozialpsychologie
Woit, E.
Die heutige Bundeswehr und ihr Feindbild – Tendenzen imperialistischer Haßerziehung unter der SPD/FDP-Regierung
in: Militärwesen XV (5/6) 1971: 649–661
Wünsche, Wolfgang
Gemeinsam den Sozialismus verteidigen
in: Neues Deutschland
23. 11. 1968

A bis Z, Ein Taschen- und Nachschlagewerk über den anderen Teil Deutschlands, hg. v. Bundesministerium für gesamtdeutsche Fragen, Bonn 1969, 11. erw. Aufl.

Adam, Horst, Philosophisch-theoretische Probleme des ideologischen Freund-Feind-Bildes, in: Deutsche Zeitschrift für Philosophie, 19, 1971, 6, S. 720–737.

Adam, Horst, Zur Entwicklung des Freund-Feind-Bildes im Staatsbürgerkundeunterricht der Klassen 7 und 8, in: Geschichtsunterricht und Staatsbürgerkunde 12 (2) 1971, S. 141–150.

Adam, Horst/Zapf, Helmut, Die Erziehung unserer Schuljugend zum sozialistischen Internationalismus, in: Pädagogik, 26, 1971, 4, S. 369–379

dies., Sozialistischer Internationalismus in der Bildungs- und Erziehungsarbeit, in: Pädagogik, 27, 1972, 5, S. 401–414.

Aktuelle Aufgaben und Probleme der Sozialistischen Wehrerziehung, Hg. von der Akademie der Pädagogischen Wissenschaften der DDR – Direktorat für pädagogische Information – Zentralstelle für pädagogische Information und Dokumentation, Auswahlbibliographie Nr. 5/1973, Berlin (DDR) 1973.

Die Aufgaben der Agitation und Propaganda bei der weiteren Verwirklichung der Beschlüsse des VIII. Parteitages der SED, Konferenz des Zentralkomitees der SED am 16./17. November 1972, Berlin (DDR) 1972.

Aufgabenstellung des Ministeriums für Volksbildung und des Zentralrats der FDJ zur weiteren Entwicklung der staatsbürgerlichen Erziehung der Schuljugend der DDR vom 9. April 1969, in: Deutsche Lehrerzeitung, 16, 1969, 19 (DLZ-Information), S. 1–16.

Birkner, Siegfried, Erziehung zur Verteidigungsbereitschaft in der sozialistischen Schule, in: Pädagogik, 15, 1970, 3, S. 207–218.

Ders., Höhere Maßstäbe für die sozialistische Wehrerziehung der Schuljugend, in: Pädagogik, 25, 1970, 12, S. 1140–1148.

Ders., Zu den Zielen, Inhalten und Methoden der sozialistischen Wehrerziehung an den Oberschulen, in: Pädagogische Forschung, 12, 1971, S, S. 75–80.

Ders., Sozialistische Wehrerziehung – Bestandteil sozialistischer Allgemeinbildung, in: Polytechnische Bildung und Erziehung, 13, 1971, 8/9, S. 313–316.

Ders., Über Ziel, Inhalt und Methoden der sozialistischen Wehrerziehung der Schuljugend – Fortschrittsbericht –, hg. v. Akademie der Pädagogischen Wissenschaften der DDR – Direktorat für pädagogische Information – Zentralstelle für pädagogische Information und Dokumentation, Berlin (DDR) 1973.

Ders., Sozialistische Wehrerziehung, in: Sozialistische Erziehung älterer Schüler, Handbuch für Klassenleiter, Lehrer und Erzieher, Berlin (DDR) 1974, S. 299–316.

Ders., Die Herausbildung eines klassenmäßigen Freund-Feind-Bildes der Schüler – wesentliche Aufgabe ihrer Erziehung zur Bereitschaft und Fähigkeit zum Schutz des Sozialismus, in: Probleme der kommunistischen Erziehung, hg. v. Akademie der Pädagogischen Wissenschaften der UdSSR und der DDR, Berlin (DDR) 1975, S. 222–229.

Ders., Mit der Erziehung zur Waffenbrüderschaft in der Schule beginnen, in: Pädagogik, 30, 1975, 4, S. 336–345.

Brühl, Reinhard, Militärpolitik für Frieden und Sozialismus, Zum 25. Jahrestag der SED, in: Zeitschrift für Militärgeschichte, 10, 1971, 3, S. 261–279.

Dokumente der sozialistischen Einheitspartei Deutschlands, Beschlüsse und Erklärungen des Zentralkomitees sowie seines Politbüros, Bd. XII, Berlin (DDR) 1971.

Dokumente zur Geschichte des Schulwesens in der Deutschen Demokratischen Republik, Teil 3: 1968–1972/73, 1. Halbband, ausgewählt v. K.-H. Günther/ C. Lost (Monumenta Paedagogica Bd. XVI/1), Berlin (DDR) 1974.

Dokumente zur Jugendpolitik der DDR: Mit dem vollständigen Text des Jugendgesetzes der DDR und des Jugendkommuniqués des Politbüros des ZK der SED, Berlin: Staatsverlag der DDR, 1965.

Droß, Joachim/Herrmann, Albrecht/Kislat, Günter, Probleme der Forschung zur Entwicklung ideologischer Grundüberzeugungen und zur sozialistischen Wehrerziehung, in: Pädagogik, 26, 1971, 1. Beiheft, S. 2–10.

Ebersbach, Ursula, Wissenschaftlich-methodische Konferenz über «Politischpädagogische Probleme bei der Herausbildung des Freund-Feind-Bildes unserer Schüler», in: Pädagogik 27 (5) 1972: 482–487.

Effenberger, Willi, Zu einigen Fragen der sozialistischen Wehrerziehung nach dem VIII. Parteitag der SED, in: Militärwesen, 25, 1971, 11, S. 1491–1501.

Eichberg, Ekkehard, Militär-patriotische Erziehung der Jugend in der Sowjetunion, in: Wehrkunde, 20, 1971, 1, S. 11–15.

Elsen, Karlheinz/Ringlau, Rudolf, 25 Jahre Pionierorganisation «Ernst Thälmann» – 25 Jahre politische Massenorganisation der Kinder der DDR, in: Pädagogik 28 (12) 1973: 1077–1086.

Eltze, W., Manöver «Waffenbrüderschaft» – ein Spiegel der Ergebnisse der sozialistischen Wehrerziehung, in: Militärwesen, 15, 1971, 4, S. 546–560.

Feige, Wolfgang/Gärtner, Lothar/Gottschlag, Jonny, Das Recht und die Ehrenpflicht zum Schutz des Friedens und des sozialistischen Vaterlandes, in: Geschichtsunterricht und Staatsbürgerkunde, 12, 1970, 10, S. 872–882.

Fielenbach, Klaus, Wehrerziehung in der DDR, in: Wehrkunde, 19, 1970, 4, S. 186–190.

Friedrich, Walter, Jugend heute. Theoretische Probleme empirische Daten pädagogische Konsequenzen, Berlin (DDR): VEB Deutscher Verlag der Wissenschaften 1966.

Gesetz über die Teilnahme der Jugend an der Gestaltung der entwickelten sozialistischen Gesellschaft und über ihre allseitige Förderung in der Deutschen Demokratischen Republik – Jugendgesetz der DDR – vom 28. Januar 1974, in: Gesetzblatt der DDR, 1974, Teil I, Nr. 5, S. 45–59.

Görlich, Joachim Georg, Die militärische und vormilitärische Ausbildung der polnischen Jugend, in: Wehrkunde XIX (10) 1970, S. 536–537.

Götze, Werner und Pochmann, Hans, Erziehung zur Verteidigungsbereitschaft – Teil unserer Friedenspolitik, in: Erfahrungen bei der Ausarbeitung und Durchführung von Jugendförderungsplänen in Städten und Gemeinden, Aus der Tätigkeit der Volkskammer und ihrer Ausschüsse, hrsg.: Abteilung Presse und Information des Staatsrates der DDR, H. 10, 6. Wahlperiode, 1974, S. 57–58.

Günther, Karl-Heinz/Uhlig, Gottfried, Geschichte der Schule in der Deutschen Demokratischen Republik 1945–1971, Berlin (DDR) 1974.

Handreichung zur sozialistischen Wehrerziehung, hrsg. von Karl Ilter, Albrecht Herrmann, Helmut Stolz im Auftrag des Ministeriums für Volksbildung, (= Beiträge zur sozialistischen Wehrerziehung der Schuljugend der DDR), Berlin (DDR) 1974

Hans-Beimler-Wettkampf der FDJ, Richtlinie und methodisches Material 1972/73, hg. im Auftrag des Zentralrates der FDJ, Abteilung Bewaffnete Kräfte, Berlin (DDR): Militärverlag der DDR, o. J.

Herrmann, Albrecht, Die Entwicklung sozialistischer Grundüberzeugungen und Ein-

stellungen, in: H. Stolz/A. Herrmann/W. Müller (Hg.), Beiträge zur Theorie der sozialistischen Erziehung, Berlin (DDR) 1971, S. 73–141.
Ders., Arbeitsberatung zu Fragen der sozialistischen Wehrerziehung, in: Pädagogik, 27, 1972, 4, S. 388–392.
Hoffmann, Heinz, Sicherung des Friedens verlangt Stärkung der sozialistischen Militärmacht, in: Einheit, 26, 1971, 6, S. 690–702.
Ders., Zu Problemen der sozialistischen Militärpolitik und Wehrerziehung, in: Deutsche Lehrerzeitung, 18, 1971, 20, S. 8–10.
Holz, Hans-Joachim, Sozialistische Wehrerziehung, in: Ganztägige Bildung und Erziehung, 10, 1973, 12, S. 416–417.
Honecker, Margot, Inhaltliche Ausgestaltung der Oberschule – Programm unserer weiteren Arbeit, Referat auf der zentralen Direktorenkonferenz 1973, in: Deutsche Lehrerzeitung, 20, 1973, 20 (DLZ-Information), S. 1–40.
Hübner, Werner, Bewußtheit – unsere Stärke, Fakten – Fragen – Vorstellungen zur sozialistischen Wehrerziehung, in: Militärwesen, 15, 1971, 2, S. 172–185.
Ders., Ideologische Klarheit und Wehrbereitschaft, in: Einheit, 27, 1972, 10, S. 1305–1313.
Ders., Gutes besser machen!, in: Militärwesen, 17, 1973, 2, S. 14–22.
Ders., Grundfragen der sozialistischen Militärpolitik, in: Pädagogik, 30, 1975, 3, S. 213–222.
Ders./Effenberger, Willi, Sozialistische Wehrerziehung und Landesverteidigung, in: Einheit, 23, 1968, 3, S. 354–363.
Hübschmann, Siegfried, Einige Erfahrungen zur Intensivierung der Wehrerziehung im Staatsbürgerkundeunterricht, in: Geschichtsunterricht und Staatsbürgerkunde 12 (9) 1970: 837–841.
Hummel, M., Die Erziehung und Selbsterziehung der Jugend zu einer hohen Verteidigungsbereitschaft, in: Militärwesen, 14, 1970, 12, S. 1724–1732.
Ilter, Karl, Die sozialistische Wehrerziehung – ein Grundanliegen der staatsbürgerlichen Erziehung, in: Pädagogik, 26, 1971, 3, S. 223–231.
Ders., Die sozialistische Wehrerziehung – ein Grundanliegen der staatsbürgerlichen Erziehung der Schuljugend der DDR, in: Militärwesen, 15, 1971, 7, S. 870–879.
Ders./Herrmann, Albrecht/Stolz, Helmut (Hg.), Handreichung zur sozialistischen Wehrerziehung, im Auftrag des Ministeriums für Volksbildung, Berlin (DDR) 1974.
Jugend Vaterland Sozialismus, Materialien der wissenschaftlich-propagandistischen Konferenz der Jugendhochschule «Wilhelm Pieck» beim Zentralrat der Freien Deutschen Jugend, Berlin (DDR) 1969.
Jungermann, Peter, Die Wehrideologie der SED und das Leitbild der Nationalen Volksarmee vom sozialistischen deutschen Soldaten, Stuttgart 1973.
König, Helmut, Sozialistische Wehrerziehung und humanistisches Erbe, in: Pädagogik, 27, 1972, 10, S. 937–947.
Kuhn, Gerhard, Die Herausbildung des sozialistischen Wehrbewußtseins, in: Pädagogik, 27, 1972, 5, S. 457–467.
Kupper, Bärbel, Die Pflege revolutionärer Traditionen der Arbeiterklasse durch die «Hans-Beimler-Wettkämpfe», in: Pädagogik, 26, 1971, 12, S. 1123–1131.
Kussmann, Thomas, Klassenziel: Freund-Feind-Denken. Was heißt «Erziehung zum Frieden» in Osteuropa? (Berichte des Bundesinstituts für ostwissenschaftliche und internationale Studien 58/1970), Köln 1970.
Zur Lage der Jugend im anderen Teil Deutschlands. Auszug aus dem zweiten Bericht

der Bundesregierung über die Lage der Jugend und die Bestrebungen auf dem Gebiet der Jugendhilfe gemäß § 25 Abs. 2 des Jugendwohlfahrtsgesetzes – Jugendbericht –, hg. v. Bundesministerium für gesamtdeutsche Fragen, Bonn und Berlin 1968.

Legahn, Ernst, Wehrerziehung in der DDR während der Berufsausbildung, in: Wehrforschung, 1972, 1, S. 27–31.

Ders., Neue Rechtsgrundlagen für die wehrpolitische Erziehung und vormilitärische Ausbildung der Jugend in der DDR, in: Wehrforschung, 1974, 4, S. 107–109.

Lindig, P., Die historische Leistung des Jugendverbandes bei der sozialistischen Wehrerziehung der jungen Generation seit dem IV. Parlament der FDJ, in: Militärwesen, 15, 1971, 3, S. 320–332.

Lindner, Werner, Erziehung der Schuljugend der DDR im Geiste der Weltanschauung und Moral der Arbeiterklasse, in: Probleme der kommunistischen Erziehung, hg. v. Akademie der Pädagogischen Wissenschaften der UdSSR und DDR, Berlin (DDR) 1975, S. 57–92.

Ders./Polzin, Jürgen, Aufgaben und Probleme der sozialistischen Erziehung ein Jahr nach dem VIII. Parteitag der SED, in: Pädagogik, 27, 1972, 8, S. 676–687.

Loose, Alwin/Glaß, Lothar, Wehrmoral und Soldatenethos im Sozialismus (Serie Politik und Landesverteidigung), Berlin (DDR) 1975.

Lück, Joachim, Sozialistische Wehrerziehung in der Lehrerausbildung, in: Pädagogik, 29, 1974, 3, S. 260–270.

Ders./Stolz, Helmut/Becker, Erika, Sozialistische Wehrerziehung, in: H. Stolz/A. Herrmann/W. Müller (Hg.), Beiträge zur Theorie der sozialistischen Erziehung, Berlin (DDR) 1971, S. 222–236.

Luhn, Fritz, Probleme der Wehrerziehung auf Betriebsebene, in: Sozialistische Wehrerziehung in der Berufsausbildung, hg. v. Deutschen Institut für Berufsbildung, Berlin (DDR) 1968, S. 67–72.

Marks, Heinz, GST – Vormilitärische Ausbildung in der DDR, Köln 1970.

Meixner, H., Wehrausbildung – ein neues Programm für Arbeitsgemeinschaften. Zum Rahmenprogramm zur Wehrausbildung für die Arbeitsgemeinschaften der Klassen 9 und 10, in: Deutsche Lehrerzeitung, 20, 1973, 34, S. 7.

Neuner, Gerhart, Zur Theorie der sozialistischen Allgemeinbildung, hg. v. Akademie der Pädagogischen Wissenschaften der DDR, Berlin (DDR) 1973.

Niermann, Johannes, Sozialistische Pädagogik in der DDR, Heidelberg 1972.

Ders., Wörterbuch der DDR-Pädagogik, Heidelberg 1974.

Niggemeier, Horst, Wehrerziehung der DDR-Jugend, in: Information für die Truppe, 1974, 1, S. 35–40.

Nuss, Karl, Zur Aufgabenstellung für die Gesellschaft für Sport und Technik in den Jahren 1952–1961, in: Militärgeschichte, 13, 1973, 2, S. 160–171.

Ders., Bewahrung revolutionärer Traditionen – Vorbereitung auf den sozialistischen Wehrdienst, in: Junge Generation, 1975, 10, S. 55–58.

Pitschel, R., Die wehrpolitische und wehrsportliche Arbeit der FDJ – untrennbarer Bestandteil der Klassenerziehung, in: Militärwesen, 12, 1968, 10, S. 982–992.

Ders., Erfahrungen des sozialistischen Jugendverbandes aus der wehrpolitischen Erziehung der Jugend, in: Militärwesen, 14, 1970, 7, S. 982–992.

Portner, Dieter, Militärpädagogik in der DDR, in: Wehrkunde, 22, 1973, 12, S. 637–641.

Ders./Schulz, Georg, Wehrkunde und Wehrerziehung in der Lehrerausbildung beider deutscher Staaten, in: Wehrkunde, 24, 1975, 2, S. 93–98.

Probleme der kommunistischen Erziehung, hg. v. Akademie der Pädagogischen

Wissenschaften der UdSSR und der DDR, Berlin (DDR) 1975.
Rahmenplan für die Bildung und Erziehung im Schulhort, v. e. Autorenkollektiv unter Leitung v. W. Günther, Berlin (DDR) 1972.
Raschke, H., Zur vormilitärischen Ausbildung in der GST auf der Grundlage neuer Ausbildungsprogramme, in: Militärwesen, 15, 1971, 3, S. 364–372.
Sachse, W., Beratung des Zentralrats der FDJ zur sozialistischen Wehrerziehung der Jugend, in: Militärwesen XV (2) 1971: 289–293.
Schäfer, Hans-Peter, Jugendforschung in der DDR, Entwicklungen, Ergebnisse, Kritik, München 1974.
Schmollack, Jürgen/Müller, Horst, Sozialistisches Menschenbild und die Entwicklung der sozialistischen Persönlichkeit, in: H. Stolz/A. Herrmann/W. Müller (Hg.), Beiträge zur Theorie der sozialistischen Erziehung, Berlin (DDR) 1971, S. 15–43.
Schneider, Herta, Sie schützen den Frieden!, in: Ganztägige Bildung und Erziehung, 10, 1973, 1, S. 8.
Skambraks, B./Orglmeister, K.-H., Einige Probleme der Zusammenarbeit von NVA und GST, in: Militärwesen, 19, 1975, 11, S. 55–60.
Sozialismus Frieden Militärischer Schutz, Informationsmaterial für Lehrer, Lesematerial für Schüler der Klassen 7 bis 12, Berlin (DDR) 1973.
Sozialistische Wehrerziehung in der Berufsausbildung, hg. v. Deutschen Institut für Berufsbildung unter Leitung von Hannelore Zetek, Berlin (DDR) 1968.
Spindler, Heinz, Erfahrungen und Erkenntnisse zur altersdifferenzierten und stufenweisen Arbeit in der Pionierorganisation «W. I. Lenin», in: Pädagogik 27 (5) 1972: 415–424.
Spitzner, Wolfgang, Die wehrpolitische und wehrsportliche Tätigkeit der FDJ an den polytechnischen Oberschulen, in: Pädagogik, 27, 1972, 11, S. 1006–1015.
Stammnitz, Lothar/Moke, Werner, Die sozialistische Wehrerziehung – ein grundlegender Bestandteil der Militärpolitik der SED, in: Militärwesen, 12, 1968, 1, S. 39–49.
Steininger, Herbert (Hg.), Studenten Patriotismus Internationalismus (Wissenschaftliche Schriftenreihe der Humboldt-Universität zu Berlin), Berlin (DDR) 1968.
Teller, Günther, Die Zusammenarbeit der GST mit den Truppenteilen, Einheiten und Wehrkommandos der NVA bei der sozialistischen Wehrerziehung der Jugend, in: Militärwesen, 14, 1970, 6, S. 828–836.
Ders., Aufgaben der GST im Interesse der Landesverteidigung der DDR, in: Militärwesen, 16, 1972, 9, S. 24–31.
Ders., Für ein hohes sozialistisches Wehrbewußtsein unserer Jugend, in: Einheit, 27, 1972, 9, S. 1157–1160.
Uckel, Klaus-Dieter, Überlegungen zum Gegenstand der Militärpädagogik, in: Militärwesen, 14, 1970, 12, S. 1733–1743.
Ders., Probleme der Persönlichkeitsentwicklung aus der Sicht des Militärwesens, in: Pädagogik, 28, 1973, 4, S. 396–402.
Voitzsch, Harry, Allseitigkeit und Disponibilität der sozialistischen Soldatenpersönlichkeit – Erfordernis und Aufgabe der politischen und militärischen Ausbildung in der NVA, in: Militärwesen, 15, 1971, 3, S. 350–363.
Ders., Zur Vertiefung der sozialistischen Wehrerziehung, in: Geschichtsunterricht und Staatsbürgerkunde, 14, 1972, 5, S. 429–433.
Voitzsch, H./Semmler, G., Leitung militärischer Erziehung und Bildung. Prozeß, Inhalt, Methoden, Zyklus. Berlin: Militärverlag der DDR, 1974.
Vogt, Hartmut, Wehrerziehung der Kinder und Jugendlichen in der DDR, in:

Deutschland Archiv, 6, 1973, 12, S. 1278–1296.
Vogt, Hermann, Sozialistische Wehrerziehung an Universitäten und Hochschulen weiter vervollkommnen, in: Das Hochschulwesen, 1972, 11, S. 343–346.
Wörterbuch zur sozialistischen Jugendpolitik, Berlin (DDR) 1975.
Wolf, Arndt, Die sozialistische Wehrerziehung in der DDR, in: Kampftruppen, 1975, 5, S. 169–172.
Zeittafel zur Militärgeschichte der Deutschen Demokratischen Republik 1949 bis 1968, Berlin (DDR) 1969.
Zetek, Hannelore, Forderungen an die sozialistische Berufsausbildung zur Erhöhung der Verteidigungsbereitschaft, in: Sozialistische Wehrerziehung in der Berufsausbildung, hg. v. Deutschen Institut für Berufsbildung, Berlin (DDR) 1968, S. 25–64.

Über die Autoren:

Ulrich Albrecht, geb. 1941, Dr. phil., ist Professor für Friedens- und Konfliktforschung am Fachbereich Politikwissenschaft der Freien Universität Berlin.
Burckhard Blanke, geb. 1943, Dr. phil., ist Dozent an der Theodor-Heuss-Akademie der Friedrich-Naumann-Stiftung in Gummersbach.
Gero Neugebauer, geb. 1941, Dipl.-Pol., ist wissenschaftlicher Angestellter im Arbeitsbereich DDR-Forschung und Archiv des Zentralinstituts für Sozialwissenschaftliche Forschung der Freien Universität Berlin.
Heidrun Rodejohann-Recke, geb. 1941, Dipl.-Pol. und 1. Volksschullehrerexamen, ist Mitarbeiterin der Studiengruppe «Europäische Politik» der Vereinigung Deutscher Wissenschaftler e. V.
Peter W. Schulze, geb. 1942, Dr. rer. pol., ist Lehrbeauftragter am Institut für Internationale Politik und Regionalstudien des Fachbereichs Politikwissenschaft der Freien Universität Berlin.
Stephan Tiedtke, geb. 1942, arbeitet an seiner Dissertation und ist wissenschaftlicher Angestellter an der Hessischen Stiftung Friedens- und Konfliktforschung (HSFK), Frankfurt.

817/5